리더십 빌드업, 프로젝트 티모티

(주)죠이북스는 그리스도를 대신한 사신으로
문서를 통한 지상 명령 성취와 하나님 나라 확장을 위해 노력합니다.

리더십 빌드업, 프로젝트 티모티
© 2024 손창남

리더십 빌드업,
프로젝트 티모티

실천적이며 영적인 크리스천 리더를 위한 가이드북

손창남 지음

죠이북스　*omf*

C O N T E N T S

차 례

추천사 · 8

들어가며 · 15

1부 리더의 내면세계

---

ch.1 실천적이며 영적인 리더의 조건 · 30

'행실'과 '됨됨이' | 영적 리더의 조건 | 실천적이며 영적인 리더십
포지셔널 리더의 중요성 | 리더가 피해야 할 것

ch.2 리더의 타임 라인 · 50

리더십 형성의 네 가지 변수 | 타임 라인
클린턴 박사의 타임 라인 | 나의 타임 라인

ch.3 리더의 은사 · 71

리더십은 은사다 | 여러 종류의 은사 | 은사 발견하기
좋은 팔로워가 좋은 리더가 된다

ch.4 원칙 있는 리더 · 88

문제 확인과 문제 해결 | 일관성 있는 리더
배우고 성장하는 리더 | HIS(Humility, Integrity, Simplicity)
좌로나 우로나 치우치지 않는 리더

2부 리더의 과업

ch. 5 리더와 과업 · 109

허드슨 테일러에 대한 오해 | 리더들이 직면하는 어려움
매우 전략적인 두 리더 | 사역의 존재 이유
OMF의 다섯 가지 조직 원리 | 비전, 사명, 가치와 전략의 관계

ch. 6 비전과 사명 · 126

리더와 사명 | 사명과 비전의 차이
인도네시아 죠이 펠로우십의 사명 선언문과 비전 선언문

ch. 7 핵심 가치 · 144

리더와 핵심 가치 | 핵심 가치의 역할 | 국제 OMF의 핵심 가치
인도네시아 죠이의 핵심 가치 | 핵심 가치를 정하는 데 필요한 팁

ch. 8 전략 · 162

전략의 성립 요소 | 예수님의 전략 | 사도 바울의 전략
한국 OMF의 동원 전략 | SWOT 분석 | 전략적 계획 수립

3부 팀의 리더십

ch. 9 팀의 특성 · 185

'팀'의 개념 | 이름만 '팀'인 두 경우 | 성공하는 팀의 특징
나의 팀 사역 경험 | 팀 사역에 대한 오해

ch. 10 팀 빌딩 · 204

팀의 목표 | 팀의 성패를 좌우하는 리더십 | MBTI를 통한 팀원의 이해

ch. 11 팀 형성 · 224

형성기(Forming Stage) | 폭풍기(Stroming Stage)
규범기(Norming Stage) | 완성기(Performing Stage)

ch. 12 역기능 팀 · 239

역기능 팀의 현상 | 기능하는 팀 | 인도네시아 학생 사역의 팀 경험
팀의 역기능을 극복하는 팁 | 역기능을 극복한 실례

4부 조직의 리더십

ch. 13 시스템으로서의 조직 · 261

조직을 바라보는 두 관점 | 시스템적 사고 | 세 가지 접근 방법
기능하는 조직 | 회의를 통한 의사 결정과 실행

ch. 14 조직 문화 · 277

조직 문화의 형성 | 대표적인 두 가지 조직 문화 | 조직 문화의 사례
수평적 조직의 요소 | 지능 지수보다 중요한 감성 지능

ch. 15 조직의 생명 주기 · 291

조직의 생명 주기 | 네 가지 리더십 유형 | 각 단계에 대한 설명
프라임 상태를 유지하려면

ch. 16 변화와 전환기 · 308

변화에 대한 리더의 역할 | 누가 내 치즈를 옮겼을까
전환기를 맞이한 조직의 리더 | 전환기 커브에 대한 요약
전환기로 보는 출애굽 과정 | 지속 가능한 과업

나가며 · 328

—

「리더십 빌드업, 프로젝트 티모티」는 손창남 선교사의 34년간의 선교적 삶과 인격, 기질, 그리고 사역적 열매를 반영한 리더십에 관한 이야기다. 그는 인도네시아 족자카르타 대학에서의 교수 사역, 학생 사역, 그리고 한국 OMF 대표로서 행정, 동원, 패밀리 사역, 그리고 수많은 강의와 설교 등 다양한 사역 경험을 통해, 이론과 실제가 구비된 완숙한 영적 리더십을 갖추게 되었다. 그는 국제 본부와 현지 필드들, 한국 홈을 넘나들면서 형성된 선교 이론과 실제가 풍성한 리더로 성장했다. 한마디로, 그는 잘 준비되고 다듬어진 성숙한 리더십을 지닌 리더로서 이 책을 쓴 것이다.

그의 선교적 리더십은 인도네시아 족자카르타에 있는 한 대학에서의 '교수 사역'과 12년간의 학생 사역, 7년간의 한국 OMF 대표, 그리고 17년간의 한국 홈의 동원가로 활동하면서 발휘되었다. 그리고 그는 이 기간에 선교 사역을 반영한 책들을 써 내려 갔다. 그 책들을 통해서 헌신된 수많은 그리스도인과 교회들에 온전한 선교적 삶이 무엇인지 알리고, 교회를 꿈꾸게 하고, 도전하고 있다. 이 책이 벌써 열두 번째 책이다.

늘 가까이에서 보고 듣고 경험한 그의 사역 행적과 선교적 삶을 돌아보면, 그는 자신의 삶에 늘 주님의 말씀을 적용하고자 애쓰고, 주님이 주신 자신만의 독특한 리더십으로 사역했음을 알 수 있다. 그의 리더십은 원칙 중심적이고, 투명하고, 영향력이 있으며, 여기에 유머가 넘치는 기질까지 더해졌다. 그동안 그의 순전한 리더십은 삶을 통해 다른 이에게 영향을 끼치고, 다른 이를 섬김으로써 발휘되어 왔다.

개인적으로는 지난 5년의 시간을 돌아볼 때, 필드 경험만 있는 부족한 내가 한국 OMF 대표를 맡게 된 상황에서, 손 선교사는 내가 실제적인 홈 상황과 리더십에 대한 준비를 할 수 있도록 많은 경험을 나누어 주었을 뿐 아니라, 역사적인 정황에 대해서 생각하게 해주었다. 또 삶으로 신실함과 성실함을, 그리고 리더십을 잘 마치는 것이 무엇인지 본을 보여 주었다. 나는 '그리스도 안에서, 리더는 두 영역에서 균형 잡힌 삶을 사는 자인데, 먼저 리더십의 본질이시고 성육신하신 예수를 따르는 자이요, 다음은 그리스도를 본받아 다른 이들과 동행하며 그들을 섬기고 인도하는 사람이다'라는 선교적 리더에 대한 이해를 가지고 있었다. 그런데 손 선교사에게 그러한 리더의 모습이 있다는 것을 발견했다. 언제나 내게 이런 리더가 되어야 한다며 말해 주고 많은 것을 배울 수 있어서 참 감사한 마음이다.

이 책은 리더십이 저절로 생겨나는 것이 아니라 개발된다는 측면에서 논의를 다루고 있다. OMF 리더십도 저절로 생기는 것이 아니라 수많은 실제 현장에서의 경험과 이론이 결합되고, 배우고 훈련받는 과정에서 만들어지는 것이다.

국제 OMF는 데이비드 피카드 총재 하에 1990년대 중후반부터 리더십의 부재를 막고 모든 멤버가 리더십을 개발하도록 '개인적 개발 프로그램'(Personal Development Program: 열 권으로 구성)을 시행했다. 또한 '프로젝트 티모티'(Project Timothy)를 개발하여 모든 멤버가 리더십 이론과 훈련에 참여할 수 있도록 했다. 더불어 사역적 리더십을 개발하기 위해 '프로젝트 요나단'(Project Jonathan)을 만들어 사역자들이 잘 준비되어 사역을 잘해 나갈 수 있도록 했다. 국제 OMF는 최종 훈련 코스 중 하나인 '리더십 훈련 개발'(Leadership Training Development)에 모든 리더가 참여하도록 했으며, 2022년부터 'LDL'(Leaders Developing Leaders) 훈련을 실시했다. 그리고 이후 멘토링과 코칭을 1년 반 정도 진행하게 되었다. 이것은 선교회 안에 있는 모든 멤버의 선교적 리더십이 자라 가며 그들이 적절한 리더십을 잘 발휘하도록 돕는 '리더 개발 프로그램'이다.

이 책은 복음의 실체인 '예수 그리스도'를 중심에 두고 그분의 리더십의 발현을 목표로 한다. 더 나아가 리더는 복음적인 온전한 리더십을 발휘하기 위해 문화, 사회, 정치, 세대 및 세계관의 여러 관점을 고려하여 다양한 영역에서 균형 있는 성장을 가질 것을 권하고 있다.

· **공베드로**(한국 OMF 선교회 대표)

선교 단체의 리더십에서 어려운 점은 리더가 리더십을 발휘하는 데 있어 별다른 수단이 없다는 것이다. 선교 단체는 비영리(NPO), 비정부(NGO) 조직이므로 리더가 승진이나 승급과 같은 당근도, 징계나 처벌과 같은 채찍도 사용하기가 어렵다는 말이다. 그런 점에서 교회보다 어렵다고 할 수 있다. 어떤 선교 단체의 리더는 선교지나 본국의 파송 단체에서 리더의 역할을 하는 것은 항공 모함의 함장이 리더십을 발휘하는 것보다 어렵다고 했다. 선교 단체의 리더가 영향을 끼칠 수 있는 방법은 인격과 삶을 통해 본을 보이는 것밖에는 없다. 「리더십 빌드업, 프로젝트 티모티」는 그런 점에서 상당히 균형 잡힌 지침을 주고 있다. 이미 은퇴한 나의 입장에서는 조금 더 일찍 이런 책이 출판되었더라면 좋았을 거라는 아쉬움이 많다.

선교 단체도 다른 단체와 마찬가지로 여러 단계의 리더십이 필요하며 따라서 많은 리더가 필요하다. 그런데 영적으로도 잘 준비되고 리더로서 필요한 능력을 갖춘 사람을 찾기가 쉽지 않다. 이 책은 이 두 가지 면을 아주 잘 다루었다. 리더로서의 역할을 감당해야 할 사람을 그 생애 전체를 통해 하나님이 어떻게 준비시키시는가를 보여 준다. 그리고 각자 독특하게 하나님 나라에 기여할 수 있음도 보여 준다. 이 책에 나오는 리더십이 발휘되는 대상인 팀과 조직, 그리고 변화에 대한 설명은 매우 구체적이어서, 리더십을 이해하고 적용하는 데 용이하리라고 믿는다. 오랜 역사를 가진 OMF라는 선교 단체가 갖고 있는 귀한 유산과 아울러 손창남 선교사 자신이 리더로서 본국 사역과 현지 사역에서 때로는 시행착오를 거듭하며 쌓은 경험이 잘 녹아 들어 있어, 선교사들과 파송 교회 지도자들뿐만 아니라 다양한 비영리 조직에서 일하는 분들에게도 좋은 지침서가 될 것이다.

· **김동화**(전 GBT, GMF 대표)

—

우리는 "어쩌다 리더"가 된다. 내가 20대였을 때, 선교지의 모든 것이 마냥 신기했고 30대는 정신없이 사역하느라 바빴다. 그러던 어느 날 40대가 되니 나는 팀 디렉터가 되어 있었다. 리더가 된 뒤 나의 삶은 'Always emergency'였다. 매일 행정, 재정, 그리고 관계의 문제에 직면했다. 맨땅에 헤딩하며 수년을 보낸 뒤 깨달은 점이 있다. 우리는 소총수가 많고 장교가 적다는 것! 한국 선교사들 중에는 전투에 능숙한 소총수가 많다. 그러나 전황에 따라 전략을 바꿔 줄 장교가 적다면 전선은 고착되고 만다. 이것이 의도적으로 리더십을 전수하는 OMF 같은 국제 단체가 부러운 지점이다. 그러나 이제 부러워 할 필요가 없다. 마치 문익점이 목화씨를 붓두껍에 숨겨 왔듯, 오랜 세월 OMF의 리더십으로 섬겨 온 저자가 그 비전(秘傳)을 우리에게 맞는 해제본으로 엮어 냈기 때문이다. 이제 발 시려운 전선에서 떨고 있는 초임 장교들에게 리더십의 목화솜옷이 제공된다니 희소식이 아닐 수 없다. 이 책은 리더의 내면에서 시작하여 회의 진행 방법, 나아가 조직의 생명 주기까지 구체적이며 유용한 내용으로 가득하다. 어쩌다 리더가 된 40대 동지들이여, 하루의 시간을 내서 이 책에 온전히 빠져 봄이 마땅하다.

· **최윰**(선교한국 사무총장)

리더십 빌드업, 프로젝트 티모티

좋은 리더는 태어나는 것이 아니라 만들어지는 것이라는 말은 오래된 유명한 말이다. 그런데도 실제로 좋은 리더를 만드는 일에 얼마나 공을 들이고 있는가에 대해서는 회의적이다. 세상은 리더 만들기에 전념하고 있지만 그리스도인들은 그렇지 못하다. 한국 선교계는 더욱 그렇다. 한국 선교도 오랫동안 진행되면서 경륜이 높은 선교사가 많아졌다. 그래서 거의 다 장수급이다. 그런데도 늘 좋은 리더가 없다고 말한다. 따르는 자가 없기 때문이다. 리더는 따르는 자가 있다는 것을 전제로 한다. 한국 선교사들은 기본적으로 팀으로 사역하지 않는다. 그래서 사역을 잘하는 장수급은 많아도 좋은 리더가 없는지도 모른다. 몇몇 선교 단체를 제외하고는 리더 훈련을 받을 기회도 거의 없다. 그냥 시간이 지나면서 스스로 장수급이 되어 갈 뿐이다.

이 책은 리더 개인과 팀이 어떻게 리더십을 키울 것인가에 대해서 이해할 수 있는 탁월한 저서이다. 필자의 책은 항상 현장과 맞닿아 있어서 매우 실제적이고 즉시 적용 가능한 것들을 담고 있다. 이 책은 필자가 국제 OMF에서 리더십 훈련 과정 중 하나인 '프로젝트 티모티' 프로그램에 참여한 것을 기반으로 집필했지만, 대부분의 내용은 오히려 필자가 오랫동안 다양한 상황에서, 여러 형태의 리더로 사역하면서 경험하고 깨달은 것들이다. 그래서 더욱 우리에게 적용할 수 있는 내용으로 가득하다. 이런 이유로 리더십에 대한 책이 시중에 차고 넘치지만 이 책이 더욱 소중한 것이고 모두가 이 책을 읽기를 권한다.

· **한철호**(미션파트너스 대표)

들어가며

어쩌다 리더?

교회나 크리스천 공동체에서 누군가가 리더로 세워질 때, 생각보다 많은 리더가 그 자리에 맞는 역할과 자질을 제대로 준비하지 못한 채 서는 경우가 많다고 생각합니다. 저도 예외는 아니었습니다.

일반적으로 사회에서는 어떤 포지션에 사람을 배치하기 전에 많은 교육과 훈련을 합니다. 예를 들어, 6급 공무원이던 사람이 5급 사무관으로 승진하면 몇 달 동안 교육을 받게 됩니다. 회사에서도 한 사원이 직급을 달고 임원이 될 때까지 장시간에 걸쳐 단계에 따른 리더십 교육을 받습니다.

이와는 대조적으로 교단에서는 목사나 장로를 세우기 위한 교육이 이루어지기는 하지만 대부분 교리 중심의 지식 훈련입니다. 선교 단체도 예외는 아닙니다. 그러나 실제로 목회나 선교 현장에서 포지셔널 리더들은 이러한 영적인 교육이나 훈련에서 배웠던 것보다 훨씬 실제적이고 실천적인 문제 상황에 준비 없이 직면하게 됩니다.

훈련된 리더

어떤 사람들은 태생적으로 리더에 적합한 DNA를 가지고 태어난 것처럼 보이기도 합니다. 하지만 많은 사람이 리더는 태어나기보다는 길러진다고 말합니다. 다시 말해, 환경이 리더를 만들어 간다는 것입니다. 예를 들어, 한 가정의 가장인 아버지가 갑자기 세상을 떠난 후, 자녀들과 함께 남겨진 어머니가 이전에 볼 수 없었던 강한 리더로 거듭나는 경우를 봅니다. 심지어 부모님이 갑자기 돌아가신 후 동생들을 돌봐야만 하는 형이나 누나는 자신도 아직 어린 나이임에도 동생들과 살아남기 위해 리더십을 발휘하게 되며, 이 경험을 통해 평생 리더로 살아가게 만드는 것을 보았습니다.

가정에서도 가족들에게 영향을 끼치는 사람을 리더라고 할 수 있습니다. 하지만 이 책은 주변 사람들에 대한 막연한 영향력이 아닌, 일정한 지위에서 공적으로 주어진 책임을 감당하는 리더십, 즉 포지셔널 리더십(Positional Leadership)에 초점을 맞추었습니다.

'프로젝트 티모티'의 의미

아마도 책 제목에 등장하는 '프로젝트 티모티'라는 명칭을 보시고 의아해 하시는 분이 많을 것입니다. 티모티는 디모데의 영어식 발음입니다. 디모데는 사도 바울이 두 번째 전도 여행에서 만나 한 팀을 이루어 사역한 인물입니다. 그는 나중에 에베소 교회에서 목회한 것으로 추정됩니다. 특히 디모데전서와 디모데후서는 사도 바울이 디모데에게 사역에 관해 조언을 해주는 내용으로 가득합니다.

최근에 제가 존경하는 선배에게 "우리는 바울의 리더십보다 디모데의 리더십에 대해서 더 많이 연구해야 한다"는 말을 듣고 무릎을 친 적이 있습니다. 그분의 이야기는 사도 바울과 같은 리더의 모습은 우리가 본받기 쉽지 않다는 것입니다. 왜냐하면 사도 바울은 누구에게 리더로 훈련받은 것이 아니기 때문입니다. 하지만 사도 바울에게 훈련받아 리더로 세워진 디모데는 우리가 본받을 만합니다. 우리도 그런 훈련을 통해 리더로 세워질 수 있다는 소망을 가질 수 있기 때문입니다.

사도 바울은 이처럼 디모데를 훈련하기 위해 디모데전서와 디모데후서에서 디모데에게 교회를 인도하는 다양한 원칙에 대해 설명하고 있습니다. 또한 디모데의 젊은 나이와 사역 경험의 부족으로 겪는 어려움에 대해서도 아버지와 같은 마음으로 조언을 아끼지 않습니다. 이러한 점들을 고려할 때, 디모데는 사역의 거장이라 할 수 있는 사도 바울에 의해 양육된 사역자, 또는 차세대 리더의 상징이라고 할 수 있습니다. 따라서 이 책의 제목인 「리더십 빌드업, 프로젝트 티모티」는 앞으로 리더가 될 사람들을 길러 내는 프로젝트라는 의미를 담고 있습니다.

이 책이 구체적으로 어떤 내용으로 구성되어 있는지를 독자들에게 조금 더 친절하게 설명하기 위해 '실천적이며 영적인 크리스천 리더를 위한 가이드북'이라는 부제를 추가하였습니다.

실제적인 리더십 경험

제가 본격적으로 리더십을 발휘했던 시기는 1990년부터 2001년까지입니다. 인도네시아에서 선교사로 있으면서, 죠이라는 공동체를 개척하고 그곳에서 리더로 섬긴 경험입니다. 그 당시 인도네시아 죠이 펠로우십은 복잡하고 큰 조직이 아니었지만 점점 성장하면서 몇 개의 팀으로 구성된 조직이 되었고, 저는 그곳의 리더로서 섬기게 된 것입니다.

그러다가 본격적으로 조직의 리더로 경험을 쌓은 것은 인도네시아 사역을 마친 후, 2001년부터 2007년까지 한국 OMF 대표로 활동한 시기였습니다. 홈 디렉터의 역할이 쉽지만은 않았습니다. 동아시아에 흩어져 사역하는, 한국에서 파송된 70명의 선교사와 관련된 많은 이슈, 한국에 있는 가족들, 1,000곳에 육박하는 파송 교회와 후원 교회, 그리고 이사회를 운영하는 일은 제가 이전에 경험해 본 적이 없는 리더십을 요구했습니다.

인도네시아에서 사역하는 동안에는 캠퍼스 사역만 감당했습니다. 그러다가 국제 선교 단체인 한국 OMF 대표가 되면서 저는 마치 우물 안 개구리가 갑자기 우물 밖으로 나온 것 같은 느낌을 받았습니다.

이 기간에 저는 국제 OMF의 '엑스컴'(Ex.com, Executive Committee)

멤버로 섬기며 또 다른 경험을 하게 되었습니다. 이 회의에는 국제 본부에서 섬기는 총재와 두 명의 부총재가 참석했으며, 그 외에도 인사 담당, 재정 담당 부총재가 참석했습니다. 그리고 네 명의 홈 디렉터와 네 명의 필드 디렉터가 일 년에 두 번씩 국제 본부에 모여 홈과 필드의 다양한 이슈를 다루었습니다. 저는 이 모임을 통해 많은 것을 배우게 되었습니다.

2년간의 프로젝트 티모티 훈련

2007년부터 2009년까지 일본 도쿄에서 열린 OMF의 프로젝트 티모티 훈련에 참여한 경험은 저에게 있어 리더십을 배울 수 있는 최고의 기회였습니다. 당시 저는 한국 OMF 대표의 두 번째 임기를 시작하려던 중이었지만, 몹시 힘든 상황으로 대표직을 그만두기로 결정한 상태였습니다. 실패감과 좌절감이 가득 밀려왔을 때, 일본에서 프로젝트 티모티 훈련이 열린다는 소식을 듣고 참여하기로 결심했습니다. 이 훈련을 받으면서, 조금 더 일찍 이런 교육을 받았더라면 어땠을까 하는 생각이 들었습니다.

국제 OMF가 프로젝트 티모티를 시작한 동기는 리더를 양성해야 할 절박한 필요성에서 시작되었습니다. 제가 OMF에 처음 합류했을 때만 해도 OMF 안에는 훌륭한 리더 자원이 많았습니다. 보통 OMF 선교사들은 은퇴할 때까지 30년 또는 40년 동안 필드에서 섬겼으며, 이런 분들은 언제든지 리더로서 훌륭한 역할을 수행할 수 있는 분들이었습니다. 그러나 다양한 이유로 젊은 선교사들이 일찍 OMF를 떠나면서 조직의 중간 리더들이 부족해지기 시작했습니다.

1990년대 중반부터 이러한 상황에 위기감을 느낀 OMF 국제 본부와 특히 미국 OMF 홈은 리더십 개발을 위한 프로그램을 만들기 위해 많은 노력을 기울였습니다. 이 과정을 이끈 세 사람이 있는데, 오랫동안 미국 OMF 홈 디렉터였던 댄 베이컨, 데이비드 도로시, 그리고 쉘리 트레비시였습니다. 당시 쉘리는 미국에서 IVF 간사로 활동하다가 풀러 신학교에서 리더십에 관한 박사 과정을 밟고 있었습니다. 그의 지도 교수였던 로버트 클린턴 박사 역시 OMF가 개발하려는 리더십 훈련 과정에 큰 관심을 보이며 도움을 주었습니다.

2001년부터 본격적으로 국제 OMF 안에 '프로젝트 티모티' 팀이 구성되었습니다.

국제 OMF에서 진행하는 프로젝트 티모티는 네 개의 세션(session)으로 구성되어 있습니다.

- 리더와 내면세계(Leader and Inner Life)

- 리더와 과업(Leader and Task)

- 리더와 팀(Leader and Team)

- 리더와 조직(Leader and Organization)

각 세션은 4박 5일 동안 진행되며, 한 세션을 마친 후에는 6개월간 배운 것을 실천하면서 자신을 돌아본 후, 다음 세션에 참여하도록 설

리더십 빌드업, 프로젝트 티모티

계되어 있습니다. 따라서 네 세션을 모두 마치는 데 거의 2년 정도의 시간이 소요됩니다. 저는 이 모든 세션을 통해 깊은 통찰과 반성의 시간을 가지며 리더로서 저 자신을 돌아볼 수 있었습니다.

국제 퍼실리테이터의 경험

프로젝트 티모티 훈련에 참여하는 동안, 퍼실리테이터인 쉘리와 많은 대화를 나누었습니다. 그는 제가 가진 리더십 경험을 바탕으로 프로젝트 티모티 퍼실리테이터로 섬겨 달라는 제안을 했습니다. 당시 한국 OMF 대표를 마치고 난 후 어떤 사역을 할지에 대한 명확한 방향이 없었기에, 2009년부터 2013년까지 국제 OMF의 프로젝트 티모티 프로그램의 퍼실리테이터로서 활동하기로 결정했습니다. 이 경험 또한 제 리더십 여정에 깊은 영향을 끼쳤습니다.

프로젝트 티모티 훈련 과정의 퍼실리테이터로 활동하며 깨달은 바가 많았습니다. 배우는 자보다 가르치는 자가 더 많이 배운다는 말이 사실임을 체험했습니다. 2년 동안 참여했던 프로젝트 티모티 훈련보다 4년 동안 국제 퍼실리테이터로 활동하면서 홍콩, 호주, 캄보디아, 필리핀 등 다양한 국가의 OMF 멤버들을 만나고 그들의 경험을 들으며 더 많은 것을 배웠습니다. 저는 참석자들에게 성공담보다 리더로서 겪었던 실패담을 더 자주 나누었고, 이러한 실패 경험이 더 큰 설득력을 얻게 되었습니다.

국제 퍼실리테이터로 섬기는 동안 깨달은 것은 세 가지로 정리할 수 있습니다. 첫째, 어디에나 리더가 필요하다는 사실입니다. 앞서 언급한 바와 같이, OMF의 각 조직은 리더로 세울 사람이 부족하다고 항상 아우성이었습니다. OMF 멤버가 거의 1,000명에 달했음에도, 리더를 찾는 것은 언제나 어려웠습니다.

둘째, 리더의 역할이 매우 중요하다는 사실입니다. 일부 홈이나 필드는 훌륭한 리더 덕분에 활기차고 사역이 잘 진행되는 반면, 다른 곳들은 리더십의 부재로 어려움을 겪고 있었습니다. 특히 비영리 조직에서 리더의 역할은 일반 기업에서와 매우 다르며, 팔로워들을 인격적으로 이끌어야 하는 훌륭한 리더십이 요구됩니다.

셋째, 대부분의 리더가 직면하는 공통된 문제가 충분한 준비 없이 리더 역할을 맡게 된다는 사실입니다. 저도 마찬가지였습니다. 2001년 처음 한국 OMF 대표로 임명되었을 때와 2002년부터 국제 OMF의 엑스컴에서 활동할 때, 리더십에 대한 체계적인 훈련을 충분히 받지 못했다는 생각을 자주 했습니다.

책을 쓸 수 있는 기회

2014년 이후로 국제 OMF에서 프로젝트 티모티의 퍼실리테이터로 더 이상 참여하지 못하게 되었는데, 그 이유는 한국에서 동원 사역이 많아졌기 때문입니다. 프로젝트 티모티에 참여하기 위해서는 여러 나라를 여행해야 했고, 그렇게 되면 한국에서의 중요한 동원 기회를 놓칠 수밖에 없었습니다. 기도하는 중에 하나님이 저를 동원 사역으로 부르셨다는 것을 확인하고, 퍼실리테이팅을 그만두기로 결정했습니다.

그러나 국내에서도 제가 배운 프로젝트 티모티 내용을 활용하여 공식적이든 비공식적이든 훈련할 기회를 가질 수 있었습니다. 가장 먼저 저의 영적인 고향과도 같은 죠이선교회 간사들을 중심으로 훈련을 진행했으며, 이후 여러 단체의 리더들을 위한 연합 프로젝트 티모티 훈련도 시도했습니다.

하지만 한국에서는 프로젝트 티모티가 잘 진행되지 못했습니다. 훈련에 참가했던 많은 사람이 리더십 훈련의 가치를 인정하면서도, 훈련을 위해 필요한 시간을 내기 어려웠기 때문입니다. 이 경험은 한국의 사역 단체들의 리더들이 겪고 있는 문제들을 이해하는 데 큰 도움이 되었습니다.

언젠가 프로젝트 티모티 훈련 과정을 중심으로 리더십에 관한 책을 쓰고자 하는 열망을 가지고 있었지만, 여러 일정으로 글쓰기가 우선순위에서 밀려났습니다. 2021년부터 죠이선교회 대표로 섬기게 되면서, 한국 OMF의 동원 사역과 죠이선교회 사역을 겸하게 되자 글쓰기에서 더욱 멀어졌습니다. 하지만 2023년 말에 하나님이 잠시 쉴 기회를 주셔서 글쓰기에 다시 집중할 수 있게 되었습니다. 감사한 것은 죠이선교회 대표로 섬기며 얻게 된 리더십에 대한 통찰들도 이 책을 쓰는 데 중요한 밑거름이 되었다는 것입니다.

글쓰기는 언제나 쉽지 않은 작업입니다. 제목을 정하는 것부터, 타깃 독자를 선정하는 것, 내용 구성까지 많은 고민을 해야 합니다. 이런 고민 끝에 저는 책 제목을 「리더십 빌드업, 프로젝트 티모티」로 정하고, 부제를 '실천적이고 영적인 크리스천 리더를 위한 가이드북'으로 결정했습니다.

책 내용은 OMF의 프로젝트 티모티에서 배운 네 가지 세션을 중심으로 구성했습니다. 각 부의 제목은 원래 프로젝트 티모티 훈련 과정의 제목을 약간 변형하여, 1부는 '리더의 내면세계', 2부는 '리더의 과업', 3부는 '팀의 리더십', 4부는 '조직의 리더십'으로 붙여 보았습니다.

이 책은 주로 포지셔널 리더, 즉 현재 특정 직위에서 리더로 섬기는 분들을 대상으로 합니다. 그러나 아직 그런 지위에 있지 않은 분들에게는 리더십을 준비하는 차원에서, 그리고 이미 경험한 분들에게는 반추하는 차원에서 유용할 것입니다. 이 책이 다양한 단계의 리더들에게 실질적인 도움과 인사이트를 제공할 수 있기를 기대합니다.

이 책을 쓰면서 가장 감사하고 싶은 분은 김동화 선교사님입니다. 저의 멘토로서 부족한 저를 늘 옆에서 도와주셨습니다. 정민영 선교사님에게도 감사를 드리고 싶습니다. WBT(성경 번역 선교회)의 국제 리더로서 풍부한 경험으로 저에게 훌륭한 귀감을 보여 주셨습니다. 한철호 선교사님에게도 감사를 드리고 싶습니다. 한길을 가는 동지로서 기쁠 때 함께 기뻐하고 괴로울 때 함께 짐을 져 주며 지내고 있습니다.

바쁘신 중에도 부족한 원고를 꼼꼼히 읽고 추천의 글을 써 주신 한국 OMF 대표 공베드로 선교사님과 선교한국 사무총장 최욥 선교사님에게 감사드립니다. 그리고 제 원고를 읽고 귀한 피드백을 주신 전

GPTI 원장 박민부 목사님 그리고 OMF의 장미영 간사에게도 감사를 드립니다.

OMF 가족들과 죠이선교회 가족들에게도 감사드립니다. 그분들 때문에 리더십에 대해서 더 많이 배우게 되었습니다. 그리고 언제나 제 곁에서 동고동락하며 지내는 아내와 자녀들, 그리고 손자들이 늘 감사의 제목입니다.

마지막으로 원고를 고치고 다듬어서 훌륭한 책으로 만들어 주신 죠이북스 편집진에게도 감사를 드립니다.

1부

리더의
내면세계

리더는 단순히 팔로워들에게 무엇을 하도록 지시하는 사람이 아니다. 우선 리더는 됨됨이가 중요하다. 리더의 영향력은 그가 가진 권한에서 비롯되지만, 리더가 자신의 팔로워들에게 존경받지 못한다면, 그 영향력은 예상보다 미미할 것이다. 따라서 리더의 내면세계는 리더십의 근본적인 면에 초점을 맞춘다.

영적 리더십의 중요성을 강조한 중국 내지 선교회 2대 총재였던 D. E. 호스트는 이렇게 말했다.

> 나는 시간이 지나면서 교회 일을 잘 처리하고 다른 일꾼들을 잘 이끄는데 필수적인, 영적이고 도덕적인 자질은 어느 사회 계층이든 대부분의 사람이 비슷하게 많이 가지고 있다는 사실을 점점 더 깨닫게 되었다. 중요한 것은 그들이 기도의 사람인가 하는 점이다. 자신의 판단과 충동적인 감정을 깊이 불신하고 오직 성령께서 가르치고 인도하시는 대로

결정하고 의견을 표현하는 사람인가 하는 것이다. 여기서 우리는 거룩하고도 근본적인 진리로 다시 돌아오게 되는데, 그것은 영적인 것은 곧 실제적이어야 한다는 사실이다.

이러한 맥락에서, 영적인 크리스천 리더의 됨됨이는 더욱 중요하다. 리더의 내면세계는 그의 리더십 행위의 기반이 되며, 이는 특히 크리스천 리더에게 중요하다. 이 책 1부에서는 이러한 리더의 됨됨이에 대해 말하고자 한다.

ch. 1

실천적이며 영적인 리더의 조건

리더의 내면세계란 바로 리더의 됨됨이를 의미한다. 우리가 어떤 리더를 존경한다고 할 때는 그가 이룬 과업만을 언급하는 것이 아니다. 그가 남들에게 어떤 평가를 받는지, 자신의 가정을 어떻게 지키는지, 심지어 자신과의 싸움에서 어떻게 승리하는지를 보고 판단하면서 그를 리더로 인정하게 되는 것이다.

최근 미투 운동(Me Too Movement)으로 우리나라 정치 지도자 중 대권주자로 평가받던 인물이 법정에서 구속되고, 문학계에서 무소불위의 권력을 지녔던 시인도 추문으로 명성의 꼭대기에서 추락하는 것을 보았다. 대형 교회 담임 목사도 예외는 아니었다. 이런 사례들은 리더의 성과를 넘어서 그들의 인격, 됨됨이가 얼마나 중요한지를 보여 준다.

'행실'과 '됨됨이'

예수님이 마태복음 7장에서 말씀하신 것처럼 좋은 나무에서 나쁜 열매가 나오지 않으며, 나쁜 나무에서 좋은 열매를 기대할 수 없듯이, 좋은 리더에게서는 훌륭한 리더십이 나타나고, 불량한 리더에게서는 불량한 리더십이 나타난다. 즉 한 사람의 행위 결과는 그 사람의 내면에서 기인한다. 시편 78편 72절은 다윗의 리더십을 이렇게 설명한다.

> 그가 그들을 자기 마음의 완전함으로 기르고 그의 손의 능숙함으로 그들을 지도하였도다.

시편 기자는 다윗의 능숙함을 이야기하기 전에 그의 마음이 완전했다고 말한다. 이것은 다윗의 행실 이전에 그의 됨됨이를 평가한 것이다. 이 구절은 사도행전 13장 22절에 등장하는 다윗의 평가와 비슷하다.

> 내가 이새의 아들 다윗을 만나니 내 마음에 맞는 사람이라 내 뜻을 다 이루리라 하시더니.

이 구절은 다윗이 하나님을 위해서 했던 수많은 일을 언급한 것이 아니라 그가 어떤 사람인지, 다른 말로 하면 그의 됨됨이가 어떤지를 알려 준다.

많은 사람이 리더를 선택할 때 그들의 행위에 초점을 맞추곤 한다. 이와 관련하여 D. E. 호스트는 이렇게 말했다.

경험이 많아질수록, 사역의 결과만을 보고 리더를 평가하는 것은 현명하지 않다는 것을 깨닫는다. 진정한 리더십은 원칙에 충실하고 지속적으로 노력하여 성취하는 데에 달려 있다.

이 말에 전적으로 동의한다. 리더의 됨됨이와 그가 달성하는 성과 사이의 직접적인 상관관계가 항상 존재하는 것은 아니다. 우수한 리더라 할지라도 어려운 상황에서 성과를 내지 못할 수 있고, 반대로 평범한 리더도 운 좋게 좋은 성과를 낼 수 있다. 그러나 우수한 리더라면 원칙에 따라 일하는 것으로 팔로워들에게 인정받아야 한다. 따라서 결과만으로 리더를 평가하는 것은 현명하지 못하다는 호스트의 말은 매우 적절하다.

정량적인 평가는 객관적이고 수행하기 쉬우나, 정성적인 평가는 주관적이고 복잡하다. 사람들은 대체로 간단한 정량적 평가를 선호한다. 예를 들어, 어떤 교회에서 담임 목사를 선택할 때 그가 예전 교회를 얼마나 크게 부흥시켰는지를 평가하는 사례, 선교사의 성공을 그가 개척한 교회의 수와 세례를 준 사람의 수로 평가하는 사례, 또 어떤 선교 단체의 간사가 그가 맡은 사역을 얼마나 크게 일으켰는지를 평가하는 사례 등이다.

리더십 빌드업, 프로젝트 티모터

영적 리더의 조건

많은 그리스도인이 영적 리더가 되기를 원한다. 이를 성경은 이렇게 표현하고 있다.

> 미쁘다 이 말이여, 곧 사람이 감독의 직분을 얻으려 함은 선한 일을 사모하는 것이라 함이로다(딤전 3:1).

이 말씀을 전한 바울은 계속해서 교회 내에서 직분을 맡을 리더들의 자격에 대해 자세히 설명하고 있다.

> 그러므로 감독은 책망할 것이 없으며 한 아내의 남편이 되며 절제하며 신중하며 단정하며 나그네를 대접하며 가르치기를 잘하며 술을 즐기지 아니하며 구타하지 아니하며 오직 관용하며 다투지 아니하며 돈을 사랑하지 아니하며 자기 집을 잘 다스려 자녀들로 모든 공손함으로 복종하게 하는 자라야 할지며 (사람이 자기 집을 다스릴 줄 알지 못하면 어찌 하나님의 교회를 돌보리요) 새로 입교한 자도 말지니 교만하여져서 마귀를 정죄하는 그 정죄에 빠질까 함이요 또한 외인에게서도 선한 증거를 얻은 자라야 할지니 비방과 마귀의 올무에 빠질까 염려하라 이와 같이 집사들도 정중하고 일구이언을 하지 아니하고 술에 인 박히지 아니하고 더러운 이를 탐하지 아니하고 깨끗한 양심에 믿음의 비밀을 가진 자라야 할지니 이에 이 사람들을

먼저 시험하여 보고 그 후에 책망할 것이 없으면 집사의 직분을 맡게 할 것이요 여자들도 이와 같이 정숙하고 모함하지 아니하며 절제하며 모든 일에 충성된 자라야 할지니라 집사들은 한 아내의 남편이 되어 자녀와 자기 집을 잘 다스리는 자일지니 집사의 직분을 잘한 자들은 아름다운 지위와 그리스도 예수 안에 있는 믿음에 큰 담력을 얻느니라(딤전 3:2-13).

이러한 내용은 초대 교회에서 인정한 리더의 조건을 설명하며, 이 자격은 오늘날 크리스천 공동체의 리더 조건과 크게 다르지 않다.

(1) 가정을 잘 다스리는 능력

자신의 가정을 잘 다스리는 것은 시대를 불문하고 모든 리더에게 요구되는 덕목이다. 유교 경전인 대학(大學)에는 '수신제가 치국평천하'(身修家齊 治國平天下)라고 언급되어 있다. 이는 자신을 단련하고 가정을 잘 관리할 줄 알아야 비로소 나라를 이끌고, 결국 세상을 평화롭게 할 수 있는 리더가 될 수 있다는 의미다.

크리스천 공동체에서도 이 원칙은 예외가 아니다. 최근 크리스천 리더들 사이에서 가정이 불안정한 사례를 자주 목격한다. 이러한 문제는 단순히 개인이나 그의 가정에만 영향을 끼치는 것이 아니라, 그가 속한 공동체 전체에도 영향을 끼친다. 따라서 영적 리더에게는 자기 성찰과 가정을 잘 다스리는 능력이 필수적이다.

(2) 양심적인 인격

성경은 양심에 대해 많은 곳에서 언급하며, 이를 중요하게 다룬다. 개역개정 성경에는 '양심'이라는 단어가 서른세 번이나 등장한다. 몇 가지 중요한 구절을 살펴보면 다음과 같다.

> 믿음과 착한 양심을 가지라 어떤 이들은 이 양심을 버렸고 그 믿음에 관하여는 파선하였느니라(딤전 1:19).

> 선한 양심을 가지라 이는 그리스도 안에 있는 너희의 선행을 욕하는 자들로 그 비방하는 일에 부끄러움을 당하게 하려 함이라(벧전 3:16).

> 물은 예수 그리스도께서 부활하심으로 말미암아 이제 너희를 구원하는 표니 곧 세례라 이는 육체의 더러운 것을 제하여 버림이 아니요 하나님을 향한 선한 양심의 간구니라(벧전 3:21).

이런 성경 구절들은 크리스천 리더들이 자신의 양심을 지키며 행동하는 것이 중요하다는 사실을 강조한다. 양심은 리더의 행동과 결정에서 중요한 역할을 하며, 그들의 영적 정체성과 밀접하게 연결되어 있다.

(3) 탐욕의 절제

리더에게 중요한 덕목 중 하나는 탐욕을 멀리하는 것이다. 최근 정치인들이 공용 법인 카드로 개인 용품을 구매해 논란이 일었다. 그들은 매달 고액의 월급을 받는데도 공적 자금을 사적으로 사용하는 비도덕적인 행위를 한 것이다. 리더가 이렇게 행동하면 팔로워들의 신뢰를 잃어 결국 그의 영향력은 사라지게 된다.

(4) 교회 밖에서의 존경

영적인 리더가 되기 위해서는 교회 내에서의 존경만으로는 충분하지 않다. 리더는 그가 속한 모든 커뮤니티, 즉 직장, 학교, 이웃에서 존경받는 인물이어야 한다. 어린 시절 이웃에 사시던 한 장로님은 불교 신자였던 우리 어머니에게도 큰 존경을 받았다. 그 장로님은 술을 마시지 않았으며, 가정도 무척 화목했고, 자녀들을 따뜻하게 대하셨다. 퇴근하면 가족과 함께 시간을 보내고, 나이 든 어머니에게 효도하는 모습은 그분이 얼마나 품격 있는 인물인지 보여 주었다.

(5) 탁월한 교육 능력

크리스천 공동체의 리더에게는 반드시 잘 가르치는 능력이 있어야 한다. 가르친다는 것은 하나님의 말씀과 교훈을 전달하는 것을 의미한다. 교회는 그리스도의 가르침을 배우고 전파하는 곳으로, '교회'(敎會)라는 단어 자체에는 교육과 모임이라는 의미가 담겨 있으나, 이는 '에클레시아', 즉 그리스도를 구주로 고백하는 성도의 모임이라는 더

리더십 빌드업, 프로젝트 티모티

깊은 의미를 지닌다.

사도행전 11장 26절에 따르면, 안디옥 교회에서 바나바와 사울(바울)은 일 년 동안 성도들을 가르치며 많은 사람을 제자로 만들었다.

> 만나매 안디옥에 데리고 와서 둘이 교회에 일 년간 모여 있어 큰 무리를 가르쳤고 제자들이 안디옥에서 비로소 그리스도인이라 일컬음을 받게 되었더라.

또한 예수님은 모든 민족을 제자로 삼아 가르치고 지키게 할 것을 명령하셨다.

> 그러므로 너희는 가서 모든 민족을 제자로 삼아 아버지와 아들과 성령의 이름으로 세례를 베풀고 내가 너희에게 분부한 모든 것을 가르쳐 지키게 하라 볼지어다 내가 세상 끝 날까지 너희와 항상 함께 있으리라 하시니라(마 28:19, 20).

리더가 효과적으로 가르치기 위해서는 끊임없이 하나님 말씀을 묵상하고 실천해야 한다. 이스라엘의 새 리더 여호수아에게 주신 하나님의 말씀에서도 이를 볼 수 있다.

> 이 율법책을 네 입에서 떠나지 말게 하며 주야로 그것을 묵상하여 그 안에 기록된 대로 다 지켜 행하라 그리하면 네 길이 평탄하게 될

것이며 네가 형통하리라(수 1:8).

실천적이며 영적인 리더십

영적 리더십과 관련된 많은 책은 앞서 언급한 영적 리더의 조건들에 초점을 맞추고 있다. 이런 책들을 읽으면 대부분의 내용에 공감하고 새로운 다짐을 하지만, 일상으로 돌아왔을 때 실제로 문제들을 해결하는 데 얼마나 도움이 되는지는 불확실하다.

이 책은 특정 포지션에 있는 리더를 전제로 하고 있다. 또한 추상적이고 포괄적인 리더십이 아니라, 구체적인 팀이나 조직 안에서 실제로 영향을 끼치는 리더와 관련된 실제 이야기들이다.

어떤 사람들은 포지셔널 리더가 아님에도 포지셔널 리더보다 큰 영향력을 발휘할 수 있다. 이런 사람들은 때때로 그 영향력을 극대화하기 위해 의도적으로 포지셔널 리더의 자리에서 내려오기도 한다.

영적 리더에 대한 정의는 사람마다 다를 수 있으며, 그 기준이 되는 요소도 다양하다. 나는 영적 리더를 영성 있는 리더라고 말하고 싶다. 어떤 사람들은 영성을 기도의 양이나 방식, 성경 읽기의 빈도 같은 정량적인 기준으로 평가하려고 한다. 예를 들어, "40일 금식 세 번"이라는 구체적인 성과를 강조하는 것이다. 하지만 표면적으로 드러나는 이러한 지표들이 반드시 그 사람의 진정한 영성을 반영하지는 않는다.

나는 영성을 "하나님을 의식하는 것"으로 이해한다. 한 개인이 일

리더십 빌드업, 프로젝트 티모티

상에서 얼마나 하나님을 의식하고 살아가는지가 그의 영성을 나타낸다고 본다. 예를 들어, 설교 후 자기도취에 빠져 일탈하는 목사나 예배 때는 온갖 거룩한 말로 기도하면서 가정에서는 가족들에게 언어폭력을 행하는 장로는 진정한 영성이 결여되어 있다고 보아야 한다.

영성 있는 배우자들은 그들이 가진 영적 진정성 때문에 심지어 믿음 없는 배우자에게도 인정받는다. 직장에서도 마찬가지다. 영성 있는 그리스도인은 좋은 평가를 얻지만, 말로만 그리스도인인 사람들은 주변인들에게 경멸받을 수 있다. 이러한 관점에서 영성 있는 리더는 그저 외적인 신앙 활동을 넘어, 일상의 모든 순간에 하나님을 의식하며 깊은 내면의 삶을 사는 리더를 의미한다.

시편 기자가 다윗의 리더십을 "이에 그가 그들을 자기 마음의 완전함으로 기르고 그의 손의 능숙함으로 그들을 지도하였도다"(시 78:72)라고 표현한 것처럼, 진정한 리더십은 영성과 실천적 리더십 기술이 조화를 이루어야 한다. 실천적인 리더십 기술에는 '회의를 주관하는 방법', '아젠다를 설정하는 방법', '회의 후 회의록을 작성하고 관련된 사람들에게 회람을 돌리고 보관하는 방법', '효과적인 커뮤니케이션 방법' 등이 포함된다. 이러한 기술들은 리더에게 필수적이지만, 교회나 선교 단체에서 이런 리더십 기술을 고루 갖춘 리더를 보기란 쉽지 않다. 리더들이 이처럼 실제적인 기술들을 알고 활용한다면, 팀이나 조직 내에서 발생하는 많은 문제를 줄일 수 있을 것이다.

포지셔널 리더의 중요성

기독교 공동체의 포지셔널 리더의 중요성을 알기 위해 여러 모델의 행실과 됨됨이에 대해 자세히 살펴보도록 하겠다.

(1) 허드슨 테일러

나는 OMF라는 국제 단체에서 30년 넘게 섬기면서, OMF를 창립한 허드슨 테일러의 리더십에 점점 더 매료되고 있다. 1980년대 후반에 허드슨 테일러의 전기를 저술한 로저 스티어는 1888년 허드슨 테일러가 캐나다를 방문했을 때의 상황을 설명하면서 그의 됨됨이를 잘 소개하고 있다.

허드슨 테일러의 북미 방문은 매우 특별한 사건이었다. OMF의 전신인 CIM(China Inland Mission, 중국 내지 선교회)은 1865년에 영국 선교사들에 의해 시작되었고, 20년 만에 CIM은 영국은 물론 서구 교회들에 알려지기 시작했다. 1880년대 후반 미국에서 큰 부흥을 이끈 무디는 중국 선교를 위해 헌신하고자 하는 미국의 선교 지망생들을 CIM을 통해 보내고 싶어 했다.

하지만 영국 사람들로만 구성된 CIM 이사회는 무디의 제안을 거절했다. 무디는 무시나 거절을 당했다고 생각하지 않고 다음 해에 허드슨 테일러를 미국으로 초청했다. 허드슨 테일러는 수개월을 미국에 머물면서 미국 교회들이 품은 선교에 대한 열정을 느꼈다. 그리고 허드슨 테일러는 영국의 이사회를 설득해서 미국 선교사들을 CIM

선교사로 허입하기로 결정했다.

그의 여행은 미국에 그치지 않고 캐나다로 이어졌다. 캐나다에서도 허드슨 테일러의 동원 사역은 매우 성공적이었다. 토론토에서 열린 북미 출신 선교사 열네 명의 입단을 축하하는 자리에 엄청난 수의 사람이 몰려드는 것을 보고 허드슨 테일러의 얼굴에 '근엄함'이 사라졌다는 기록이 있을 정도였으니, 그 모임이 얼마나 성공적이었는지를 상상할 수 있을 것이다.

그런데 북미 언론들은 허드슨 테일러가 토론토를 방문한 것에 대해 후한 점수를 주지 않았다. 신문에 허드슨 테일러에 대해 이런 평이 실렸다. "그는 훌륭한 선교사로 보이지 않았고, 모르는 사람이 길거리에서 만나면 그저 친절한 영국인 정도로 보였다. 그의 대중 설교도 캐나다의 여느 목사보다 못했다." 허드슨 테일러가 토론토에서 몬트리올로 갈 때 동행한 헨리 프로스트는 허드슨 테일러가 그 기사를 읽지 않기를 바랐다. 하지만 이미 허드슨 테일러도 그 기사를 읽었고, 그는 자신을 걱정해 주는 프로스트에게 이렇게 말했다고 한다.

> 그 기자가 바른말을 했습니다. 다 맞는 말입니다. 자주 이런 생각이 듭니다. 하나님이 자신이 위대하시다는 것을 드러내시기 위해 나를 아주 작게 만드시는 것 같다고 말입니다.

허드슨 테일러의 말을 들으며, 헨리 프로스트는 이렇게 생각했다고 한다.

별 볼 일 없는 사람이 위대한 척하는 것은 그리 어렵지 않다. 하지만 위대한 사람이 별 볼 일 없는 사람처럼 되려고 하는 것은 아주 어려운 일이다. 그런데 허드슨 테일러의 겸손은 오직 예수님의 낮아지심에서만 찾을 수 있을 것이다.

(2) D. E. 호스트

D. E. 호스트는 허드슨 테일러가 이끈 CIM의 2대 총재로 장기간에 걸쳐 섬긴 뛰어난 리더였다. 그의 리더십은 대중에게 잘 알려지지 않았지만, 그가 35년 동안 총재로 재임하면서 받은 좋은 평가는 그의 리더십 능력을 입증한다.

허드슨 테일러가 뇌졸중으로 쓰러진 후 호스트는 39세의 나이에 CIM의 2대 총재로 선출되었다. 그의 선출은 그가 지니고 있던 영적 자질 때문이었는데, 그는 '케임브리지 세븐' 중 한 명으로, 영국국립사관학교를 졸업한 후 장교로 임관하였으나 군인으로서의 출세를 포기하고 전적으로 그리스도의 제자로 살기로 결심했다. 이런 결정은 무디의 전도 집회에서 주님을 인격적으로 만난 후에 이루어진 것이다.

OMF 전 총재 패트릭 펑은 호스트의 삶을 "그는 그리스도를 기억하게 하기 위해서 잊히는 삶을 살았다"고 요약했다. 호스트는 기도를 리더십과 영적 능력의 중요한 근원으로 믿었으며, 다음과 같은 말로 자신의 신념을 표현했다.

우리는 은밀한 곳, 사막 한가운데서 홀로 하나님을 만나야 합니다.

　　　　　　　　　　리더십 빌드업, 프로젝트 티모티

그것이 바로 진정한 영성입니다. 우리는 무슨 일이든지 자신의 지혜로 하는 것을 두려워해야 합니다. 만일 한 사람이 하나님에게 온전히 무릎 꿇고 자신을 위해 예비하신 그분의 계획을 알게 된다면 결코 그것을 저항할 수 없을 것입니다.

D. E. 호스트는 실천적인 리더십과 깊은 영성을 겸비한 특별한 총재였다. 그는 초기 선교 사역을 중국 산시성(山西省)에서 시작했으며, 그곳에서 유명한 유교 학자이자 강력한 교회 지도자인 시(西) 목사와 협력했다. 10년간의 사역 동안 호스트는 시 목사와의 관계를 통해 많은 사역의 열매를 맺었으며, 그는 이 관계에서 얻은 교훈을 동료에게 이렇게 표현했다.

우리 사이에 크게 벌어져 있는 간격을 진정으로 메우기 원한다면 기꺼이 낮은 자리에 있으려는 마음과 함께 사랑과 인내가 더욱 필요하다는 것을 깨닫습니다.

이러한 겸손과 인내의 자세는 호스트가 국제적인 선교 활동을 이끌면서도 항상 가지고 있던 핵심 가치였다. 그의 리더십은 패트릭 펑이 저술한 「잊히기 위해 산 사람」(로뎀북스)이라는 책을 통해 더욱 널리 알려지게 되었다.

1929년 미국을 중심으로 시작된 대공황으로 선교 활동에 큰 어려움이 있었음에도 호스트는 중국 내의 선교적 필요를 전 세계에 알리고 200명의 선교사 파송을 요청하는 비전을 가진 리더로서의 역할을 수행했다. 실제로 그의 요청은 하나님의 응답을 받아, 예상보다 많은 선교사가 중국으로 파송되었고, 선교 본부를 위한 새 건물도 확보할 수 있었다.

이러한 사건들은 호스트가 단순히 영적인 리더에 머무르지 않고, 그것을 현실적인 문제 해결과 결부시킬 줄 아는 실천적인 리더십을 가졌다는 것을 보여 준다. 그의 리더십은 오늘날에도 많은 선교사와 교회 지도자에게 영감을 주며, 진정한 영적 리더가 갖추어야 할 특성들을 명확히 제시한다.

리더가 피해야 할 것

영적이며 실천적인 리더가 가져야 할 덕목도 중요하지만 좋은 리더가 되기 위해서 반드시 피해야 할 것들이 있다. 어쩌면 이런 것을 피하는 것이 리더에게 더 중요할지도 모른다.

(1) 자기 연민(self-pity)

리더가 반드시 피해야 할 것 중 하나는 자기 연민이다. 리더의 자리는 종종 외롭고 소외되는 느낌을 줄 수 있다. 특히 '파워 디스턴스'(power distance), 즉 권력을 가진 사람들과 없는 사람이 일정한 거리를 두려는 문화에서는 이런 감정이 더욱 강하게 느껴질 수 있다. 이런 문화에서는 사람들이 리더의 권력을 인정하는 것처럼 보이지만 리더는 소

리더십 빌드업, 프로젝트 티모티

외감을 느낄 수 있다. 이러한 상황에서 리더는 의기소침해지거나 자기 연민에 빠져서는 안 된다.

리더가 자신의 능력에 한계를 느끼거나 상황이 악화되었다고 느낄 때 스스로를 불쌍히 여기는 마음이 들 수 있다. 이것은 자기 연민의 전형적인 증상이다. 리더로 세워졌다는 것이 모든 것을 완벽하게 하는 '슈퍼맨'이 되라는 뜻이 아니라는 것을 기억해야 한다. 한계를 느낄 때는 그것을 새로운 배움의 기회로 삼아야 하며, 필요하다면 주변에 좋은 멘토를 두는 것이 도움 된다. 나에게는 김동화 선교사님과 같은 좋은 멘토가 있다. 그분은 내가 한국 OMF 대표일 때나 죠이선교회 이사장일 때 항상 내 곁에서 조언을 해주셨다.

필요하다면 전문적인 상담을 받는 것도 좋다. 상담을 받는다는 것이 반드시 정신적으로 문제가 있다는 의미는 아니며, 오히려 내 고민을 이야기하면서 객관적인 시각을 얻을 수 있는 기회가 될 수 있다. 이런 접근은 리더가 자신의 감정과 한계를 건강하게 관리하며 더욱 효과적으로 리더십을 발휘할 수 있도록 돕는다.

(2) 리더라는 자의식(self-awareness as a leader)

리더는 자신이 리더라는 의식에서 벗어나야 한다. 어떤 지위에 있음을 의식하는 것은 권한이 있다는 것을 의식한다는 뜻도 있다. 어떤 지위에 있다는 것을 권력으로 여기면 리더십이 쉽게 망가질 수 있다. 자신의 지위와 권력을 의식하지 않고 주변의 다른 리더들과 팀을 이루어 의논하고 함께 결정한다면 더 안전한 리더십을 발휘할 수 있다.

권력과 유사하게 들리지만 다른 개념인 '권위'는 권한을 사용하는 리더의 인격과 결합하여 나타나는 영향력을 말한다. 권위는 주변 사람들, 특히 팔로워들에게 인정받는 것을 말한다.

어떤 기관이든 리더가 되려는 사람을 항상 조심해야 한다. 대부분의 사람은 자신이 처한 지위가 부여하는 권력을 이용해 무언가를 하고자 하는 욕구가 있다. 이런 사람들이 리더가 되는 것을 막기 위해서는 신앙 공동체에서 리더를 선출할 때 민주적인 투표를 피하는 것이 좋다. 민주적인 투표에서는 인격이 훌륭한 사람들이 자진해서 리더가 되겠다고 나서는 경우가 거의 없다. 대신, 반대 성향의 사람들이 주변 사람들에게 정치적인 방법을 사용하여 리더로 나서게 되는데, 이럴 경우 기관은 영적인 리더를 세우기 어렵게 된다.

공동체에서 리더를 세울 때 추천제나 임명제를 사용하는 것이 바람직하다. 물론 이런 방식에서도 공동체 회원들의 폭넓은 의견을 수렴하는 것이 중요하다. 이때 회원들의 의견을 듣는 것은 인기 투표를 위한 것이 아니라, 다른 회원들이 알지 못하는 문제점을 확인하기 위함이다.

(3) 쓰리G의 함정(trap of three Gs')

미국의 한 신학교에서는 사역 현장으로 나가는 학생들에게 "don't touch girls, don't touch gold, don't touch glory"라는 조언을 한다. 이는 불륜, 재물, 영광이 성공한 사역자들을 유혹하는 주요한 덫이라는 메시지를 담고 있다. ("girl"이라는 표현에 대해 이의를 제기할 수도 있다.

리더십 빌드업, 프로젝트 티모티

현대 사회에서는 성평등에 민감하게 반응할 수 있기 때문이다. 그러나 이 표현은 사역자들이 주로 남성이던 과거의 맥락에서 만들어진 것이므로, 이를 너무 크게 문제 삼을 필요는 없다. 이런 조언은 성별과 관계없이 모든 사역자에게 적용될 수 있도록 시대에 맞게 조정되는 것이 바람직하다.)

이런 교훈은 사역자들이 현장에서 직면할 수 있는 윤리적 유혹들을 경고하며, 그들의 행동이 자신의 사명과 직무에 어떤 영향을 끼칠 수 있는지 상기시키려는 목적에서 제공된다.

"이성을 조심하라"는 조언은 사역자들이 성적인 문제로 어려움을 겪지 않도록 경고하는 것이다. 성적인 문제는 사역자들이 자주 직면하는 주요 덫 중 하나로, 최근에도 시카고의 유명한 교회 시니어 목사가 성적인 문제로 사임하는 사건이 일어났다. 내가 알고 있는 한 목사도 30년이 넘도록 사역을 잘하다가 결국 성적인 문제로 사임하게 되었다.

과거에는 우리나라 교회에서 사역자들이 성적인 문제를 일으키면 대부분 조용히 넘어 가는 분위기였지만, 최근에는 우리 사회가 성적인 문제를 강도 높게 다루면서 교회 공동체 안에서도 성적 문제에 민감하게 반응한다. 성폭력이나 성추행은 물론, 성희롱이나 유사한 표현도 조심해야 한다. 성인지 감수성(gender sensitivity)이 부족한 사역자들은 의도하지 않은 상황에서도 문제에 직면할 수 있음을 명심해야 한다.

리더가 결혼한 경우에는 배우자와의 친밀감을 유지하는 것이 매우 중요하다. 이를 소홀히 할 경우 다른 사람에게서 친밀감을 찾게 되고,

이는 불륜으로 발전할 가능성이 높다. 미국에서는 서로 잘 아는 사역자들끼리 자신들의 어려움을 털어 놓고 서로를 지지하는 책무 그룹을 만드는 경우가 있는데, 이는 사역자가 불륜을 저지르는 것을 예방하는 데 효과적이다.

"재물을 조심하라"는 조언은 사역자가 재물에 대한 욕심을 경계해야 함을 강조한다. 공동체가 작을 때는 재물이 크게 부각되지 않지만, 공동체가 커지고 재정이 넉넉해지면 사역자들이 선을 넘어 재물을 탐하는 경우가 종종 있다.

구약 성경에도 재물에 마음이 쏠려 하나님의 사역에서 멀어진 사람들의 이야기가 나온다. 열왕기하의 엘리사의 종 게하시가 대표적인 인물이다. 아람의 군대 장관 나아만이 가져온 많은 재물을 엘리사가 거절한 것을 보고, 게하시는 나아만을 찾아가 자신에게 얼마를 달라고 요청한다. 그 결과 게하시는 문둥병을 얻고, 엘리사의 뒤를 이어 훌륭한 선지자가 될 기회를 잃게 된다.

사역자는 재정에 관해 엄격한 책무를 지녀야 하며, 자신의 사역 구조 안에 이를 실천할 수 있는 기준과 방식을 마련하는 것이 좋다. 가능한 한 자신의 개인적인 자금과 공동체의 재정을 분리하여 관리하고, 회계 담당자를 따로 두어야 한다. 또한 엄격한 관리와 감독을 통해 재정적인 투명성을 확보해야 한다. 이렇게 하면 재물로 인한 유혹과 문제를 효과적으로 관리하고 예방할 수 있다.

"명예를 조심하라"는 조언은 성공한 사역자들이 종종 빠지기 쉬운 덫, 즉 영광을 취하려는 유혹에 대한 경고다. 사역이 잘 풀리지 않을 때에는 명예 문제가 크게 부각되지 않는다. 하지만 성공적인 사역을 하면서 명성이 커질 때, 그 성공이 개인의 명예욕을 자극할 수 있다.

성공한 사역자들에게는 부와 명예가 오는 것만큼이나 어려움도 함께 온다. 이 어려움 중 하나가 바로 영광을 개인이 차지하려는 유혹이다. 성공한 사역자나 리더는 이러한 유혹에 주의를 기울여야 한다. 영광은 오로지 주님에게만 돌려야 한다는 것을 잊지 말아야 한다.

ch. 2
리더의 타임 라인

리더가 태어나는지, 아니면 길러지는지에 대한 논쟁은 오랜 시간을 걸쳐 계속되어 왔다. 이에 대한 정답은 명확하지 않지만, 최근 경향으로는, 리더는 길러진다는 쪽으로 기울고 있다. 사도 바울 같은 리더는 보편적인 리더라기보다는 하나님의 특별한 목적을 위해 태어난 리더라고 할 수 있다. 그럼에도 다음 세대 리더로 디모데 같은 청년을 택해서 리더로 훈련했고, 그를 교회 리더로 세웠다. 그러므로 디모데야말로 보편적으로 길러진 리더라고 할 수 있다.

그렇다고 해서 개인에게 내재된 태생적 기질이나 성장 환경 같은 요소들을 무시할 수는 없다. 이러한 요소들도 개인이 리더로 성장하는 데 영향을 끼치는 중요한 변수다. 이뿐만 아니라 한 사람이 리더로 성장하는 과정에서 그가 살아오면서 경험한 사건들과 그 사건에 대한 반응이 매우 중요한 역할을 한다. 같은 사건을 경험하더라도, 그 사건에 어떻게 반응하느냐에 따라 그 사람이 리더로 성장할 수 있고, 그렇지 않을 수도 있다. 따라서 태생적 기질, 성장 환경, 사건에 대한

리더십 빌드업, 프로젝트 티모티

경험과 반응이라는 네 가지 요소는 모두 한 사람을 리더로 만드는 데 기여하는 중요한 변수다. 이를 함수의 형태로 표시하면 다음과 같다.

리더십 형성의 네 가지 변수

리더의 역량은 다음의 네 가지 변수에 따라 결정된다.

T: 기질(Temperament)

E: 환경(Environment)

X: 경험(Experience)

R: 반응(Reaction)

리더의 역량 = f(T, E, X, R)

지금부터 이 네 가지 요소에 대해 설명해 보도록 하겠다.

(1) 기질(T, Temperament)

기질은 선천적으로 타고나는 것이다. 혈액형으로 기질을 설명하기도 하고 동양 철학의 음양으로 나누기도 한다. 이 밖에도 인간의 기질을 나누는 방법은 다양하지만, 리더십과 관련해서 독일 사관 학교에서 오래전부터 전해 내려오는 네 가지 기질 유형 구분법에 대해 살펴보도록 하겠다.

	게으른 사람	부지런한 사람
똑똑한 사람	사령관	참모
멍청한 사람	사병	쓰지 않아야 할 사람

- **똑게(똑똑하지만 게으른 유형)**

  머리는 비상하지만 선천적으로 게으른 사람들이 여기에 속한다. 이들은 상황 판단을 잘하며, 자기가 직접 하기보다는 다른 사람에게 일을 시키는 것을 선호한다. 따라서 군대라면 이런 유형이 사령관에 적합하다.

- **똑부(똑똑하고 부지런한 유형)**

  머리가 좋고 선천적으로 부지런한 사람들이다. 이들은 다른 사람들에게 일을 시키기보다는 스스로 빨리 해치우는 경향이 있다. 이런 성향 때문에 군대라면 이들은 리더보다는 참모로 적합하다.

- **멍게(멍청하고 게으른 유형)**

  머리가 잘 돌아가지 않고, 선천적으로 게으른 사람들이다. 이들은 스스로 일을 찾아서 하지 않고, 다른 사람이 시키는 일만 겨우 수행한다. 이런 사람들은 상황 판단을 하는 것이 위험할 수 있어 일반적으로 사병으로 적합하다.

리더십 빌드업, 프로젝트 티모티

- **명부(멍청하지만 부지런한 유형)**

머리가 잘 돌아가지 않으면서 선천적으로 부지런한 사람들이다. 이들은 제대로 상황을 파악하지 못하면서 다른 사람들이 일을 시키기 전에 먼저 행동하는 경향이 있다. 이 때문에 조직 내에서 사고를 일으킬 가능성이 높다.

이것은 독일의 군대 문화를 전제로 한 것이라 그 설득력이 어느 정도인지는 확실하지 않지만, 리더십과 기질에 대해 생각해 볼 만한 내용이다. 리더는 기본적으로 자신이 직접 무언가를 하는 것이 아니라, 다른 사람들에게 동기 부여를 해서 일이 성취되도록 해야 한다. 따라서 자기 혼자 일하는 것이 편한 사람도 리더가 되면 팔로워들을 잘 이끌고 동기 부여 하는 법을 배워야 한다.

(2) 환경(E, Environment)

태생적으로 타고난 기질은 변하지 않는다고 보지만, 같은 기질을 가진 사람이라도 성장 환경에 따라 리더십 형성에 큰 영향을 받는다. 특히 출생 순서는 이러한 리더십 개발에 중요한 역할을 한다. 예를 들어, 첫째는 둘째가 태어나기 전까지 가족의 모든 관심을 받으며 자란다. 하지만 둘째가 태어나면서 상황이 변한다. 첫째는 어릴 때부터 둘째의 본보기가 되어야 한다는 압박을 받으며 성장한다. 이러한 상황은 첫째가 리더십 기술을 자연스럽게 개발하는 데 도움이 된다.

반면 둘째는 어린 시절부터 자신보다 능력이 뛰어난 첫째를 이기기 어렵다는 좌절을 겪으며 자란다. 이 때문에 둘째는 첫째에게 주어지는 관심을 자기에게로 끌어 오기 위해 노력하며, 이 과정에서 첫째를 따라하면서 학습 속도가 빨라지는 경향이 있다. 그러나 책임감 면에서는 첫째를 따라가지 못하는 경향이 있다.

막내는 형제가 많은 가정에서 부모의 사랑을 독차지하며 자란다. 여러 형제, 특히 여자 형제가 많은 환경에서 자라는 남아의 경우는 일반적인 가정의 아이들보다 많은 보살핌을 받아 다정한 성격을 가진 경우가 많다. 하지만 첫째가 자연스럽게 경험하는 리더십 기회는 막내에게는 쉽게 주어지지 않는다. 그런데 이 말이 막내가 리더가 될 수 없다는 뜻은 아니다. 예를 들어, 요셉은 열 명의 형이 있었지만 결국에는 리더의 자리에 오른다.

(3) 경험(X, Experience)

경험은 기질이나 환경보다도 리더십 형성에 큰 영향을 끼칠 수 있다. 사람의 일생 동안에는 크고 작은 많은 사건이 발생하고, 이러한 사건들은 리더십 형성에 긍정적이거나 부정적인 영향을 끼친다.

예를 들어, 학교에서 반장이나 회장 등 리더 역할을 수행하는 경험은 리더십 기술을 개발하고 자신감을 키우는 데 도움이 되어, 추후 리더십 발휘에 긍정적인 영향을 끼칠 수 있다. 이러한 경험을 통해 학생들은 조직을 이끄는 법, 의사 결정을 내리는 법, 팀워크를 조율하는 법 등을 배운다.

반면, 어린 시절 학교에서 리더로 실패한 경험이나 부정적인 사건은 성인이 되어 리더의 자리에 서는 것을 주저하게 만든다. 부정적인 리더십 경험은 자신감을 저하시키고, 리더십에 대한 두려움이나 부담감을 심어 줄 수 있다.

또한 젊은 시절의 방황, 일탈, 고립과 같은 경험도 리더십 형성에 중요한 영향을 끼칠 수 있다. 이러한 경험들은 개인이 위기 상황을 어떻게 극복하고, 자신의 행동과 결과에 대해 어떻게 책임지는지를 배우는 기회가 될 수 있다. 이는 리더로서 필요한 회복력과 책임감을 개발하는 데 도움이 될 수 있다.

(4) 반응(R, Reaction)

인생에서 사건이나 경험에 대한 반응은 사건이나 경험 자체보다 중요하다고 할 수 있다. 같은 사건을 경험한 사람들 사이에서도, 그 사건을 통해 교훈을 얻거나 긍정적으로 반응하는 사람들은 리더십 형성에 긍정적인 영향을 받는다. 요셉의 이야기는 이를 잘 보여 준다.

요셉은 사랑받던 막내아들에서 갑자기 종으로 팔려 가는 극적인 운명을 맞이한다. 보통 사람이라면 이런 상황에서 자신을 팔아 버린 형제들을 원망하거나 복수를 꿈꿨을지 모른다. 하지만 요셉은 그러한 감정에 사로잡히지 않고, 결국 하나님의 은혜와 섭리로 애굽의 총리가 되어 가족을 포함한 많은 사람을 위기에서 구한다.

요셉의 이야기에서 볼 수 있듯, 사건과 경험에 대한 반응은 개인에게 결정적 영향을 끼치는 중요한 요소다. 요셉은 자신에게 닥친 어려움과 부당함을 긍정적으로 극복함으로써, 단순히 상황의 희생양이 되지 않고 그 상황을 성장과 성취의 기회로 전환시켰다.

타임 라인

프로젝트 티모티의 세션 1에서 다루는 타임 라인은 리더십 형성에 있어 중요한 과정들을 이해하는 데 필수적인 요소다. 로버트 클린턴 박사 연구에 따르면, 하나님은 인간의 생애에서 다양한 경험을 통해 그 사람을 리더로 만들어 가신다. 이런 관점에서 리더나 앞으로 리더로 세워질 사람들이 자신의 전 생애를 되돌아보는 것은 매우 의미 있는 일이다.

요셉의 타임 라인을 예로 들어보자. 그의 생애는 리더십의 발전 과정을 이해하는 데에 매우 흥미로운 사례다. 요셉은 어릴 때부터 아버지의 특별한 사랑을 받으며 자랐으며, 그러한 환경은 요셉으로 하여금 형제들 사이에서 독특한 지위를 차지하게 했다. 그에 더해 요셉은 형들이 자기에게 절한 꿈을 이야기하고, 형제들의 잘못을 아버지 야곱에게 말함으로 형제들에게 미움을 받게 된다. 그리고 결국 형들에 의해 애굽으로 팔려 간다.

애굽에서의 경험, 특히 보디발의 집에서의 시간과 감옥 생활은 요셉의 성격을 형성하는 데 결정적인 역할을 한다. 이러한 역경 속에서도 그는 원망과 복수의 감정에 사로잡히지 않고, 주어진 상황에서 최선을 다하는 모습을 보였다. 하나님의 도움과 하나님에 대한 요셉의 끊임없는 신뢰는 결국 그를 애굽의 총리 자리에까지 이르게 했고, 하나님은 많은 사람을 구하는 데 요셉을 사용하셨다.

요셉의 타임 라인을 통해 우리는 각자의 경험과 사건이 리더십 형성에 얼마나 중요한지 볼 수 있다. 또한 개인이 겪는 시련과 어려움이 결국 그 사람을 성숙한 리더로 만드는 데 필수적임을 알 수 있다. 리더십 발전 과정에서 중요한 것은 사건들뿐만 아니라 그 사건들에 대한 개인의 반응과 어떻게 그 경험을 자신의 성장에 활용하는가이다.

요셉의 타임 라인을 아주 단순하게 표시하여 도식화하면 다음과 같다.

【 영성 있는 관리자 】

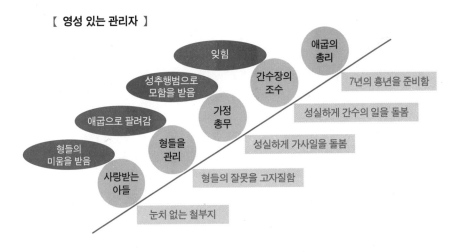

- **주제어**

  가운데 대각선은 요셉의 생애를 관통하는 하나의 키워드로 그의 생애를 돌아보면서 찾아본 것이다. 나는 그것을 '영성 있는 관리자'로 정했다.

- **지위**

  대각선에 인접한 원들은 요셉이 가지게 된 지위들이다. 이 지위들을 보면 계속 더 큰 직책으로 나아가는 것을 볼 수 있다.

- **행동과 결과**

  사각형은 지위에 따라 요셉이 보인 행동이고, 지위(원) 왼쪽에 인접한 타원형은 요셉의 행동으로 얻게 된 결과들이다.

클린턴 박사의 타임 라인

원래 로버트 클린턴 박사가 연구한 타임 라인은 훨씬 심오하다. 다음과 같은 복잡한 구조로 설명된다.

1. 첫 번째 단계	2. 두 번째 단계	3. 세 번째 단계	4. 네 번째 단계
사역의 기초 Ministry Foundations	일반적 사역 General Ministry	집중된 사역 Focused Ministry	수렴 사역 Convergent Ministry
① 주권적 기초 Sovereign Foundations (13-20년)	① 잠정적 사역 Provisional Ministry (2-6년)	① 역할 이동 Role Transition	① 특별한 인도하심 Special Guidance
② 리더십 이동 Leadership Transition (3-6년)	② 성장하게 되는 사역 Growth Ministry (6-8년)	② 독특한 사역 Unique Ministry (A 와 B 3-12년)	② 수렴 사역 Convergence Ministry
	③ 유능한 사역 Competent Ministry (2-6년)		③ 잔광 Afterglow

괄호 안에 표시된 연수는 클린턴 박사가 신구약 성경에 나오는 인물이나 그 이후에 살았던 수천 명의 인물을 대상으로 만들어 본 타임라인을 통해 얻은 대략적인 평균값이다. 네 번째 단계인 수렴 사역의 경우 특별히 연수를 표시하지 않은 것은 뒤에서 설명하겠지만 대부분의 리더가 이 단계까지 오지 않기 때문에 과거의 사례를 통해 유의미한 값을 찾지 못해서이다.

(1) 사역의 기초(Ministry Foundation)

사역의 기초 단계는 주권적 기초와 리더십 이동으로 구분할 수 있다.

• 주권적 기초

주권적 기초는 하나님이 인격과 성품을 형성하는 데 사용하신, 선택할 수 없는 환경이나 상황을 의미한다. 이는 하나님의 섭리 아래 이미 정해진 요소로, '초기 환경', '가족 구조', '출생 순서' 같은 것들이 포함된다.

요셉의 경우를 보면, 그는 자신이 선택할 수 없었던 많은 상황 속에서 자랐다. 형제들에게 미움을 받고 결국 애굽으로 팔려 가는 신세가 되었는데, 이러한 사건들은 그의 성품 형성에 큰 영향을 끼쳤다. 이러한 사건들은 요셉에게 고통과 시련을 가져다주었지만, 동시에 그를 더 강하고 성숙한 리더로 만들어 가는 과정이기도 했다.

이런 주권적 기초를 이해하는 것은 과거 경험을 어떻게 받아들이고 현재와 미래에 어떻게 반응할 것인지에 대한 통찰을 제공한다. 어린 시절의 부정적이거나 긍정적인 경험을 인식하고 그것을 처리하는 방법을 배우는 것은 성장과 발전에 매우 중요하다. 이러한 과정은 과거를 통해 현재의 자아를 이해하고 더 나은 미래로 나아가는 데 필요한 교훈과 힘을 제공한다.

어릴 적 경험의 영향을 이해하고 그것을 건강하게 다루지 않는다면, 삶과 사역에 부정적인 영향을 끼칠 수 있다. 그러므로 과거의 고통이나 채워지지 않은 필요를 인정하고 이를 적절히 다루는 것은 자기 자신을 이해하고 치유하는 데 매우 중요한 단계다. 이를 통해 더 나은 리더로 성장할 수 있으며, 하나님의 섭리 속에서 자신의 역할을 더욱 효과적으로 수행할 수 있다.

- **리더십 이동**(Leadership Transition)

리더십 이동은 사역으로의 첫 번째 걸음을 내딛는 것을 의미한다. 여기서 '사역'은 하나님 나라를 적극적으로 전파하는 일에 하나님의 일꾼이 되기로 선택한 분야를 말한다. 이는 전통적 의미의 '전임 사역자'가 될 수 있고, 그렇지 않을 수도 있다.

예를 들어, 엔지니어로 일하면서 하나님 나라를 전파하는 것을 자신의 기술직 업무보다 중요하게 여기는 경우, 그 자리가 사역의 장이 될 수 있다. 하나님이 누군가를 전임 사역자로 부르신다면, 누군가는 직업을 통해서도 부르신다. 그 직업을 통해 하나님에게 영광을 돌리고 주변 사람들에게 그리스도를 전하는 일은 매우 귀한 사역이 된다.

리더십 빌드업, 프로젝트 티모티

부르심을 받은 사역으로의 전환은 사무엘과 같이 매우 어린 나이에 시작될 수도 있고, 모세처럼 수십 년 후에 시작될 수도 있다. 사무엘은 엘리 제사장 아래서 성전에서 섬기는 일을 배우다가 어린 나이에 하나님의 음성을 처음 듣게 되었다. 반면 모세는 80세가 되어서야 처음으로 하나님의 부르심을 받았다.

중요한 것은 하나님의 부르심에 대한 순종이다. 우리가 하나님의 부르심에 순종하면 타임 라인 상에서 리더십 개발의 궤도에 올라서게 된다. 그러나 모든 사람이 하나님의 부르심에 순종하는 것은 아니다. 어떤 사람들은 처음에는 불순종했다가 나중에 다른 사건이나 경험을 통해 하나님의 부르심을 깨닫고 다시 돌아오기도 한다.

(2) 일반적 사역(General Ministry)

첫 번째 단계의 두 번째 변화인 리더십 이동과 두 번째 단계의 시작점인 잠정적 사역 사이의 경계는 우리 안에서 일어나는 내적 씨름의 정도에 따라 구분할 수 있다. 첫 번째 단계에서는 종종 하나님을 섬기는 일에 헌신할 것인지에 대해 씨름하는 과정을 겪는다. 하나님의 부르심이 있을 때, 우리는 종종 우리 안에서 하나님의 부르심에 저항하는 모습을 발견한다.

이러한 씨름은 우리가 하나님의 부르심에 응답하는 과정에서 중요한 역할을 한다. 그런 갈등 속에서 우리가 하나님의 부르심에 "네"라고 분명하게 대답하고 그에 따른 헌신을 시작할 때, 우리는 첫 번째 단계를 넘어서 두 번째 단계로 이동하게 된다. 이 단계에서는 하나님의 부르심에 대한 우리 응답이 더 확고해지며, 그 결과 우리 삶에서 더 큰 헌신을 요구하는 하나님의 부르심의 단계로 나아가게 된다.

일반적 사역으로의 이동은 단순한 외부 활동의 변화만을 의미하는 것이 아니라, 우리의 신앙과 삶의 방향에 대한 근본적인 내적 변화를 포함한다. 하나님의 부르심에 대해 "네"라고 응답하는 것은 우리가 자신의 삶을 하나님에게 어떻게 헌신할 것인지를 명확하게 결정하는 순간이며, 이는 리더십의 본질적인 성장과 발전으로 이어진다.

클린턴 박사의 타임 라인에서 두 번째 단계인 일반적 사역은 세 단계로 세분화된다.

- **잠정적 사역**(Provisional Ministry)

잠정적 사역이란, 장차 리더가 될 사람에게 맡겨진 사역을 감당하는 첫 시도다. 이 사역은 지속되지 않을 가능성이 있기 때문에 '잠정적'이라는 용어를 사용한다. 이 단계에서는 사역자에게 초점을 맞추며, 경험 쌓기와 성품 개발이 이루어진다. 특별히 이 시기에는 사역자들에게 '진실성'(integrity) 검증이 이루어지는데, 이를 통해 하나님이 맡기신 일에 신실한지, 순종하는지를 확인하게 된다.

허드슨 테일러는 중국 내지 선교회 선교사들에게 항상 이렇게 강조했다. "작은 일에 충성하라. 작은 일은 작은 일일 뿐이다. 하지만 작은 일에 충성하는 것은 위대한 일이다"(A small thing is a small thing, but faithfulness in a small thing is a great thing). 이 단계에서는 긍정적으로 반응하고, 주어진 기회를 최대한 활용하는 것이 바람직하

리더십 빌드업, 프로젝트 티모티

다. 또한 이 단계에서는 열매가 없더라도 실패에서 배우는 것이 큰 교훈이 된다.

- **성장하게 되는 사역**(Growth Ministry)

이 단계에서의 성장은 사역의 성장이 아니라 인격의 성장을 가리킨다. 하나님은 우리 삶에 개입하셔서 우리가 그분의 인도를 잘 따르도록 돕는다. 이 과정에서 '이중적 확증'이 필요할 수 있다. 이는 내적 믿음과 외적 증거가 함께 나타나는 경우를 말한다.

이 단계에서는 권위 문제가 자주 발생하며, 상급자에게 순종하고 부하에게 권위를 적절히 사용하는 법을 배우게 된다. 이 과정은 개인의 성숙을 시험하는 적절한 기회가 되기도 한다. 사역 경험을 통해 은사를 발견하고 개발할 수 있지만, 종종 최선을 다했음에도 열매가 부족할 경우 은사의 부족을 가리킬 수 있음을 인정할 필요가 있다.

- **유능한 사역**(Competent Ministry)

유능한 사역 단계에서는 은사에 대한 분명한 이해와 함께 이를 활용해 지속적인 열매를 맺게 된다. 이 단계에서는 리더들이 자신의 은사와 삶의 목적, 소명에 적합한 역할을 선택하려고 노력한다. 개인마다 유능한 사역에 이르는 경로는 다르며, 리더십 개발에 따라 각 단계에 이르는 시간도 사람마다 다르다. 늦게 헌신한 사람들은 이미 성숙해 있기 때문에 빠르게 자신의 은사를 인식하고 그리스도인으로서의 성품을 갖게 된다. 중요한 것은 타임 라인을 빠르게 통과하는 것이 중요한 것이 아니라 의미를 찾으며 철저하게 통과하는 것이 더 중요하다는 점이다.

(3) 집중된 사역(Focused Ministry)

클린턴 박사의 타임 라인에 있는 세 번째 단계를 '집중된 사역'이라고 하는 이유는 하나님이 우리에게 나타내신 은사와 숙명을 위해 우리 역할을 집중한다는 뜻이다. 그렇다고 해서 이것이 확정된 사역이라는 의미는 아니다. 일반적 사역에서 세 번째 단계인 집중된 사역으로 나아가는 것은 우리가 더 풍성한 열매를 맺을 수 있도록 우리 은사를 사용할 수 있는 역할들을 선택하기 시작한다는 의미다. 이미 두 번째 단계에서 우리는 할 일을 선별하기 시작하겠지만, 이 단계에서는 더 전략적으로 리더의 역할을 추구하게 된다.

두 번째 단계에서 대부분의 사역 기회에 관해 긍정적으로 "예"라고 말한 것과는 대조적으로 세 번째 단계가 끝날 때는 더 자주 "아니오"라고 말하게 된다. 이것은 어떤 사역에 우리 은사를 사용하여 집중해야 하는지를 알려 주는 것이다. 다시 말해, 세 번째 단계의 리더는 "해야 할 일의 목록"(to do list)만을 작성하는 것이 아니라 "하지 말아야 할 일의 목록"(not to do list)도 작성할 줄 알아야 한다.

종종 이 두 번째와 세 번째 단계의 경계는 직접 사역에서 간접 사역으로 넘어가는 것으로도 나타난다. 예를 들어, 교회 개척에 필요한 기술을 개발하는 것에서 교회 개척자들을 훈련시키고 교회 사역을

리더십 빌드업, 프로젝트 티모디

위해 리더들을 개발시키는 것으로 바뀌는 것과 같은 사역의 전환을 의미한다. 또는 동일한 사역의 역할을 계속하는 경우라도 더 전략적 우선 순위에 따라, 은사에 대한 더 확실한 인식에 따라 적절한 영향력을 가지고 사역하게 됨을 의미한다.

이 단계에서는 은사와 직위에 상관없이, 해야 할 일을 하는 "섬기는 자"(servant)의 역할보다는 "청지기"(steward)의 역할을 더 강조하게 된다. 이 말의 의미는 앞에서 언급한 것처럼 자신이 갖고 있는 기술과 받은 훈련, 그리고 부르심의 영역에 더 정확하게 집중하기 위해서 "아니오"라고 거절하는 일이 많아지게 됨을 의미한다.

이 단계에서 개인 사업자와 같은 태도로 하던 사역이 조직 형태의 사역으로 옮겨 갈 수도 있다. 그렇게 되면 팀이나 조직 안에서 개인적으로 모든 사역을 감당해야 할 필요가 없다는 것을 인식하게 되고, 오히려 자신의 구체적인 은사와 훈련에 맞는 영역에 집중할 수 있게 된다. 이는 자신이 속한 팀을 독특하게 디자인하신 하나님의 뜻을 받아들이는 것을 의미하기도 한다.

세 번째 단계인 집중된 사역은 역할 이동과 독특한 사역으로 세분화된다.

- **역할 이동**(Role Transition)

    이 단계에서는 자신에게 더 부합하는 역할을 찾고, 자신의 영향력이 어떻게 발휘되는지를 분명히 이해하는 것이 중요하다. 이때의 영향력은 단순히 많은 사람에게 발휘되는 것뿐만 아니라, 그 영향력이 어떤 형태로 나타나는지와 그 영향이 끼치는 범위를 말한다.

- **독특한 사역**(Unique Ministry)

이 단계에서 '독특하다'는 의미는 다른 사람들과는 다른 방식으로 자신의 은사와 활동을 조화시키는 것을 말한다. 그렇다고 단순히 다른 사람들이 하지 않는 것을 하는 것이 아니라, 자신의 개성과 은사를 활용하여 사역을 하는 것이다.

　세 번째 단계에서는 인생의 목적, 역할, 은사들이 함께 고려된다. 하지만 여전히 리더로서의 영향력을 발견하려고 노력한다.

(4) 수렴 사역(Convergent Ministry)

네 번째 단계로 이동하면서 리더는 종종 위험한 결정을 내려야 할 필요가 있다. 예를 들어, 자녀들을 대학에 보내거나 독립시켜서 삶이 편안해지기 시작할 때임에도 오히려 막중한 책임을 지는 리더의 지위에서 섬기게 될 수 있다. 따라서 이 단계에서는 단순히 다른 이들의 발자취를 따르는 것이 아니라 한 조직의 유산을 책임지는 리더가 되거나 조직에 궁극적인 공헌을 하는 데 필요한 의식적인 결정을 내려야 하는 역할을 수행하게 될 수도 있다.

　네 번째 단계에서는 자신이 가진 독특함을 바탕으로 사역을 이어나간다. 그렇게 되면, 그 사역은 이전에 시도하지 않았던 특별한 방식으로 나타날 수 있다. 그런데 여기에서 단점은 실패의 위험성이 높다는 것이다.

네 번째 단계인 수렴 사역은 다음과 같이 세 단계로 세분화된다.

● **특별한 인도하심**(Special Guidance)

조직 내에서 궁극적인 공헌을 이루기 위해 초점을 맞추는 역할을 하게 되는 것을 의미한다. 예를 들어, 국제 선교 단체의 총재나 부총재 같은 직에서 섬기는 것을 말한다. 조직의 대표가 되는 것은 큰 위험성을 감수해야 한다는 것도 염두에 두어야 한다.

● **수렴 사역**(Convergent Ministry)

수렴 사역은 여러 단계에서 이미 검증된 리더십을 발휘하며, 리더가 가진 장점들이 한곳으로 모이는 것을 의미한다. 은사, 숙명, 역할, 효과, 그리고 영향력이 모두 수렴되어 새로운 사역으로 나타난다.

- **은사**: 일반적으로 사역을 통해 자신이 갖고 있는 은사는 두 번째 단계에서 발견된다.
- **숙명**: 인생의 목적을 발견하는 것으로 세 번째 단계의 초기에서 발견되지만, 첫 번째 단계의 후반에서 본격적인 리더십 활동이 시작되는 과정을 통해 드러나기 시작한다.
- **역할**: 이전 단계에 비해 특별한 역할을 맡게 되는데, 이것은 세 번째 단계에서 더욱 명확하게 드러난다.
- **효과**: 사역의 방법에서 뛰어난 효과를 경험하게 되는데, 자신이 사용하는 사역 방법은 종종 두 번째와 세 번째 단계에서

발견된다.

— **영향력**: 리더로서의 영향력은 이미 세 번째 단계에서 증명되지만 네 번째 단계에서 더욱 분명해진다.

● **잔광**(Afterglow)

잔광은 모든 에너지를 소비하여 타오르고, 그 후 숯이 되고 흰 재가 되는 과정에서 끝까지 남아 있는 마지막 빛을 의미한다. 이 단계는 모든 공식적이고 활동적인 사역에서 한 걸음 물러나는 단계를 말한다. 그러나 연륜이 풍부한 리더는 오히려 이 마지막 단계에서 더 많은 것을 이룬다.

허드슨 테일러의 4대 손자이자, OMF의 국제 총재였던 닥터 테일러에게서 잔광 단계를 실감할 수 있다. 그는 국제 총재를 마치고 난 후에도 MSI라는 중국 내 봉사 단체를 만들어 많은 사역자를 동원하고 격려하는 일을 했다.

나의 타임 라인

자신의 타임 라인을 살펴보기 위해서는 먼저 자신의 생애 가운데 가장 기억에 남는 장면들이나 사건들을 되짚어 보아야 한다. 사건이나 장면 중에는 긍정적인 것도 있고, 부정적인 것도 있을 것이다. 가능하다면 이 모두를 살펴보는 것이 좋다. 처음 프로젝트 티모티 훈련에 참석해서 이런 사건들을 돌아보며 그동안 내 기억 창고 저 밑바닥에 얼마나 많은 사건의 기억들이 있었는지를 깨닫고 깜짝 놀랐다.

실제 프로젝트 티모티 과정 중에는 참석자들이 메모지에 자신이 경험한 사건들을 모두 적어서 로버트 클린턴 박사가 정리한 타임 라인의 각 해당 단계에 붙이게 하는 작업이 있다. 오랜 시간 그것을 다시 보면서, 떼어서 다른 곳에 붙여 보기도 하고, 의미가 작은 것은 없애기도 하고, 새롭게 떠오르는 사건들을 써 보기도 하는 동안 자신의 타임 라인이 점점 정리되어 가는 것을 느낀다.

아래 표는 내가 경험한 내용을 클린턴 박사가 말한 형식에 맞추어 만들어 본 것이다.

1. 사역의 기초 Ministry Foundations	2. 일반적 사역 General Ministry	3. 집중된 사역 Focused Ministry	4. 수렴 사역 Convergent Ministry
A. 주권적 기초 · 장손으로 태어남 · 다양한 형태의 리더를 경험 · ENTJ 타입 B. 리더십 이동 · 세무 대학 교수 · 기독학생회 인도	A. 잠정적 사역 · 인도네시아에서 선교 사역 시작 B. 성장하게 되는 사역 · 인도네시아 죠이 사역 시작 C. 유능한 사역 · 현지 리더들을 세움	A. 역할 이동 · 한국 OMF 대표 사역 · 국제 OMF 최고 이사회 회원 B. 독특한 사역 · 강의와 설교를 통한 동원 사역 · 문서를 통한 동원 사역 · 포럼 등 새로운 이니셔티브 사역	A. 특별한 인도하심 · 지역 교회들을 위한 컨설팅 사역 B. 수렴 사역 · 집필 사역 C. 잔광 · 죠이선교회를 도움

이미 앞에서, 내가 해 왔던 여러 사역에 대해 설명했는데, 이것을 로버트 클린턴 박사의 타임 라인에 적용하여 하나의 표로 만들어 보면 단순히 나열식 설명에 비하여 매우 분명한 궤적을 알아볼 수 있다.

타임 라인을 만들어 보면서 하나님이 개인에게 부여해 주신 재능과 은사가 무엇인지가 더 명확해진다. 예를 들어, 나의 은사는 스토리텔링이다. 어릴 때부터 주위 사람들에게 이야기를 들려주는 것을 좋아했고 내 이야기를 듣는 사람들도 모두 재미있어 했다. 이런 은사를 통해서 지금도 여전히 동원 사역을 하고 있다.

무언가를 미리 배워서 실패를 막는 경우도 있지만 실패를 한 후 반추할 때 더 확실한 교육의 효과가 나타나기도 한다. 누군가 말했다. 선수들은 필드에서 뛸 때보다 벤치에 앉아 있을 때 더 많은 것을 배운다고. 프로젝트 티모티는 나에게 그런 면에서 매우 큰 도움이 되었다. OMF에서 프로젝트 티모티 프로그램을 운영한 지 10년이 조금 넘는 시간 동안 이 훈련 프로그램에 참가한 사람들은 그들의 삶과 사역 가운데 많은 변화가 있었다고 고백했다.

결국 타임 라인을 통해서 알게 되는 것은 자신의 숙명(destiny)이다. 숙명은 운명과 다른 것이다. 운명이 이미 결정된 인생을 의미하는 것이라면 숙명은 자신이 걸어온 인생의 경험 속에서 점점 나이가 들어감에 따라 하나님이 나에게 이 일을 하도록 부르셨다는 확신을 의미한다. 프로젝트 티모티를 통해서 나에게 이 부분도 매우 분명해졌다.

ch. 3

리더의 은사

D. E. 호스트는 이렇게 말했다. "나의 이러한 개인적 판단이 어떤 가치가 있을지 모르지만, 우리와 같은 선교 단체에서 리더의 주된 자질은 다양한 사역자의 은사와 역량을 그 진가대로 파악하여 개인의 특성과 사역에 맞게 사역하도록 도와주는 능력이라고 생각한다."

리더십은 은사다

공동체를 이끌 리더가 리더십의 은사를 지니지 않은 사람이라면 그가 아무리 인격이 훌륭하다고 해도 리더십 부재로 인한 어려움을 만나는 것은 자명하다. 따라서 누구든 리더로 제안받을 때 충분히 기도해 보고 결정해야 하며, 확신이 들지 않는다면 그 제안을 거부하는 것이 옳다.

많은 지역 교회에서 특별히 장로, 권사, 안수 집사처럼 항존직의 리더로 세워질 때, 단순한 명예나 권한으로 생각하고 이를 수락한다면 그것은 영적인 리더의 결정이라 할 수 없다. 이런 직책을 맡은 사람들은 다스리는 은사가 있어야 한다. '다스린다'는 말에 거부감을 갖는 사람들이 있을지 모르지만 '경영한다' 혹은 '관리한다'는 의미로 생각하면 된다.

만약 리더가 되는 것에 부담이 있는 사람들은 함께 사역할 다양한 은사를 가진 사람들과 팀으로 일하는 것이 바람직하다. 이에 대해서는 3부 "팀의 리더십"에서 자세히 다룰 것이다.

가장 추천할 만한 리더십은 한 명의 훌륭한 리더가 아니라 다양한 은사를 가진 리더들이 한 팀으로 리더십을 발휘하는 팀 리더십이다. 만약 리더십 팀 안에 각 리더가 가지고 있는 은사들이 모여 시너지를 발휘한다면 최고의 리더십이 만들어질 수 있다.

나는 이런 모습을 국제 OMF에서 경험했다. 국제 OMF에는 한 명의 총재가 있지만 필드 사역을 관장하는 부총재, 홈의 동원 사역을 관장하는 부총재, 이 세 명의 리더가 조화로운 팀 리더십을 발휘한다. 이뿐 아니라 국제 본부의 디렉터들을 포함한 모든 디렉터는 여러 재능을 가진 사람들로 구성된 팀에서 함께 의논하고 결정하게 되는데, 이 내용은 4장에서 자세히 다룰 것이다.

호스트는 다양한 은사를 가진 사람들이 함께 일하는 것에 대해서 의미 있는 이야기를 한 적이 있다.

> 한 사람을 다양한 관계 속에서 관찰하여 완전하고도 포괄적으로 이
> 해하는 것이 얼마나 중요한지 경험을 통해 확실히 알게 되었다. 어떤

리더십 빌드업, 프로젝트 티모티

면에서는 확실히 적합한 사람이었는데, 시간이 지나면서, 그렇지 못하다는 것을 깨닫게 되었다. 그의 마음의 도량을 제대로 재어 볼 수 있는 기회가 많아질수록 그의 마음의 폭이 다른 이들의 생각과 경험의 진가를 통해 배워서 이를 자신의 생각과 계획에 엮어 넣을 만큼 넓지 않다고 인정할 수밖에 없었다.

역사를 살펴보면 대부분 위대한 정치 군사 지도자들은 이러한 능력을 가지고 있었다. 나폴레옹에게는 재능 있는 자들로 이루어진 자문 위원회가 있었다. 각 사람은 국제 관계, 재무, 치안, 도로 건설을 비롯하여 교통과 관련 있는 여타 토목 공학 분야, 공중위생 등 사회 문제의 한 분야에서 특별한 지식과 경험을 갖고 있었다. 나폴레옹은 경청할 줄 아는 사람이었고, 다른 이들의 특별한 지식을 특정 상황에 적용시키는 재주가 아주 뛰어났다.

이처럼 리더는 자신뿐 아니라 함께 일하는 리더십 팀의 은사를 확인하고 이를 적재적소에 사용할 줄 아는 사람이어야 한다.

여러 종류의 은사

우리가 흔히 은사라고 부르는 것은 매우 포괄적인 의미를 가지고 있다. 이를 세 가지 유형으로 나누어 생각할 수 있다.

(1) 타고난 능력(Natural Abilities)

태어나면서부터 가진 능력을 말한다. 인지 능력, 신체적 능력, 사회적 혹은 관계적 능력, 예술 분야의 능력 등이 여기에 속한다. 예를 들어 부모로부터 튼튼한 신체를 물려받은 사람들은 운동을 할 때, 그런 유전자를 물려받지 않은 사람들과는 비교될 수 없는 성취를 할 것이다. 인지 능력도 유전자와 관계있다. 만약 유전자와 무관하다고 해도 예술가인 부모에게서 태어나 일찍부터 예술 분야에 눈을 뜨게 된다면 이런 사람들은 그 분야에서 다른 사람과는 비교할 수 없는 성취를 할 수 있을 것이다.

(2) 습득된 기술(Acquired Skills)

하나님의 목적을 위해 다른 사람들에게 영향을 끼칠 수 있는 능력을 개발시키는 교육적 혹은 사역적 기술들을 말한다. 이것은 교육이나 훈련을 통해 우리가 후천적으로 습득하는 기술을 말한다. 아마도 학교에서 배우는 많은 내용이 여기에 해당되겠으나, 정식으로 훈련이나 교육을 받지 않고 어깨너머로 배운 기술이어도 아마추어의 수준을 넘는 경우도 있다. 그 후에도 기회가 주어진다면 프로 단계까지 도달할 수도 있다.

(3) 영적인 은사(Spiritual Gifts)

일시적으로든, 오랜 기간 반복적으로든 성령의 능력으로 하나님에게 받은 독특한 능력들을 말한다. 아마도 이런 은사 가운데 많은 사람이 알고 있는 대표적인 은사는 방언의 은사와 치유의 은사일 것이다. 방언에 대해서는 교단마다 받아들이는 정도가 다르지만 방언은 조상에게 물려받거나 학교나 학원에서 배우는 것이 아니라 성령께서 허락하시는 것이다. 사도행전 2장을 보면, 오순절에 예루살렘에 있던 제자들은 해외에서 온 이들에게 각자의 방언(다른 언어)으로 하나님의 놀라운 말씀을 전했다. 그러나 성경에서는 영적 은사에 대해 다양하게 설명하고 있으며, 폭넓고 균형 잡힌 영적 은사에 대한 견해를 갖는 것이 필요하다.

영적 은사의 종류를 살펴보면 다음과 같다.

● **가르침의 은사**(Teaching)

가르침의 은사를 가진 사람은 신자들이 성경적인 진리를 이해할 수 있도록 교훈하고, 설명하고, 강해할 수 있는 능력을 가진 사람이다. 사도행전 11장 26절에 보면 바나바와 사울이 안디옥 교회 성도들에게 한 사역은 바로 가르치는 사역이었다. 이들은 성도들에게 진리를 명확하게 알려 준다.

기독교 공동체의 리더에게는 D. E. 호스트가 「내가 지도해야 한다면」에서 한 말이 매우 적절할 것이다.

총재의 역할 중 가장 중요하고도, 어떤 면에서는 가장 어려운 것은 아마도 동역자들의 마음과 사역에 유익한 영향을 끼치는 일일 것이다. 그러한 목적을 위해서 그에게 필요한 것은 권위 있는 하나님의 말씀이고, 거룩함과 두려움과 떨림으로 그 말씀을 전달하는 자세일 것이다. 하나님 앞에서와 형제들과의 관계에서 그러한 마음으로 말씀을 전해야 한다는 것에 우리 모두가 동의하리라 생각한다.

만일 그가 하늘의 정사와 어둠의 권세들과 지속적으로 충실하게 씨름하고 있지 않다면, 동역자들과 씨름하는 일에 얽히는 것은 참으로 위험할 수 있다. 성경이 말씀하듯이 주의 종은 마땅히 다투지 아니하고 모든 사람에 대하여 온유해야 한다. 이와 관련하여 나 역시 다른 이들을 먹일 양식을 얻는 것이 쉬운 일이 아니라는 우리 주님의 가르침을 종종 되새기곤 한다. '올바른 말은 얼마나 강력한 힘이 있는가!' 그리고 '때에 알맞은 말은 얼마나 아름다운가!' 하지만 이런 말들은 쉽게 얻어지는 것이 아니다.

● 권면의 은사(Exhortation)

권면의 은사는 성경의 진리를 적용하도록 사람들에게 강력하게 권하는 것이다. 그리고 성경의 진리를 가지고 격려하며 신자들의 필요에 맞는 성경 진리를 적용하면서 위로하는 것이다. 사도행전 11장 23절에 보면 안디옥 교회에서 파송된 바나바는 헬라인 배경을 갖는 성도들에게 주 안에 머무르라며 격려했다. 그의 이름 바나바는 '위로의 아들'이지만 다른 말로 번역하면 '격려하는 사람'이라는 뜻이다. 이런 은사를 가진 사람들은 성경의 진리를 가르치기보다는 성도들로 하여금 삶에 적용하도록 권하고 격려한다.

● 예언의 은사(Prophecy)

예언의 은사를 가지고 사역하는 사람은 미래를 예측하고 권면과 세움과 위로를 통해 신자들을 바르게 하거나 불신자들에게 하나님의 진리를 확증하는 말씀을 공적으로 전할 수 있는 능력을 가지고 있다. 사도행전 11장 28절에는 예루살렘에 있던 예언자 중 한 사람이었던 아가보가 천하에 흉년이 들리라는 예언을 했는데, 실제로 그런 일이 일었다.

사도행전 21장 8-11절에는 바울이 가이사랴에 있는 빌립의 집에 들어갔는데, 그곳에는 딸 넷이 있었다. 모두 미혼이었으며 예언의 은사가 있는 사람들이라고 말하고 있다. 더욱이 아가보라는 예언자가 이곳에 다시 나타나는데, 그는 사도 바울의 띠를 가져와서 이 띠 임자를 예루살렘에 있는 사람들이 결박할 것이라며 자기 수족을 묶는 퍼포먼스를 하기도 했다. 이처럼 예언의 은사를 가진 사람들은 주어진 상황을 변경하거나 변화가 필요할 때, 다른 관점을 제공한다. 하지만 주의할 것은 예언을 마치 미신처럼 받아들여서는 안 된다는 것이다.

● 목회의 은사(Pastor)

목회의 은사는 구성원들에게 성숙함의 본이 되는 것과 잘못에서 그들을 보호하는 은사를 말한다. 동시에 공예배의 설교를 통해 진리를 선포하는 것을 비롯하여 예수님 안에서의 성장을 격려하고 관심과 돌봄을 실천하는 능력이다.

- **전도의 은사**(Evangelism)

전도의 은사는 일반적으로 예수님 안에서 구원의 복음을 받아들이도록 다양한 의사 전달 방법으로 사람들을 설득하고 도전하는 것을 말한다. 이로써 사람들은 크리스천 제자 훈련의 첫걸음을 내딛게 되는 것이다. 법무사인 한 장로님은 자신을 찾아온 클라이언트들과 대화하며 그리스도를 전하는데, 한 해에 100가정을 교회로 인도한 적이 있다고 한다.

- **다스림의 은사**(Ruling)

다스림의 은사가 있는 사람은 한 집단이 목표나 목적을 향하여 나아가도록 그 집단 전체에 영향력을 행사할 수 있다. 이들이 함께 결정을 내리고 함께 사역하는 것을 강조한다. 다스림의 은사가 있는 사람은 다른 사람들에게 비전을 심어 준다.

- **믿음의 은사**(Faith)

믿음의 은사는 주어진 상황에서 하나님이 분명한 목적을 가지고 그 일을 행하신다는 것을 전적으로 신뢰하는 것이다. 하나님이 이 일을 성취하실 때까지 흔들리지 않고 하나님을 신뢰하는 비상한 능력이다. 허드슨 테일러는 이런 은사의 소유자라고 할 수 있다.

- **치유의 은사**(Healing)

치유의 은사는 각종 질병을 치유하는 초자연적인 능력을 말한다.

예수님도 병자들을 치유해 주셨고, 베드로나 바울 같은 사도들도 병든 자를 고쳐 주었다. 하지만 이런 은사들이 나타날 때 지나치게 신비주의로 가지 않도록 주의해야 한다.

- **능력 행함의 은사**(Working of Power)

기적의 은사인 능력 행함은 하나님이 기적적인 간섭을 통해 초자연적으로 역사하셨음을 인지하도록 하나님의 능력을 행하는 것이다.

- **영 분별의 은사**(Discerning of Spirits)

영 분별의 은사는 영적 진리의 근본적인 자원을, 그 진리를 판단하기 위한 차원에서 인식할 수 있도록 하나님이 주신 능력이다. 여기에는 문제에 연루된 영적 세력을 분별하는 것이 포함된다.

- **방언 통역의 은사**(Interpretation of Tongues)

방언 통역의 은사는 방언으로 주어진 권위 있는 메시지를 순간적으로 해석함으로 주어진 메시지를 회중들에게 분명하게 전달하는 능력이다.

- **관리의 은사**(Governments)

관리의 은사는 다른 지도자들이 그들의 재능을 발휘할 수 있도록 자유롭게 둔 채, 그들을 지원하며 세세한 일들을 관리하는 능력을 말한다. 앞에서 언급한 포지셔널 리더의 경우는 대부분 관리하고 경영하는 은사를 갖는다.

● **베푸는 은사**(Giving)

주는 은사는 다른 사람의 필요를 채워 주기 위해 풍성히 나누는 능력이다. 사도행전 9장에는 다비다(그리스어로 '도르가')라고 하는 여제자가 주변 사람들에게 늘 자기의 것을 나누어 주었다는 이야기가 나온다. 그가 죽었을 때 많은 사람이 와서 그가 얼마나 많은 것을 나누어 주었는지를 증언했다.

● **긍휼 혹은 자비의 은사**(Mercy)

긍휼 혹은 자비의 은사는 어려움에 처한 사람들, 특히 고난 중에 있는 사람들을 동정하며, 이들을 격려하고 실제적으로 도우며, 동정심을 나타내는 능력을 말한다. 테레사 수녀는 인도에서 죽어 가는 사람들을 도왔는데, 그 사역은 나중에 전 세계 사람들의 관심과 이목을 집중시켰다.

은사 발견하기

자신이 가진 타고난 능력, 습득된 기술, 영적인 은사가 서로 연결되어 사용되는 것이 일반적이다. 자신의 은사가 어떤 것인지, 어떤 은사들이 서로 관련되어 좋은 은사를 가진 리더로 세워지는지를 보기 위해서는 '은사 벤 다이어그램'을 그려 보는 것이 좋다.

리더십 빌드업, 프로젝트 티모티

(1) 은사 벤 다이어그램

은사 벤 다이어그램은 다음과 같은 방법으로 만들게 되는데, 서로에게 관계를 가지고 도형의 크기와 모양이 만들어진다.

도형의 크기는 그 은사가 얼마나 지배적인지, 얼마나 자주 쓰이는지를 보여 준다. 도형이 커질수록 리더의 삶에서 더 자주 관찰되는 것이다.

도형의 모양은 세 가지 유형의 은사를 구별짓는다.

· 사각형은 타고난 능력을 나타낸다.
· 삼각형은 습득된 기술을 나타낸다.
· 원은 영적인 은사를 나타낸다.

(2) 은사 벤 다이어그램 작성 방법

각 은사는 다른 은사들과 연결되어 사용된다. 한 가지 은사에 여러 은사가 겹쳐서 서로 영향을 끼칠 수 있다. 은사 벤 다이어그램은 다음 순서에 따라 만들 수 있다.

첫째, 세 가지 유형의 은사에서 자신의 사역에 가장 자주 나타나는 2-4개의 은사를 고른다.

둘째, 은사의 각 범주에서, 각 은사끼리 서로 연관된 부분을 정하라. 가장 자주 사용되는 은사와 가끔 사용하는 은사를 정해 보자. 가장 자주 사용한 은사를 큰 사이즈에 올려 놓고, 덜 사용하는 은사를 작은 사이즈에 올려 놓자. 예를 들어, 가르치는 은사를 가장 자주 사용하고, 전도하는 은사는 비교적 덜 사용한다면 가르치는 은사의 원은 전도의 은사 원보다 클 것이다.

셋째, 각 범주에서 다른 것들과 겹치는 은사를 찾아 내어 얼마나 겹치는지 살펴보라. 예를 들어, 전도의 은사가 타고난 창의적 능력과 겹칠 수 있을 것이다.

(3) 나의 은사 벤 다이어그램

내가 가지고 있는 능력, 기술, 은사를 일단 세 가지씩 적어 보았다.

- **타고난 능력: 스토리 텔링, 논리적 사고, 창의성**

  앞서 언급한 것처럼 나는 어릴 때부터 스토리 텔링을 좋아했다. 주변 사람들은 내가 이야기할 때 즐겁게 들어주었다. 어릴 때부터 논리적인 것을 좋아해서 문과를 선택했지만, 수학과 물리도 좋아했다. 같은 것을 보고 생각의 전환을 해 보는 것을 좋아했다.

- **습득된 기술: 회계학에 대한 이해, 가르치는 것, 문제 해결 능력**

  중고등학교에서 이미 부기를 배웠는데, 특활 활동으로 들어간 부기반에서 다른 친구들에게 원리를 알려 주는 것을 좋아했다. 대학교에 들어가 경영학을 공부하면서 회계학을 특히 좋아했다. 대학원에서 회계학을 전공했고, 졸업 후 대학 강단에서 회계학을 가르쳤다. 고등학교 3학년 때까지는 사범 대학에 가서 나중에 교사가 되고 싶은 마음이 있었다. 하지만 부모님의 뜻을 따라 경영학을 선택했다.

리더십 빌드업, 프로젝트 티모터

그러나 결국 교수가 되어 대학교에서 회계학을 가르치게 되었다. 그 후에도 인도네시아에서 회계학 교수로 캠퍼스 사역의 발판을 마련하는 데 활약하였다.

• **영적인 은사: 가르침의 은사, 다스림의 은사, 지혜의 말씀의 은사**

나는 성경 가르치는 것을 좋아한다. 그리고 공동체에서 구성원들에게 비전을 제시하고 나아가야 할 길을 이야기하는 것을 좋아한다. 어려움이나 도전에 처해 있는 공동체에 하나님이 원하시는 일을 전해 주는 경우가 많았다. 「교회와 선교」(죠이북스)라는 책을 쓴 뒤, 이와 관련된 컨설팅도 하고 있다.

이것을 바탕으로 나의 은사 벤 다이어그램을 만들어 보면 다음과 같다.

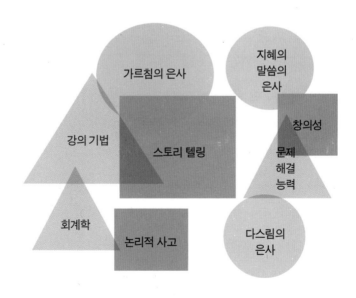

이 은사 벤 다이어그램은 지난 40년 동안의 나의 은사, 능력, 기술을 나타내 본 것이다. 나의 은사에 대한 기본적 이해는 가르침의 은사와 연관되어 있다. 나는 이 은사가 나에게 이미 있던 스토리 텔링이라는 태생적 능력과, 대학원과 그 후 한국에서 10년, 인도네시아에서 10년간 교수로 지내 왔던 경험과 관련 있다고 생각된다.

한국 OMF 대표를 맡아 다스림의 은사를 사용할 수 있는 기회도 있었으나 시간이 지나면서 나에게는 가르치는 은사가 더 많다는 것을 확신하게 되었다. 그래서 지금까지도 가장 많이 하는 사역은 강의다. 최근에는 지역 교회들이 건강한 선교를 하도록 컨설팅을 하기도 한다.

(4) 은사와 관련하여 주의할 점들

리더는 은사와 관련하여 다음 내용을 깊이 생각해 보아야 한다.

● **균형**(Balance)

공동체 안에 은사의 균형은 사역의 임무와 비전에 필요한 능력, 사랑, 그리고 말씀의 은사가 적절하게 한 묶음을 이루는 것을 뜻한다.

● **진단**(Diagnosis)

리더는 팀이나 조직의 비전을 이루기 위해 구성원들이 어떤 은사들을 가졌는가를 확인해야 한다. 만약 그 비전을 완수하기 위해 필요한 은사를 가진 사람들이 없다면, 하나님이 보내 주시도록 기도해야 한다.

- ● **은사의 부재**(Vacuums)

교회나 크리스천 공동체에서 종종 리더에게 능력, 사랑, 말씀 등으로 구분 지어지는 은사들을 요구할 수 있다. 만약 리더에게 그런 은사가 없다면 심리적 압박을 느끼거나 조직 내에서 뒤처지는 느낌 때문에 불안해질 수 있다. 이럴 때, 하나님에게 은사를 달라고 기도하며, 그 은사를 받기 위해 노력해야 한다. 또한 그런 은사를 소유한 사람들과 함께 사역하는 것도 중요하다.

좋은 팔로워가 좋은 리더가 된다

대부분의 리더는 팔로워의 시기를 거친다. 결론적으로 말하면 좋은 팔로워가 좋은 리더가 된다. 모세를 따랐던 여호수아는 훌륭한 팔로워가 훌륭한 리더가 된다는 좋은 본보기다. 그는 모세가 회막에서 여호와 하나님과 만날 때 회막 문을 지키던 사람이었다. 그리고 모세가 죽은 후 이스라엘을 가나안으로 이끄는 훌륭한 리더가 되었다.

사무엘은 두 왕의 스승이며 이스라엘 민족의 지도자였다. 그에게는 두 명의 팔로워가 있었다. 그중 한 사람이 사울왕이었다. 그는 사무엘의 눈에 들어 이스라엘의 초대 왕으로 세워졌지만 좋은 팔로워가 아니었다. 그는 사무엘의 권위를 무시했으며, 하나님이 기뻐하시지 않는 일들을 자행했다. 반대로 다윗왕도 사무엘의 팔로워였지만, 다윗은 사울과 반대로 하나님의 인도를 구하며, 사무엘의 기대대로 행동했다. 그리고 이스라엘 역사에서 가장 위대한 왕으로 기록되었다.

엘리사라는 이스라엘 최고의 선지자는 엘리야라는 걸출한 리더 아래서 팔로워로 성공한 경우이다. 열왕기하 3장 11절은 엘리사를 엘리야의 손에 물을 붓던 사환이었다고 소개한다. 이런 관계는 주인과 사환의 관계이기보다 리더와 팔로워로 보아야 한다. 반면 엘리사의 사환이었던, 다른 말로 하면 엘리사의 팔로워였던 게하시는 좋은 팔로워가 아니었다. 그는 결국 엘리야와 엘리사를 잇는 이스라엘의 위대한 선지자의 계보에서 탈락하게 된다.

예수님의 제자들도 마찬가지다. 열두 제자들의 면면을 볼 때 리더로 성공할 잠재력이 그리 높지 않았다. 그들은 생계를 위해서 어업이나 농업에 종사하던 평민이었다. 하지만 그들은 예수 그리스도의 팔로워로서 신실한 모습을 보여 주었으며, 마침내 그리스도를 따르는 운동의 리더들이 되었다.

많은 사람은 좋은 리더를 찾지만, 자신이 좋은 팔로워가 되는 것은 중요하게 생각하지 않는다. 요즘에는 멘토링, 혹은 코칭이 유행한다. 멘토링이나 코칭은 대부분 팔로워가 자신의 유익을 위해서 정하기 때문에 자신에게 더 이상 유익이 되지 않는다면 그 관계를 그만둘 수 있다. 이런 관계라면 리더와 팔로워의 관계는 아니다.

많은 교회에서 하는 제자 훈련은 엄격한 의미에서 리더를 따르는 팔로워를 훈련하는 과정이어야 하지만 그렇지 못한 경우가 많다. 대부분의 제자 훈련은 지식을 주입시키는 강의식으로 진행된다. 강의의 목표도 지역 교회의 충실한 일꾼이 되도록 하는 것이기에 우리가 기대하는 리더십을 배우거나 팔로워의 과정으로는 부족하다. 일반 사회에서도 장인의 제자가 되려면 몇 년 동안을 장인 곁에서 열심히 배워야 한다.

스포츠나 예술 분야에서는 팔로워를 만드는 과정이 여전히 남아 있다. 2002년 한일 월드컵에서 한국 선수를 훈련한 네덜란드 출신의 국가대표 축구 팀 감독인 히딩크는 한국의 많은 선수에게 좋은 영향을 끼친 리더였다. 그중 가장 훌륭한 팔로워의 모습을 보여 준 사람은 바로 박지성 선수다. 그는 2002년 월드컵을 계기로 한국을 넘어 영국 리그에서, 전 세계의 위대한 스포츠 스타로, 그리고 지도자로 세워졌다. 그는 진정한 팔로워였기에 진정한 리더가 될 수 있었다.

ch. 4
원칙 있는 리더

의사는 환자의 문제를 진단하고 그에 따라 처방을 내린다. 만약 의사가 환자의 문제를 확실하게 파악했다면 처방은 그리 어려운 것이 아니다. 의사와 다르지만 리더도 자신이 속해 있는 팀이나 조직 안에서 발생하는 문제를 확인하고 이를 해결하는 사람이다. 이 책은 단순히 영적인 크리스천 리더만이 아니라 실천적인 크리스천 리더도 전제로 하고 있기 때문에 어떤 형태로든 문제를 해결하는 리더의 리더십을 말한다. 이런 리더는 관리자의 역할을 하게 될 것이다.

문제 확인과 문제 해결

리더가 문제를 확인하고 어떻게 문제를 해결할 것인가는 리더가 직면하는 문제의 성격과 관련 있다. 팀이나 조직이 직면하는 문제라고 해서 모든 문제가 같다고 생각하면 오히려 일을 그르칠 수 있다. 이런 면에서 우리에게 큰 성찰을 주는 것은 쿠네빈 프레임워크이다.

리더십 빌드업, 프로젝트 티모티

쿠네빈(cynefine)은 웨일즈 말로 '주거'(habitat) 혹은 '공간'(domain)이라는 뜻이다. 쿠네빈 프레임워크라는 개념은 웨일즈의 IT 전문가인 데이비드 스노우든(David Snowden)이 주장한 것으로 몇 년 전 〈하버드 리뷰〉(Harvard Review)에도 소개된 바 있다.

[쿠네빈 프레임워크(Cynefine Framework)]

복합적인 도메인 Complex Domain	복잡한 도메인 Complicated Domain
인과 관계를 파악하기 위해서는 약간의 실험 등을 거쳐야만 문제를 해결할 수 있는 영역	인과 관계를 알 수 있으나 전문가의 도움을 받아야 문제를 해결할 수 있는 영역
탐색 - 인지 - 해결	인지 - 분석 - 해결
후에 알게 되는 해결 방법	좋은 해결 방법들
혼란스러운 도메인 Chaotic Domain	단순한 도메인 Simple Domain
인과 관계를 파악할 상황이 아니므로 문제를 해결하기 전에 먼저 긴급한 행동이 필요한 영역	인과 관계를 쉽게 파악할 수 있으며 문제를 알면 손쉽게 해결할 수 있는 영역
행동 - 인지 - 해결	인지 - 분류 - 해결
기발한 해결 방법	최선의 해결 방법

쿠네빈 프레임워크는 문제의 성격에 따라 다음 네 가지 도메인(domain)으로 설명한다.

(1) 단순한 도메인(Simple Domain)

앞 도표의 우측 하단에 있는 도메인은 원인과 결과가 뚜렷한 문제들을 해결하는 공간을 말한다. 문제의 원인을 알고 결과를 쉽게 예측할 수 있는 단순한 문제들이 이에 해당한다. 따라서 문제 해결 방법은 문제를 이해하고 어떤 문제인가를 확인한 후 그에 맞게 적절히 반응하면 된다.

단순한 도메인에서는 언제나 최선의 방법이 존재한다. 여기서 최선의 방법이란 예를 들어, 자동차를 운전하다가 계기판 주유 등에 빨간불이 들어오면 주유소로 가서 기름을 채우는 것이다. 단순한 도메인에서는 이미 문제들에 대한 분류가 이루어져 있어 일반인들도 손쉽게 해결할 수 있다.

(2) 복잡한 도메인(Complicated Domain)

우측 상단에 있는 도메인은 문제의 인과 관계는 알 수 있지만, 인과 관계가 다소 복잡한 경우를 말한다. 예를 들어, 자동차 계기판 주유 등에 충분한 기름이 있는 것으로 표시되는데, 길에서 갑자기 차가 멈췄다면 이런 문제를 해결하기 위해서는 전문가가 필요하다.

자동차에 관한 전문가라고 해서 모든 전문가가 같은 해결책을 제시하는 것은 아니다. 하지만 전문가들이 제시하는 해결책은 일반 사람들이 할 수 없는 것이며, 대부분 좋은 해결이라고 여겨진다. 복잡한 도메인에는 일반적으로 인정되는 좋은 해결 방법들(good practices)이 존재하며 전문가들을 통해 적절한 도움을 받을 수 있다.

리더십 빌드업, 프로젝트 티모티

(3) 복합적인 도메인(Complex Domain)

좌측 상단에 있는 도메인은 전문가들도 해결하기 어려운 문제를 말한다. 그렇다고 해서 답이 없는 것은 아니지만 답을 찾기 위한 알고리즘이 바로 나타나지 않아서 실험이나 시뮬레이션을 통해야만 답을 얻을 수 있다. 이 경우는 문제를 분석하여 해법을 찾기보다는 시행착오를 거쳐 해답을 찾아가는 과정에서 원인을 파악하게 된다.

(4) 혼란스러운 도메인(Chaotic Domain)

좌측 하단에 있는 도메인은 원인과 결과를 쉽게 판단할 수 없는 문제를 말한다. 예를 들어, 대형 교통사고가 나서 사상자가 발생하거나 건물에 대형 화재가 났을 때 일단 사람들을 안전하게 대피시키는 것만이 유일한 대안이다. 만약 이런 상황에서 대피를 미루고 원인을 분석한다고 시간을 지체하면 큰 피해를 입게 될 것이다.

혼란스러운 도메인의 문제들은 단순한 도메인에서 안일한 관리에만 집중하다가 갑자기 벌어지게 되는 경우도 많다. 따라서 리더는 단순한 도메인에서 발생하는 문제에 세심한 주의를 기울여야 한다.

일관성 있는 리더

리더가 일관성이 없다면 팔로워들에게 신뢰를 잃게 된다. 1장에서도 보았지만 리더의 모든 행동은 그의 됨됨이에서 나오게 되어 있다. 리더가 일관성을 갖기 위해 어떤 팁이 필요한지 살펴보도록 하겠다.

(1) 원칙

일관성이 있는 리더가 되려면 원칙에 기초해서 결정하고 실행해야 한다. 즉 리더가 내리는 결정이나 리더가 행하는 모든 실행이 신뢰할 만한 원칙에 입각한 것이어야 한다.

원칙을 지키는 리더는 종종 팔로워들에게 싫은 소리를 들을 수 있다. 이제까지 본 리더 중 최악의 리더는 '좋은 사람'이라는 소리를 듣기 위해서 원칙을 지키지 않는 리더다. 팀이나 조직에는 언제나 원칙을 지킬 수 없는 일들이 벌어진다. 개인이 가지고 있는 사정들은 모두 특별하고 딱하기 마련이다. 문제는 원칙을 넘어 개인의 사정을 봐주기 시작하면 원칙을 따른 다른 팔로워들은 손해를 본다고 생각하게 된다. 결국 그들은 리더를 불편부당한 사람이라고 생각하게 된다. 따라서 리더는 문제가 생길 소지가 있는 부분에 대해서는 적절한 원칙을 세워야 한다.

이때 원칙은 반드시 문자로 명기된 것이 아니어도 된다. 리더의 말 속에 일관성이 있다면 같은 효과를 발휘할 수 있다. 최악은 명문화된 원칙이 있는데도 리더가 이를 위반하는 것이다. 만약 팔로워들이 원하면 합의에 의해 원칙을 수정하면 된다. 하지만 원칙이 있는데, 이를 따르지 않으면 리더에 대한 신뢰에 문제가 생긴다.

가장 바람직한 것은 조직 문화가 형성되는 것이다. 조직 문화가 확고하게 정착되면 원칙이 없어도 조직을 일관성 있게 운영할 수 있다.

어떤 회사에 '드레스 코드'(dress code)가 있었다. 직원들은 그 드레스 코드에 적용되지 않는 범위의 새로운 시도를 계속했다. 그리고 그

리더십 빌드업, 프로젝트 티모티

런 시도는 리더들의 눈살을 찌푸리게 했다. 그럴 때마다 인사과에서는 드레스 코드를 새롭게 추가했다. 나중에 그 회사의 드레스 코드를 정리한 내용이 A4 용지로 세 장이나 될 정도였다. 그런 상황에서 직원들은 늘어나는 드레스 코드에 대해서 계속 불만을 터뜨렸다.

몇 명의 리더가 다른 회사를 방문해 보았다. 직원들이 드레스 코드에 대해서 가장 불만을 갖지 않는 회사에는 드레스 코드라는 것이 아예 없다는 사실을 알고는 놀랐다. 이 회사에는 회사 안에 자연스럽게 조직 문화로 드레스 코드가 형성되어서 직원들이 그것을 벗어나 다른 형태의 복장을 하고 나타나면 부담을 느끼게 되었다. 그래서 직원 누구도 드레스 코드를 이야기하지 않지만 모두가 선을 넘지 않는 범위에서 회사에 어울리는 복장을 하고 다녔던 것이다.

이런 문제가 어디 드레스 코드뿐이겠는가. 출퇴근 시간을 지키는 문제라든지, 휴가를 사용하는 문제라든지, 회사 안에 있는 많은 문제에 있어서 이미 형성된 문화는 매우 중요한 원칙이 된다.

이런 조직 문화는 한순간에 만들어지지 않는다. 리더가 이런 문화를 만들기 위해서 많은 노력을 기울여야 한다. 가장 중요한 것은 리더 자신이 솔선수범해야 한다는 것이다.

(2) 카운슬의 운영

일관성 있는 리더십을 위한 또 한 가지 팁은 카운슬(council)을 만들어 운영하는 것이다. 카운슬이라는 제도는 일종의 사운딩 보드(sounding board)를 말하는데, 결정은 원칙적으로 대표가 하지만 그 결정을 대표

혼자 하지 않고 여러 사람의 의견을 모아서 결정하는 것을 말한다.

OMF에서 모든 디렉터는 카운슬과 함께 의논하고 결정한다. 예를 들어, 동원 사역을 담당하는 홈에는 홈 카운슬이 있고, 사역을 담당하는 필드에는 필드 카운슬이 있다. 국제 본부에도 총재가 함께 의논할 국제 카운슬이 운영된다.

국제 OMF의 구조는 다음과 같다. 이것은 필자가 홈 디렉터로 사역하던 시절의 구조로, 이 글을 쓰는 시점과는 다소 차이가 있음을 밝힌다.

[국제 OMF의 구조]

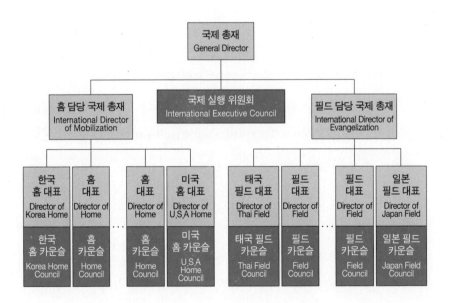

카운슬을 어떻게 구성하느냐는 매우 중요하다. 가능한 한 조직의 여러 부분을 대표할 수 있는 사람들로 구성하는 것이 좋다. 내가 2002년부터 2008년까지 참여했던 OMF의 국제 카운슬은 1,000여 명의 멤버들을 대표하는 사람들로 구성해야 했다.

당시 OMF에는 18개의 홈과 18개의 필드가 있었는데, 홈 디렉터 18명 가운데서 4명을 선출하고, 필드 디렉터 18명 가운데서 4명을 선출했다. 국제 본부에서는 모두 5명의 디렉터가 국제 카운슬에 들어왔다. 총재, 부총재 2명, 인사 담당 디렉터와 재정 담당 디렉터가 참여했다.

그 외에도 일반 여성 선교사 2명이 참여했다. 당시 대부분의 OMF 디렉터는 남성이었다. 하지만 전체 OMF 선교사의 성비를 보면 2대 1로 여성이 압도적으로 많았다. 이렇게 여성 성비가 높은 것은 3분의 1은 결혼한 남성 선교사, 3분은 1은 결혼한 여성 선교사, 그리고 나머지가 싱글인 여성 선교사로 구성되었기 때문이다. 결혼한 여성 선교사와 싱글인 여성 선교사를 합하면 수적으로 남성의 두 배를 차지하지만 가장 중요한 의제를 논의하는 국제 카운슬에는 여성의 참여가 적었다. 이를 고려하여 여성 대표 두 사람을 추가하여 모두 15인으로 카운슬을 구성했다.

우리나라에서는 이런 카운슬에 대한 개념이 익숙하지 않다. 일반적으로 이사회를 운영하는 조직이 많은데, 이사회는 단순한 사운딩 보드 역할이 아니라 무언가를 결정하는 최종 기관을 의미한다. 이사회와 대표 관계는 이사회가 대표보다 상위 개념이지만 지금 필자가

언급하는 카운슬은 대표 위에서 대표에게 지시하는 최종 의결 기관
을 의미하는 것이 아니다.

아래 그림은 대표와 카운슬이 어떤 관계에 있는지에 대한 세 가지
예를 보여 준다. A는 대표가 모든 권한을 가지고 있으며 카운슬은 사
운딩 보드의 역할만 하는 경우다. 반대로 B는 카운슬이 모든 권한을
가지고 있으며, 대표는 카운슬에서 결정된 사항을 실행만 하는 경우
다. C의 경우는 대표와 카운슬이 동등한 관계에서 안건들을 논의하
여 결정하고, 대표가 이를 실행하는 구조라고 할 수 있다. C의 경우는
대표와 카운슬 멤버 사이에 신뢰와 존중이 있어야만 가능하다.

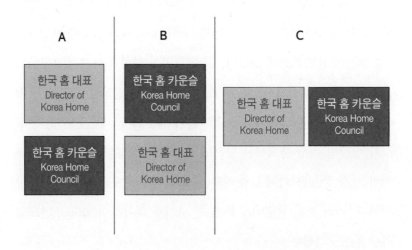

우리나라의 지역 교회, 특히 장로교회에는 당회가 있다. 당회의 역
할이 사운딩 보드와 최고 의사 결정 기구로서의 이사회 사이를 왔다
갔다 하는 것 같다. 개척한 목사가 계속 담임을 하는 교회처럼 담임 목
사의 권한이 막강한 교회에서는 당회가 일종의 사운딩 보드로서 카운

리더십 빌드업, 프로젝트 티모디

슬 역할을 한다. 하지만 새로 청빙한 목사가 개척한 목사처럼 막강한 영향력을 행사하지 못하는 상황에서는 당회가 이사회처럼 역할을 하고 목사는 당회의 지시를 받아 사역하는 방식으로 운영되기도 한다.

만약 일관성 있는 교회의 리더십을 원한다면 당회는 카운슬의 역할을 해야 한다. 그러기 위해서는 당회가 여러 세대를 아우르는 구성이 되도록 변할 필요가 있다. 그러면 교회는 일관성 있는 리더십을 유지할 수 있다.

배우고 성장하는 리더

리더가 되면 배우기보다는 가르치고 코칭하는 경우가 많아진다. 하지만 아무리 훌륭한 리더라고 해도 고인 물처럼 한 자리에 오래 있으면 점점 퇴보하게 된다. '바쁜 리더'는 '나쁜 리더'라는 말이 있다. 포지셔널 리더 가운데 바쁘지 않은 리더가 없겠지만 자기를 돌아보고 새로운 것을 배울 수 없을 정도로 바쁜 리더라면 그 리더를 결코 좋은 리더라고 할 수 없다.

따라서 리더는 자신을 돌아보고 스스로 배우는 사람(learner)이 되어야 한다. 배우고 성장하기 위해서 반드시 학위를 주는 대학이나 대학원에 진학해야 된다고 생각하지 않는다. 오늘날 리더는 배우려는 마음만 있으면 얼마든지 기회가 많다. 그렇게 할 수 있는 팁을 몇 가지 나누어 보겠다.

(1) 독서

서양 격언에 "리더는 리더다"("Leaders are readers")라는 말이 있다. 책을 읽는 리더(Reader)가 진정한 리더(Leader)라는 의미다. 책에는 저자의 영혼을 갈아 넣은 주옥같은 교훈들이 있다. 특별히 리더십에 관한 좋은 책들은 리더들로 하여금 자신이 걸어온 길을 반추하고 새로운 방향을 잡는 데 큰 도움이 될 수 있다. 내가 하는 사역에 결정적 영향을 끼친 책들을 지금도 기억하고 있다. 예를 들어, 이면우 박사의 「W 이론을 만들자」(지식산업사)라는 책은 인도네시아에서 사역을 하는 동안 내게 가장 큰 영감을 주었다.

한국으로 돌아와서 한국 OMF 대표로 사역하는 동안 여러 고민을 하게 되었다. 그중 하나가 한국에 100개가 넘는 선교 단체가 있는데, 그렇다면 우리는 어떤 선교 단체가 되어야 할까였다. 이때 세스 고딘이 쓴 「보라빛 소가 온다」(쌤앤파커스)라는 책이 큰 통찰을 주었다. 리더의 영성과 관련해서는 허드슨 테일러의 전기를 쓴 로저 스티어의 「예수를 따르는 길」(로뎀북스)이 큰 울림을 주었다. 이런 책들은 손이 닿을 수 있는 가까운 곳에 두고 늘 다시 읽곤 한다.

(2) 리더십 세미나

조직으로 리더십 세미나나 워크숍에 참가하기를 권한다. 앞에서도 이야기했듯 리더십도 교육과 훈련이 필요하다. 그런 교육과 훈련을 받은 리더는 프로다운 면모를 갖춘다. 하지만 그렇지 않고 어깨너머로 리더십을 배우거나 맨땅에 헤딩하는 방식의 리더는 아마추어 수

준의 리더십에 머물 가능성이 크다.

최근에는 리더십과 관련된 세미나나 워크숍이 많다. 문제는 한국의 많은 리더가 매우 바쁘다는 이유로 이런 세미나나 워크숍 참여에 우선순위를 두지 못한다는 것이다. 앞에서도 언급했지만 한국의 학생 선교 단체와 해외 파송 선교 단체의 리더들을 중심으로 프로젝트 티모티 훈련을 진행했는데, 2년 만에 그만두게 되었다. 참석해 본 사람들은 모두 유익하다고 말하지만 세미나나 워크숍에 우선순위를 두지 못한다는 점이 문제였다.

내가 좋아하는 격언이 하나 있다. "나에게 도끼를 주고 한 시간 동안 산에 가서 나무를 자르라고 한다면, 나는 45분 동안 도끼날을 갈겠다." 만약 어떤 나무꾼이 나무를 베는 데 무척 바빠서 도끼날을 가는 것에 우선순위를 두지 않는다면 그는 나무 베는 것을 성공하지 못할 것이다. 더 최악은 도로를 달리는 차가 빨리 가기 위해서 정비를 제대로 하지 않거나 기름을 채우지 않는 것과 비슷하다.

(3) 컨설팅

리더십에 관한 컨설팅을 받는 것이 필요하다. 요즘에는 리더십을 위한 컨설팅과 코칭을 하는 프로그램이 많다. 컨설팅은 세미나나 워크숍보다 자신의 시간에 맞추기도 좋고, 일대일로 대화할 수 있어 여러 면에서 안정감을 가질 수 있고 효과적이다.

HIS(Humility, Integrity, Simplicity)

크리스천 리더들에 대한 경고는 어느 곳에서나 만날 수 있다. 케이프 타운 2010 보고서에서 크리스토퍼 라이트(Christopher J. H. Wright)가 "그리스도의 교회를 겸손(Humility), 정직(Integrity), 단순함(Simplicity)으로 다시 부르기"라는 사전 보고서를 작성했는데, 이것은 리더십의 일관성에 매우 중요한 토대가 된다. 그는 다음과 같은 세 가지를 열거했는데, 영어 단어의 앞글자를 따서 "HIS"라고 부른다.

(1) 권력의 우상 숭배와 겸손에 대한 요구

오늘날 크리스천 리더들에게 권력과 지위를 추구하려는 유혹은 매우 강하다. 타락의 본질은 하나님을 대적하여 우리 자신의 지위를 높여 하나님의 권위를 찬탈하는 것이기 때문에 권력과 지위 추구는 인간의 타락한 본성을 반영한다. 많은 크리스천 리더가 이런 죄에 빠져 스스로를 높이는 것은 비극적인 일이다. 우리는 이것이 죄라는 사실을 시급히 인식하고 경계해야 한다. 대조적으로, 겸손은 예수 그리스도의 본질적인 표시 중 하나이므로 그분을 따르는 사람들, 특히 리더로 부름받은 사람들의 특징이 되어야 한다.

(2) 성공의 우상 숭배와 정직에 대한 요구

크리스천 리더들에게는 기적적인 능력으로 다른 사람들에게 깊은 인상을 남기고 싶은 유혹이 있다. 대부분의 리더에게는 성공과 인정에

리더십 빌드업, 프로젝트 티모터

대한 욕구가 있다. 그러나 이런 유혹은 진실을 왜곡하고 사람을 조작하기 쉽다. 이런 유혹은 사역 보고서를 작성하거나 재정 보고를 할 때, 그리고 개인 생활 및 인간관계에서 부정직함으로 이어진다.

(3) 탐욕의 우상 숭배와 단순한 삶에 대한 요구

바울은 골로새서 3장 5절에서 "탐심은 우상 숭배"라고 말했다. 열 번째 계명을 어기는 것은 첫 번째 계명을 어기는 것이다. 성경은 정당한 재물을 하나님의 관대하심의 좋은 선물로 인정한다. 동시에 성경은 재물이 쉽게 우상이 될 수 있다는 점을 자주 언급한다. 성경 전체에는 탐욕에 대한 경고와 재물을 추구하는 위험에 대한 경고가 있으며, 그 중 일부는 예수님이 친히 말씀하신 것이다. 예수님과 사도 바울은 둘 다 모든 상황에서 하나님을 단순히 의존하는 것과 주어진 것으로 충분하다는 자족의 모델을 제시한 바 있다.

라이트가 언급한 세 가지는 예수 그리스도께서 사역 초기부터 보여 주신 일관된 모습이다. 예수님은 우리가 확인한 세 가지 유혹에 모두 직면하셨다. 마태복음 4장 1-10절에는 그 내용이 잘 기록되어 있다.

마귀는 배고픈 대중을 위한 풍부한 식량 공급이라는 그럴듯한 미끼를 예수님 앞에 제시했다. 예수님은 하나님이 돌들로 빵을 만드실 수 있지만 인간에게는 생명을 위해 그보다 중요한 양식이 필요하다는 성경적 진리를 가지고 마귀의 유혹을 물리치셨다.

마귀는 예수님에게 높은 산에서 모든 나라를 다스리는 권세와 지위를 제안했다. 예수님은 이를 거부하시고 오직 하나님만을 예배하기로 선택하셨다.

마귀는 예수님에게 성전 꼭대기에서 뛰어내려도 죽지 않음을 증명하는 놀라운 기적을 통해 군중을 조종할 것을 제안했다. 예수님은 사탄이 성경 말씀을 왜곡하고 있음을 인식하셨고 하나님에 대한 신뢰를 온전하게 유지하셨다.

선교 지도자들을 포함하여 아주 많은 크리스천 리더가 예수님이 극복하신 이 시험들에서 대부분 실패한다. 그들 중에는 폭력적인 권력, 조작된 성공, 이기적인 탐욕의 유혹에 더 이상 저항하지 않고 타협하거나 오히려 마귀가 제안할 법한 방법을 적극적으로 수용하는 이가 많다. 그리하여 교회는 신뢰를 잃었고 실패의 대가를 톡톡히 지불하고 있다.

좌로나 우로나 치우치지 않는 리더

성경은 계속해서 리더가 좌로나 우로나 치우치지 않아야 한다고 이야기한다. 네 명의 리더에게서 그 모습을 살펴보자.

(1) 모세

우리는 하나님이 모세에게 앞으로 이스라엘을 다스릴 왕이 어떻게 행동해야 할 것인가를 말씀하신 것에 주목해야 한다. 신명기 17장에는 다음과 같은 기록이 있다.

리더십 빌드업, 프로젝트 티모티

그가 왕위에 오르거든 이 율법서의 등사본을 레위 사람 제사장 앞에서 책에 기록하여 평생에 자기 옆에 두고 읽어 그의 하나님 여호와 경외하기를 배우며 이 율법의 모든 말과 이 규례를 지켜 행할 것이라 그리하면 그의 마음이 그의 형제 위에 교만하지 아니하고 이 명령에서 떠나 좌로나 우로나 치우치지 아니하리니 이스라엘 중에서 그와 그의 자손이 왕위에 있는 날이 장구하리라(신 17:18-20).

(2) 여호수아

모세를 이어 이스라엘의 새로운 리더로 역경을 헤쳐 나가야 하는 여호수아에게도 하나님은 같은 말씀을 하신다. 그는 이스라엘의 리더들을 모아 놓고 다음과 같이 부탁한다.

여호와께서 주위의 모든 원수들로부터 이스라엘을 쉬게 하신 지 오랜 후에 여호수아가 나이 많아 늙은지라 여호수아가 온 이스라엘 곧 그들의 장로들과 수령들과 재판장들과 관리들을 불러다가 그들에게 이르되 나는 나이가 많아 늙었도다 너희의 하나님 여호와께서 너희를 위하여 이 모든 나라에 행하신 일을 너희가 다 보았거니와 너희의 하나님 여호와 그는 너희를 위하여 싸우신 이시니라 보라 내가 요단에서부터 해지는 쪽 대해까지의 남아 있는 나라들과 이미 멸한 모든 나라를 내가 너희를 위하여 제비 뽑아 너희의 지파에게 기업이 되게 하였느니라 너희의 하나님 여호와 그가 너희 앞에서 그들을 쫓아내사 너희 목전에서 그들을 떠나게 하시리니 너희의 하나님 여호와께서 너희에게 말씀하신 대로 너희가 그 땅을 차지할 것이라 그러므로 너희는 크게 힘써 모세의 율법 책에 기록된 것을 다 지켜 행하라 그것을 떠나 우로나 좌로나 치우치지 말라(수 23:1-6).

이것은 모두 리더로서 균형을 잡아야 함을 일컫는 말이다.

(3) 사도 바울

신약에서 사도 바울은 디모데에게 다음과 같이 리더로서의 자세를 이야기한다.

하나님과 그리스도 예수와 택하심을 받은 천사들 앞에서 내가 엄히 명하노니 너는 편견이 없이 이것들을 지켜 아무 일도 불공평하게 하지 말며(딤전 5:21).

사도 바울은 디모데에게 천사들 앞에서 내가 엄히 명한다며 매우 강하게 말한다. 리더가 편견을 갖고 뭔가를 결정하거나 실행하는 것은 신뢰를 떨어뜨리는 가장 큰 위험 요소다.

(4) D. E. 호스트

호스트는 자기 자신에 대해서 이렇게 이야기한 적이 있다. "내게 은사라는 것이 있다면, 기독교 원칙을 삶에 적용하는 일쯤 될 것이다."

앞에서도 언급했지만 호스트는 매우 겸손한 리더였다. 하지만 원

리더십 빌드업, 프로젝트 티모티

칙을 지키는 것에서는 자신이 확실히 했노라고 말한다.

그는 전임자였던 허드슨 테일러에 대해서도 이렇게 말한다. "하나님은 특별한 일을 맡기기 위해 한 사람을 세우실 때 먼저 그 속에 원칙을 두신다. 그것은 후에 그 사람이 수고한 것과 그가 끼친 영향을 통해 교회와 세계에 널리 퍼지는 축복이 된다."

호스트도 이런 원칙으로 성실하게 살아 낸 것이다. 허드슨 테일러와 호스트가 가지고 있던 원칙들은 구체적으로 다음과 같다.

· 경쟁하지 않고 기꺼이 낮은 자리를 받아들이는 진정한 겸손의 원칙
· 방종을 유도하는 유혹에 대한 경계를 결코 늦추지 않는 한결 같은 절제의 원칙
· 가차 없이 권위를 휘두르기보다는 협력과 본을 통해 일하는 리더십의 원칙
· 사람에게 구하지 않고 하나님에게만 구하는 믿음의 원칙

이런 원칙들이 있을 때 리더는 신뢰를 받으며, 팔로워들과 한마음이 된다.

2부

───────────

리더의
과업

───────────

1부에서 리더의 내면세계에 대해서 집중적으로 다루었다면 2부에서는 리더가 수행해야 할 과업 같은 더 실제적인 부분을 다룰 것이다.

포지셔널 리더의 가장 중요한 역할은 자기에게 주어진 과업을 완수하는 것이다. 중국 내지 선교회를 창설한 허드슨 테일러는 선교사들에게 이렇게 말하곤 했다. "여러분이 하려고 하는 일을 이야기하지 말고 여러분이 한 일을 말해 주세요"(Don't tell me about what you are going to do, Tell me about what you have done). 이는 사역자로서의 과업을 강조한 것으로 해석된다. 리더도 마찬가지다. 포지셔널 리더에게 과업은 더욱 중요하다.

지금부터 리더의 과업을 명확히 하는 데에 초점을 맞추어, 비전, 사명, 가치, 그리고 전략을 세부적으로 살펴보겠다.

ch. 5
리더와 과업

리더에게 과업은 가장 중요한 요소이며, 리더들이 받는 보상은 과업을 성공적으로 이끌었을 때 얻게 되는 성취감이다. 영적인 크리스천 리더는 과업을 별로 중요하게 여기지 않을 것이라는 생각은 큰 오해다. 내가 알고 있는 가장 영적인 리더 중 한 명인 허드슨 테일러에 대해서 오랫동안 오해했던 일을 나누고 싶다.

허드슨 테일러에 대한 오해

2002년, 허드슨 테일러의 증손자인 짐 테일러 박사가 한국을 방문해서 우리 집에서 일주일간 머문 적이 있다. 짐 테일러 박사는 1990년대에 중국 내 전문 인력을 보내어 중국인들의 삶의 질을 전반적으로 향상시키고자 노력했으며, 이를 위해 중국의 비정부기구인 MSI를 설립하여 총재로 활동하고 있었다.

테일러 박사의 한국 방문 목적은 주로 서구 선교사들과 화교들이 중심이 되어 운영하는 MSI에 한국 출신의 전문인 선교사들을 적극적으로 받아들이는 동원 사역을 위해서였다. 이를 위해 그는 몇몇 교회 및 전문인 선교 단체 지도자들을 만나며 의미 있는 대화를 나누었다. 테일러 박사와 나는 매일 간단한 아침 식사를 함께하며 이야기를 나누었는데, 그 시간은 생애 가장 축복된 시간이었다.

어느 날 중국 내지 선교회 선교사들의 사역에 대한 이야기를 나누다가 짐 테일러 박사로부터 예상치 못한 이야기를 듣게 되었다. "손 형제, 사람들이 허드슨 테일러에 대해 잘 모르고 있어요. 허드슨 테일러가 선교사들의 영성을 강조한 것은 맞지만, 그렇다고 사역을 등한히 하지는 않았어요. 그는 이렇게 말하곤 했어요. '여러분이 하려는 일을 이야기하지 말고 여러분이 한 일을 말해 주세요.'"

나는 깜짝 놀랐다. 그 이유는 허드슨 테일러는 영적인 리더이기 때문에 사역을 그리 중요하게 생각하지 않았을 것이라 지레짐작하고 있었기 때문이다. 물론 허드슨 테일러는 영적 지도자였다. 하지만 그는 중국 전역을 놓고 계획과 전략을 가지고 선교 사역을 수행했다. 그 결과 중국 전역에서 놀라운 사역의 열매들을 얻게 되었다. 우리가 허드슨 테일러를 위대한 리더로 생각하는 것은 그의 영성 때문만이 아니라 그가 보여 준 사역의 열매도 한몫한다.

영적인 크리스천 리더에 관해서 이야기할 때 과업에 대해 이야기하는 것을 터부시하는 것은 과업을 성공적으로 성취한 리더들이 보여 주는 잘못 때문이다. 성공한 리더들은 성공 신드롬에 빠질 위험이 있다. 성공 신드롬은 자신이 했던 방법대로 하면 다 성공한다고 맹신

리더십 빌드업, 프로젝트 티모티

하는 것을 말한다. 성공 신드롬을 가진 사람들은 누구의 조언도 들으려 하지 않는다.

그렇다고 해서 성공적인 리더는 실패하지 않는다는 뜻이 아니다. 중요한 것은 리더에게 실패란 부끄러운 것이 아니라는 사실을 인식하는 것이다. '승패병가지상사'(勝敗兵家之常事)라는 말이 있다. 군대가 싸우면 이길 수도 있고 패할 수도 있다는 말이다. 훌륭한 리더는 성공했을 때보다 실패를 통해서 많은 교훈을 얻는다.

실패를 통해 배우고 성공을 이끄는 것이 훌륭한 리더다. 실패만 하는 리더를 따를 팔로워는 없을 것이다. 하지만 실패를 인정하고 자신의 잘못을 돌아보고 고치려 하는 리더라면 많은 사람이 그를 신뢰하며 따를 것이다.

리더들이 직면하는 어려움

크리스천 리더들은 사역할 때 다음과 같은 이유들 때문에 종종 어려움에 직면할 수 있다.

(1) 변하는 세상에서 변하지 않는 진리를 다룸

크리스천 리더에게 가장 중요한 것은 변화에 어떻게 적절하게 대처하는가 하는 문제다. 세상은 변하고 있다. 이 세상에서 변하지 않는 것은 바로 '세상은 변한다'는 진리뿐이다. 이처럼 변하는 세상 속에서 변하지 않는 그리스도의 진리, 즉 복음을 전하며 하나님 나라를 전하는 것이 크리스천 리더들이 해야 하는 과업이다.

(2) 비전을 실제화하여 팔로워들에게 제시함

리더의 과업은 혼자서 할 수 있는 것이 아니다. 언제나 팀이나 조직 속에서 과업을 완수해 나가야 한다. 앞에서도 언급했지만 리더란 반드시 팔로워가 있어야 존재한다. 리더의 역할은 팔로워들에게 비전을 제시하는 사람이어야 한다. 만약 리더로서 비전을 제시하지 못한다면 그는 리더의 자리에 있을 필요가 없다. 크리스천들 사이에서 '섬기는 리더'(servant leader)라는 말이 유행하고 있다. 하지만 섬기는 리더도 리더다. 섬기는 리더라는 말은 팔로워들 위에 군림하지 않는다는 의미지 그가 리더로서 당연히 지녀야 할 책무를 등한히 한다거나 그런 책무를 남에게 떠넘긴다는 뜻은 아니다.

리더가 팔로워들에게 제시하는 비전은 실제적이어야 한다. 리더가 팔로워들에게 막연하게 던지는 동경이나 꿈을 비전이라고 하지 않는다. 비전은 미래에 이루어질 현실이어야 한다. 그렇지 않다면 팔로워들은 리더를 리더로 인정하고 따르기 어려울 것이다.

(3) 변화하는 세상 속에 하나님의 목적을 구현해야 함

우리는 변화무쌍한 세상에서 하나님의 목적을 이루어야 한다. 그리고 그 목적을 이루기 위해 다른 팔로워들과 함께 리더십을 발휘해야 한다. 만약 혼자 하는 일이라면 마음대로 할 수 있다. 하지만 외부적으로는 수시로 바뀌는 환경을 고려하고, 내부적으로는 팔로워들과 관계를 유지하며 과업을 완수하는 것은 결코 쉬운 일이 아니다.

따라서 리더는 언제나 다음 두 가지의 중요한 포인트를 생각해야 한다.

· 하나님이 주신 과업의 완수를 생각하는 것
· 우리가 무엇을 성취하기 위해 부름받았는지를 전략적으로 생각해 보는 것.

매우 전략적인 두 리더

성경에 보면 리더로서 매우 전략적인 두 리더가 나온다. 바로 예수님과 사도 바울이다. 이 두 리더는 과업을 성취하는 데 매우 전략적으로 활약했다.

(1) 예수님의 사례

예수님도 자신이 이 땅에서 해야 할 과업에 대해서 늘 강조하셨다. 요한복음 9장 3, 4절에서 제자들에게 하나님이 하시는 일을 자신만이 아니라 제자들을 포함한 팔로워들이 할 것임을 분명하게 말씀하셨다.

예수께서 대답하시되 이 사람이나 그 부모의 죄로 인한 것이 아니라 그에게서 하나님이 하시는 일을 나타내고자 하심이라 때가 아직 낮이매 나를 보내신 이의 일을 우리가 하여야 하리라 밤이 오리니 그

때는 아무도 일할 수 없느니라.

그리고 요한복음 17장 4절에서 그 과업을 통해 하나님 아버지를 영화롭게 하는 것임을 강조하셨다.

아버지께서 내게 하라고 주신 일을 내가 이루어 아버지를 이 세상에서 영화롭게 하였사오니.

이처럼 예수님은 세계 복음화라는 비전을 가지고 계셨지만 그것을 열두 명의 제자를 불러 성취하는 전략을 가지고 계셨다. 그리고 그 전략은 매우 성공적이었다.

(2) 바울의 사례

바울의 사례도 매우 전략적이었다. 그의 과업은 사도행전 13장과 14장에 나오는 첫 번째 전도 여행을 통해 확실해진 것으로 보인다. 회당을 중심으로 하는 유대인 대상의 사역을 통해 분명해진 것은 유대인들이 복음에 대해 보이는 부정적인 반응과 하나님을 경외하는 사람으로 표현된 헬라인들의 긍정적인 반응이었다. 이후 그는 이방인들을 위해 부르심을 받았다는 것을 공공연하게 드러내기 시작했다.

바울의 사역은 초기에 소아시아 지역으로 국한되었지만 사도행전 16장에 나오는 드로아에서 본 환상 후 마게도냐로 건너가 그리스 본토 사람들에게 복음을 전하면서 고린도와 아덴의 아가야 지역으로

리더십 빌드업, 프로젝트 티모티

사역지를 넓힌다.

> 성령이 아시아에서 말씀을 전하지 못하게 하시거늘 그들이 브루기
> 아와 갈라디아 땅으로 다녀가 무시아 앞에 이르러 비두니아로 가고
> 자 애쓰되 예수의 영이 허락하지 아니하시는지라 무시아를 지나 드
> 로아로 내려갔는데 밤에 환상이 바울에게 보이니 마게도냐 사람 하
> 나가 서서 그에게 청하여 이르되 마게도냐로 건너와서 우리를 도우
> 라 하거늘 바울이 그 환상을 보았을 때 우리가 곧 마게도냐로 떠나
> 기를 힘쓰니 이는 하나님이 저 사람들에게 복음을 전하라고 우리를
> 부르신 줄로 인정함이러라(행 16:6-10).

그럼에도 자신은 언제나 소아시아 지역으로 가서 복음을 전할 것
에 대한 깊은 열망을 품고 있었다. 그리고 드디어 사도행전 19장에서
그의 가슴에 오랫동안 품었던 에베소에서의 놀라운 사역을 한다. 에
베소에서 3년 이상의 시간을 보내게 되는데, 에베소는 사도 바울의
사역 전반에 걸쳐서 가장 오래 사역한 장소로 기록된다.

에베소에서의 사역은 에베소에만 국한되지 않았다. 에베소는 소
아시아 지역에 광범위하게 이루어진 사도 바울의 사역 중심지가 되
었다. 사도행전은 이것을 다음과 같이 기록하고 있다.

> 두 해 동안 이같이 하니 아시아에 사는 자는 유대인이나 헬라인이나
> 다 주의 말씀을 듣더라(행 19:10).

에베소에서의 사역을 통해 사도 바울은 더 나아가기를 희망한다. 그는 그곳에서 로마로 가는 비전을 품게 된다. 그리고 로마서를 통해 로마 제국 서쪽 끝인 서바나까지 가려는 꿈을 피력한다.

> 이제는 이 지방에 일할 곳이 없고 또 여러 해 전부터 언제든지 서바나로 갈 때에 너희에게 가기를 바라고 있었으니(롬 15:23).

사역의 존재 이유

우리는 어떻게 사역을 할 것인가를 생각하기 전에 왜 이런 사역이 필요한가에 대한 질문을 해야 하며, 이에 분명한 답이 있어야 한다. 즉 사역의 존재 이유가 있어야 한다는 것이다. 이런 질문이 얼마나 강력한지를 깨닫게 된 경험이 있다.

세무 대학에서 처음으로 회계학 강의를 하게 된 것은 1981년 세무 대학이 개교하고 나서 두 번째 학기를 맞이했을 때다. 처음 시간 강사로 회계학 강의를 하러 갔을 때, 그곳에는 이미 1기로 입학한 학생들 가운데 그리스도인들이 모여 예배드리는 '기독학생회'라는 이름의 모임이 있었다. 그리고 기독학생회의 지도 교수도 있었다. 학교에서 공식적인 동아리로 인정받으려면 지도 교수가 있어야 했다. 그런데 기독학생회 지도 교수가 내가 전임 교수로 발령받던 즈음에 다른 대학으로 옮겨가게 되었다. 지도 교수가 필요했던 학생들은 내가 기독교인이라는 것을 알고 나에게 기독학생회 지도 교수가 되어 달라고 부탁했다.

　지도 교수 역할이 무엇인지에 대해서 분명한 규정은 없었다. 학교 입장에서는 누가 지도 교수가 되든 공식적으로 지도 교수가 있으니 학생들이 이상한 짓을 할 리는 없다고 생각했을 것이다. 지도 교수의 역할에 대한 고민은 오히려 나에게 있었다.

　나는 학생들이 매주 정기적으로 모이는 기독학생회 모임에 참석했다. 처음 참석한 기독학생회 모임은 활기 있어 보이지 않았다. 새로운 학기가 시작되면 지방에서 올라온 크리스천 학생들이 참석해서 뜨겁게 찬양도 하고 기도도 했다. 하지만 시간이 지나면서 출석하는 학생 수가 점점 줄고, 기도나 찬양 인도를 맡은 날에만 참석하고 그 다음부터는 참석하지 않는 학생도 많았다.

　시간이 지나면서 나도 점점 지쳤다. 생각 같아서는 바빠서 더 이상 기독학생회 지도 교수를 하지 못하겠다고 하고 싶었는데, 하나님이 맡겨 주신 일이라면 절대로 그렇게 해서는 안 된다는 것이 나의 신조였다. 그래서 임원들에게 여름 방학이 끝나는 대로 3일 동안 수련회를 하자고 제안했다. 다행히 임원들은 수련회에 모두 참석했다.

　수련회를 위해 기도를 많이 했다. 6월 말 더워지기 시작한 날씨라 오전에 성경 공부를 하고 나서 나른한 오후 시간에 참석자들에게 토론하라고 부탁했다. 토론 주제는 다소 도발적이었는데, "세무 대학 안에 기독학생회가 필요한가"였다.

　만약 아니라는 결론이 나면 세무 대학 기독학생회를 없애고, 나도 부담 없이 기독학생회 지도 교수를 하지 않아도 된다고 생각했다. 학생들이 자유롭게 토론하도록 나는 일부러 자리를 피해 주었다. 두 시간 동안 열띤 토론을 한 학생들은 세무 대학 안에 기독학생회가 꼭 필요하다는 결론을 내렸다고 전해 주었다.

이제 빠져나갈 길을 잃은 셈이다. 다음 날 다시 그룹 토론을 시켰다. 전날의 결론이 세무 대학에 기독학생회가 필요하다는 것이라면 이번에는 왜 필요한지에 대해서 토론을 하도록 부탁했다. 그 토론에도 나는 참석하지 않았다. 다시 열띤 토론을 마친 학생들이 내게 와서 토론의 결론을 알려 주었다.

기독학생회는 세무 대학 안에 믿지 않는 학생들에게 복음을 전하고 그들을 제자로 삼는 일을 위해서 존재해야 한다는 것이었다. 학생들이 전해 준 이야기를 듣고 한편으로는 기쁘기도 하고 한편으로는 부담도 되었다. 이제 지도 교수로서 어떤 역할을 해야 할지 분명해졌기 때문이다.

그날 저녁 학생들에게 도전했다. "이제 여러분 스스로 세무 대학 안에 기독학생회가 있어야 하고, 기독학생회는 믿지 않는 학생들에게 복음을 전하고 그들을 제자로 삼는 일을 해야 한다고 결론 냈으니 저는 그 일에 헌신하겠습니다. 그리고 여러분도 이제 그 토론에 참여해서 결론을 낸 사람으로서 책임을 져야 합니다." 수련회에 참석한 학생들은 모두 내가 하는 말에 진지하게 귀를 기울였다.

긴 여름 방학이 끝나고 학생들이 다시 캠퍼스로 모여들었다. 첫 주 개강 예배에는 1학기 마지막 모임에 참석했던 학생 수보다 적은 학생이 참여하는 것이 보통이었다. 하지만 2학기 개강 예배에 가 보고 깜

리더십 빌드업, 프로젝트 티모디

짝 놀랐다. 그곳에는 1학기 마지막 모임에 참석했던 학생들보다 많은 학생이 참석한 것이다. 참석자 수만 늘어난 것이 아니다. 찬양을 하는 기독학생회 회원들의 목소리도 달라졌다. 예배를 드리는 강의실 안이 하나님의 은혜로 가득했다.

이 일을 통해 한 공동체의 존재 이유가 무엇인지를 분명히 알려 주는 것이 리더의 역할이라는 것을 알게 되었다. 리더는 구성원들이 팀의 존재의 이유를 분명하게 알도록 도와주어야 한다. 생각보다 많은 사람이 세무 대학 기독학생회 회원들처럼 자기가 속해 있는 조직의 존재 이유를 잘 모른다. 구성원들이 이것 하나만 알게 되어도 조직은 변하게 되어 있다.

조직의 존재 이유가 분명하면 헌신도 분명해진다. 세무 대학 기독학생회는 그때부터 변하기 시작했다. 수련회 전에는, 새로운 봄 학기에 신입생들이 들어와 30, 40명 정도 모이다가 1학기 말에는 열댓 명으로 떨어지는 것이 자연스러웠다. 또한 2학기가 시작되면 10명 정도가 모이다가 2학기 말이 되면 새로 뽑힌 임원들 외에는 거의 나오지 않았다. 하지만 수련회가 끝난 학기에는 참석자가 계속 늘어나기 시작했다. 우선 수련회에서 토론에 참석하고 자신들의 책임에 대해서 분명히 하기로 한 사람들은 한 주도 빠지지 않았다. 그리고 믿음이 약한 친구들을 데리고 나왔다. 심지어 믿지 않는 친구들을 초청하는 학생들도 있었다. 나중에는 기독학생회 정기 모임에 70명 정도까지 모였는데, 이는 전교생의 10퍼센트에 해당하는 수였다.

OMF의 다섯 가지 조직 원리

조직 전체의 비전과 사명과 가치는 사역 원칙 선언문에 분명하게 나타나도록 해야 한다. 사역 전략은 일반적으로 각 사역이나 사역 팀이 상황에 맞게 적절히 적용할 수 있다. 우리의 일상적인 사역과 관련하여 여러 가지를 결정하는 데 있어서 조직의 비전과 사명과 가치를 적용하는 것은 쉬운 일이 아니다.

OMF는 모든 사역 분야에 다섯 가지 조직 원리를 적용하기로 하였다. 다음은 OMF 핸드북에 실린 다섯 가지 조직 원리에 대한 내용을 요약한 것이다.

(1) 사역 목적에 대한 정확한 초점을 확인한다

동아시아 사람들의 긴급한 복음화를 통해 하나님에게 영광을 돌리는 우리의 부르심에 대한 고귀한 시각을 유지하며, 우리의 사역은 목적에 의해 주도되어야 하며 우리 삶의 우선순위에 초점이 맞춰져야 한다. 즉, 우리는 모든 자원을 우리 단체의 사명, 비전, 그리고 가치와 일치시켜야 한다.

(2) 구성원의 효율성을 증대시킨다

우리는 개인의 중요성을 확인하며 그들이 하나님을 위하여 그리스도의 성품과 풍성함 속에서 성장하는 것을 보기 원한다. 우리는 OMF의 구성원들이 우리의 가장 큰 자산이라고 믿기에, 구성원들의 성장

리더십 빌드업, 프로젝트 티모티

과 개발에 큰 투자를 할 것이다. 우리는 또한 진정으로 우리 목표에 도달하고 있는지 중대한 질문을 할 것이며 구성원들의 효율성을 위하여 우리 방법을 주기적으로 평가하려고 한다. 우리는 필요하다면 인내하겠지만 평범함을 필연적인 것으로 받아들이지 않을 것이다.

(3) 다양성 속에서 통일성을 추구한다

우리 단체의 구성원이 갖고 있는 국제적 다양성은 매우 귀중한 선물이며, 우리 다양성은 분열되고 냉담한 이 세상에서 하나님의 구속적인 은혜의 증거가 된다. 그러나 우리는 우리 다양성이 일련의 전통적인 조직적 기대에 부응하는 것이 아니라 공유된 비전과 가치 위주로 세워져야 한다고 믿는다.

(4) 적합한 조직 구조를 세운다

우리는 지속적으로 스스로에게 질문한다. 우리 구조와 시스템에 의해 우리 사역의 목적을 성취할 수 있을 것인가? 우리 조직의 구조는 과연 성경적인가? 우리 조직의 구조는 과연 현재 상황에서 적합한가?

우리 단체의 조직은 제대로 기능하는 데 우선적으로 초점을 맞추고 그 다음에 형식에 대해 생각해야 한다. 우리는 우리의 사역과 선교회의 필요가 충족되는지 확인하기 위해서 기꺼이 새로운 구조를 실험해 볼 것이다.

(5) 필드와 홈의 건전한 협력 관계를 구축한다

영적으로나 실제적으로나 협력은 선교 사역의 가장 중요한 가치이다. 우리는 서로 보완하는 방법으로 다른 그리스도의 지체들과 협력하는 것을 중요하게 여긴다. 우리는 필드와 홈의 자원과 기회를 공유하려고 최선을 다할 것이다.

비전, 사명, 가치와 전략의 관계

우리의 과업은 사명과 비전과 가치와 전략의 형태로 보다 명료하게 표현될 수 있다. 이어지는 장에서 이 네 가지 용어를 더 구체적으로 다루기 전에 먼저 이 네 가지 용어에 대해 대략적인 의미를 살펴보도록 하겠다.

(1) 비전(Vision)

비전은 "무엇을 볼 것인가"(What to See)에 관한 것으로, 우리가 하려는 과업(what)에 관한 질문이다. 즉, 비전은 우리가 사역을 통해 이루고자 하는 행동의 결과를 보는 것을 의미한다.

비전에 대해 생각해야 할 질문들은 다음과 같다.

· 우리의 노력이 최종적으로 어떤 결과를 낳을 것인가?

· 우리가 성취하고자 하는 것의 영향과 형태는 무엇인가?

· 행동의 결과로 이러한 일들이 어떻게 보일 것인가?

　　　　　　　　　　　　리더십 빌드업, 프로젝트 티모티

· 하나님이 그분의 뜻대로 행하신다면, 그것은 어떤 모습일 것인가?

· 우리 미래의 상황은 어떻게 될 것인가?

비전은 이러한 질문들에 대해 고민하게 만든다.

(2) 사명(Mission)

사명은 "무엇을 하는가"(What to Do)에 관한 것이며, 비전에서 제시한 '무엇'(What)에 대한 질문의 답이기도 하다.

사명에 대해 생각해야 할 질문들은 다음과 같다.

· 우리가 하려는 사역의 목적은 무엇인가?

· 성경은 우리가 무엇을 해야 한다고 말하는가?

사명은 이러한 질문들에 대해 고민하게 만든다.

비전과 사명이 모두 우리가 하는 일에 대한 근본적인 질문인 '무엇'(what)을 다루고 있기 때문에 많은 책에서 비전과 사명을 혼동하여 정의하기도 한다. 이것은 다음 장에서 더 자세히 다루도록 하겠다.

(3) 가치(Values)

가치는 '왜'(Why)라는 질문에 대한 답이다. 즉, "우리가 이 사역을 왜 해야 하는가?"라는 질문에 대한 대답인 것이다.

가치에 대해 생각해야 할 질문들은 다음과 같다.

· 우리에게 중요한 것은 무엇인가?

· 어떠한 신념이 우리의 사역을 결정할 것인가?

· 우리의 정체성을 어떻게 정의할 것인가?

· 우리가 따라야 할 중요한 원리는 무엇인가?

· 우리의 우선순위는 무엇인가?

가치는 이러한 근본적인 질문들을 제기함으로써 나타난다.

(4) 전략(Strategy)

전략은 '어떻게'(How)라는 질문에 대한 답이다. 전략은 우리의 사명을 성취하고 목표에 도달하기 위한 수단을 의미한다. 비전의 실행 단계에서 전략을 생각하기 시작한다.

전략에 대해 생각해야 할 질문들은 다음과 같다.

· 우리가 취해야 할 행동의 단계는 무엇인가?

· 우리가 갖고 있는 자원은 무엇인가?

· 우리가 가진 자원은 어떤 제약을 갖고 있는가?

· 우리가 처한 환경은 우리에게 우호적인가, 혹은 불리한가?

· 우리는 어떻게 자원을 효율적으로 사용할까?

· 우리가 성취해야 할 과업은 언제까지 이루어져야 하는가?

리더십 빌드업, 프로젝트 티모터

이러한 질문에 대한 대답들이 전략의 형태로 나타난다. 사명, 비전, 가치, 전략은 이어지는 장에서 더 상세히 다루게 될 것이다.

ch. 6

비전과 사명

리더는 팀이나 조직의 팔로워들과 함께 과업을 수행하여 특정한 목표를 달성하는 사람이다. 따라서 리더의 역할은 달성할 과업이 무엇인지를 명확하게 인식하고 팔로워들에게 이것을 주지시키는 것이다. 사명과 비전이 분명하지 않다면, 혹은 조직 전체의 사명과 비전이 충돌한다면 그 조직이나 팀은 제대로 나아가지 못할 것이다.

리더와 사명

**조직의 방향과 조직원의
방향이 일치하지 않는 경우**

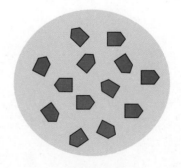

리더십 빌드업, 프로젝트 티모터

만약 어떤 조직의 구성원이 앞의 그림처럼 제각각 다른 방향을 가지고 있다고 생각해 보자. 과연 이 조직이 앞으로 갈 수 있을까? 반면 아래 그림처럼 조직의 구성원이 조직이 나아가려는 방향이 무엇인지 알고 자신들의 목표를 조직과 같이 정렬한다면 이 조직은 엄청난 파워를 가지고 나아갈 것이다.

**조직의 방향과 조직원의
방향이 일치하는 경우**

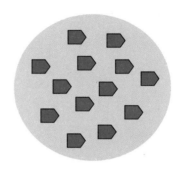

앞 장에서도 이미 언급했지만 사명과 관련해서 혼동하는 용어들이 있는데, 이것을 명확하게 정리하는 것이 사명을 이해하는 데 도움이 될 것이다.

(1) 사명과 목적의 차이

사명이란, 다음과 같은 질문에 대한 대답이다. 만일 우리가 사역하는 곳이 교회라면 "교회는 무슨 일을 해야 하는가?"라는 질문에 대한 답이다. 즉 "하나님이 교회 혹은 공동체를 부르셔서 성취하고자 하시는 것은 무엇일까?"라는 질문의 대답이 공동체의 사명이 되는 것이다.

그러나 목적은 전적으로 다른 것을 묻고 답한다. "존재 이유, 혹은 왜 존재해야 하는가?"라는 질문에 대한 답이다. "왜 하나님은 우리를 이곳에 두시려는가?"라는 질문에 대한 답이 곧 그 공동체의 목적이다. 사명은 목적을 섬기지만, 목적과 같지는 않다.

앞 장에서 설명한 세무 대학 기독학생회는 수련회에서 회원들끼리 한 토론을 통해 이 존재 이유에 대해서 분명하게 결론 내렸다. 이런 분명한 존재 이유가 있을 때 회원들은 헌신할 수 있으며, 그런 헌신을 통해서만 과업을 완수할 수 있다.

하지만 존재 이유 다음에 한 토론을 통해서 우리가 무엇을 해야 할지에 대한 매우 구체적인 결론을 얻었는데, 그것은 세무 대학 캠퍼스 내에서 그리스도를 증거하고 그리스도인들을 제자 훈련하는 것이었다. 이것이 기독학생회의 사명이었다.

따라서 사명과 존재 이유는 같다고 할 수 없지만 서로 깊은 관계가 있다. 사명은 종종 바뀔 수 있다. 하지만 존재 이유는 '있다', '없다'라는 두 개의 답만이 가능하다. 만약 공동체의 모든 회원이 그 공동체의 존재 이유나 존재 목적에 대해서 부정적이라면 사명도 당연히 없어지는 것이다.

(2) 사명 선언문

이러한 사명을 분명한 언어로 명시한 것을 사명 선언문이라고 한다. 일반적으로 사명 선언문을 만드는 원칙은 다음과 같다.

리더십 빌드업, 프로젝트 티모티

· 사명 선언문에 포함되는 사명은 광범위해야 한다

· 사명 선언문은 간결해야 한다

· 기독교 공동체의 사명 선언문은 성경적이어야 한다.

· 사명 선언문은 선언문 형식이어야 한다.

· 사명 선언문은 사역을 통해 성취해야만 하는 것을 포함시킨다

(3) 사역의 사명 선언문 점검

우리가 하고 있는 사역의 사명 선언문을 만들기 전에 다음과 같은 사항들을 점검할 필요가 있다.

· 하나님은 우리가 무엇을 하기 원하시는가?

· 우리는 무엇을 하고 있는가?

· 왜 우리는 하나님이 원하시는 것을 하지 않고 있는가?

· 우리가 계속 현재의 상태에 머무른다면, 지금부터 2년, 5년, 혹은 10년 후에는 사역이 어디로 갈 것 같은가?

· 주요 지도자들은 현재의 사역이 어디에 있으며, 어디로 가는지를 알고 있는가?

· 방향을 변경하거나 새로운 방향으로 전환하기 위해서 치러야 할 대가는 무엇인가?

· 우리 팀과 조직의 리더들은 새로운 방향으로의 전환을 위해 어떠한 대가라도 기꺼이 치를 준비가 되어 있는가?

너무 많은 사람이 모여서 사명 선언문을 만드는 것은 바람직하지 않다. 그것은 "사공이 많으면 배가 산으로 간다"는 속담을 정확하게 반영한다. 영어에도 "요리사가 많으면 음식을 망친다"는 속담이 있다. 따라서 몇 명의 구성원이 대표 자격으로 모여서 사명 선언문을 만들고 이를 공동체와 함께 의사소통하여 인정받는 것이 가장 바람직하다.

(4) 사명 선언문의 명확성

사명 선언문은 사역 공동체에서 하고 있는 모든 일을 포괄할 만큼, 충분히 광범위해야 한다. 그러나 선언문이 너무 광범위해서, 아무것도 말하지 못하면 안 된다. 그래서 사명 선언문은 광범위하면서 동시에 명확해야 한다. 예를 들어 '우리 목표는 세상의 복음화'라고 하면 너무 광범위하다. 하지만 어떤 특정 지역이나 특정 세대를 향해 복음화를 하겠다고 하면 광범위하지만 명확해진다.

지역 교회를 방문하여 그 교회의 표어를 보고 고개를 갸우뚱한 적이 있다. "온 세계에 복음을!" "오대양 육대주에 선교사를!" 그리고 세계 지도에 드문드문 선교사의 이름을 표시한 것을 보면서 과연 이것이 실천 가능한 표어일까 의아한 경우가 많았다.

사명 선언문을 만들 때, 자신과 다른 이들에게 우리가 사용한 어휘들이 구체적으로 무엇을 의미하는지 계속 질문을 던져 보아야 한다. 따라서 사용하는 어휘나 문장은 단순하고 명료한 것이 좋다. 예를 들어, "……에 의해서"라든지, "……을 통해" 같은 말이 붙는 문장이 사

리더십 빌드업, 프로젝트 티모티

명 선언문에 들어가 있으면, 복잡한 신호를 보내는 신호등과 같다.

사명 선언문이 간결하게 표현되었는지를 알기 위해서 우리가 입고 다니는 티셔츠에 적었을 때 얼마나 복잡해 보이는지를 생각해 보면 된다. 이것을 '티셔츠 테스트'라고 한다.

앞에서 말했던 세무 대학 기독학생회의 사명 선언은 다음과 같다.

· 우리는 캠퍼스에서 복음을 전한다.
· 우리는 회원들을 그리스도의 제자로 세운다.

오랫동안 OMF는 "동아시아의 신속한 복음화"라는 사명 선언문을 사용했다. 이것은 OMF가 어떤 단체인지를 아주 선명하게 말해 주어 많은 사람이 우리 단체의 정체성으로 오랫동안 기억해 왔다.

OMF의 사명 선언문은 동아시아라는 지역을 명시함으로 그 외의 지역에서는 사역하지 않는다는 것을 명확하게 했다. 사람들은 좋다는 것은 다 하려는 경향이 있다. 따라서 리더는 해야 할 것(To do)과 하지 말아야 할 것(Not to do)을 명확하게 인식해야 한다. 무분별하게 사역을 벌이는 것은 위기를 자초할 가능성이 크다.

사명과 비전의 차이

사명은 성취하고자 계획하는 일을 문장으로 표현하며, 비전은 이것을 그림으로 보여 준다. 사명은 군대가 차지할 언덕과 관련 있으며, 비전은 군대가 언덕 위에 있는 것처럼 볼 수 있게 만들어 주는 것이다.

(1) 대위임령과 요한계시록의 환상

성경의 예를 보자. 예수님은 제자들에게 모든 민족에게 복음을 전하라고 하셨다. 예수님은 그것을 사명의 형태로 말씀하셨다.

> 예수께서 나아와 말씀하여 이르시되 하늘과 땅의 모든 권세를 내게 주셨으니 그러므로 너희는 가서 모든 민족을 제자로 삼아 아버지와 아들과 성령의 이름으로 세례를 베풀고 내가 너희에게 분부한 모든 것을 가르쳐 지키게 하라 볼지어다 내가 세상 끝날까지 너희와 항상 함께 있으리라 하시니라(마 28:18-20).

하지만 요한은 그가 쓴 요한계시록에 그 내용을 다음과 같이 그림처럼 기록하고 있다.

> 이 일 후에 내가 보니 각 나라와 족속과 백성과 방언에서 아무도 능히 셀 수 없는 큰 무리가 나와 흰옷을 입고 손에 종려 가지를 들고 보좌 앞과 어린양 앞에 서서(계 7:9).

마태복음 28장 18-20절과 요한계시록 7장 9절을 비교해 보면 사명과 비전의 차이를 분명하게 느낄 수 있다.

(2) 나는 꿈이 있습니다

미국에서 흑인의 인권을 위해 헌신하다가 암살당한 마틴 루터 킹 목사는 1963년 미국 국회의사당 앞에서 유명한 연설을 했다. 그 연설 제목은 "나는 꿈이 있습니다"(I have a dream)였다. 그의 연설은 듣는 사람들로 하여금 큰 감동을 자아냈다. 그는 흑인들의 인권을 어떻게 쟁취할 것인가를 이야기하지 않고 사람들에게 흑인들이 백인과 함께 같은 권리를 갖고 살게 될 미래를 꿈으로 그려서 들려주었다.

> 나에게는 꿈이 있습니다. 언젠가는, 이 나라가 일어나 '모든 사람은 평등하게 태어났다'라는 진실의 강령대로 살아가는 날이 있을 것이라는 꿈이 있습니다.
>
> 나에게는 꿈이 있습니다. 언젠가는, 조지아주의 붉은 언덕 위에서 노예들의 후손들과 노예 소유주들의 후손들이 형제애의 식탁에서 함께 자리할 수 있을 것이라는 꿈이 있습니다.
>
> 나에게는 꿈이 있습니다. 언젠가는 부정과 억압의 열기로 찌는 듯한 미시시피주조차도 자유와 정의의 오아시스로 바뀔 것이라는 꿈이 있습니다.
>
> 나에게는 꿈이 있습니다. 언젠가는 나의 네 명의 어린아이가 그들의 피부색이 아니라 그들의 개성에 의하여 판단되는 나라에서 살게 될 것이라는 꿈이 있습니다.
>
> 나에게는 꿈이 있습니다, 언젠가는, 사악한 인종 차별주의자들이 있는 앨라배마주, 연방 정부의 법과 조치를 따르지 않겠다는 발언을

내뱉는 주지사가 있는 앨라배마주, 언젠가는 바로 그 앨라배마주에서, 어린 흑인 소년들과 어린 흑인 소녀들이, 어린 백인 소년들과 어린 백인 소녀들과 형제자매로 손을 맞잡을 수 있을 것이라는 꿈이 있습니다.

나에게는 꿈이 있습니다. 언젠가는, 모든 골짜기가 메워지고, 모든 언덕과 산은 낮아지고, 거친 곳은 평평해지고, 굽은 곳은 펴지고, 하나님의 영광이 나타나고, 모든 사람이 다 같이 그 영광을 보게 될 것이라는 꿈이 있습니다.

마틴 루터 킹 목사의 연설 제목인 "나는 꿈이 있습니다"야말로 인종 차별이 없는 사회에 대한 강력한 그림을 우리에게 보여 주는 비전 선언문이다.

(3) 우리는 사람을 달에 보낼 것입니다

비전 선언문은 간결하면서 우리 과업을 포괄적으로 그려 내야 한다. 또한 비전 선언문은 듣는 사람들에게 감동을 주어야 한다. 그 가운데 가장 대표적인 것은 1961년 케네디 대통령이 미 상하원 합동 의회에서 한 연설이다.

우리는 1960년대가 끝나기 전에 사람을 달에 보내어 사람이 달 표면을 밟게 할 것이고, 다시 지구로 무사히 귀환시키도록 하겠습니다.

리더십 빌드업, 프로젝트 티모티

1960년 이전까지 미국의 국민들은 우주 과학 분야에서 소련과 비교해서 자신들이 앞서 있다고 생각했다. 그런데 실제로는 과학 기술적이나 군사적으로 소련에 뒤지고 있다는 사실이 미국인들에게 큰 충격으로 다가왔다.

케네디는 대통령에 당선되기 전부터 우주 개발 경쟁에 큰 관심이 없던 아이젠하워를 강하게 비판하며 우주 개발에 대한 포부를 밝혔다. 당선된 후에 소련의 유리 가가린이 인류 최초의 우주 비행에 성공하자, 케네디는 심각한 위기감을 느끼던 미국 국민들에게 1960년대 말까지 인간의 달 착륙을 실현시키겠다는 과감한 계획을 발표했다.

처음에는 많은 사람이 그의 계획이 너무 무모하다고 비웃었지만 1969년 7월 20일, 아폴로 11호 선장인 닐 암스트롱과 선원 올드린이 달에 발을 디뎠다. 그 광경을 전 세계 사람들이 텔레비전을 통해서 볼 수 있었다.

(4) 모든 백성이 쓰고 읽을 것입니다

한글을 창제한 세종대왕의 비전도 매우 분명했다. 세종대왕은 세계적으로 가장 훌륭한 글자인 한글을 창제했다. 그리고 한글 창제의 이유를 훈민정음 해례본에서 다음과 같이 밝히고 있다.

> 나라말이 중국과 달라 문자와 서로 맞지 않아
> 이런 이유로 어리석은 백성이 할 말이 있어도
> 마침내 제 뜻을 알리지 못하는 일이 많아

내 이를 불쌍히 여겨 새로 스물여덟 자를 만드니

사람마다 쉽게 익혀 편안하게 하고자 할 따름이니라

당시 조선의 식자층에서 사용하던 한자는 중국에서 가져온 글자로 우리나라 말을 표현하는 데 어려움이 많아 백성이 이를 사용하는 데 한계가 있었다. 따라서 세종대왕은 이제 모든 백성이 쉽게 배워 읽고 쓸 수 있는 글자를 만들어 반포한다고 했다. 그리고 세종대왕의 한글 창제 덕분에 한국은 세계에서 가장 문맹률이 낮은 국가가 되었다.

사명 선언문의 간결함 정도를 티셔츠로 테스트하는 것처럼 비전 선언문도 간결한 것이 좋다. 하지만 너무 간결한 나머지 미래에 펼쳐질 그림을 볼 수 없다면 비전 선언문으로서 문제가 있을 수 있다.

그런 면에서 마틴 루터 킹 목사의 "나는 꿈이 있습니다", 혹은 케네디 대통령의 "1960년대가 끝나기 전에 사람을 달 표면에 착륙하게 하고 그들을 지구로 무사히 귀환시킬 것입니다", 혹은 세종대왕이 백성이 글자를 쉽게 배우고 익히게 하기 위해 훈민정음을 창제했음을 밝힌 것은 모두 훌륭한 비전 선언문이다.

인도네시아 죠이 펠로우십의
사명 선언문과 비전 선언문

(1) 죠이 펠로우십의 모토, 죠이(JOY)의 의미

내가 섬겼던 인도네시아 죠이 펠로우십에는 모토와 사명, 그리고 비

리더십 빌드업, 프로젝트 티모티

전이 있다. 모토는 죠이(JOY)라는 이름 속에 들어 있다. 물론 죠이라는 이름은 1958년에 시작한 한국의 죠이선교회에서 따온 것이다.

나는 죠이라는 이름을 좋아한다. 고등학교 3학년 여름 방학 때 처음 죠이선교회 모임에 참석해서 죠이의 의미가 "Jesus first, Others second, You third"라는 말을 들었을 때 가슴이 뛰었다.

한국에는 캠퍼스 사역을 하는 단체가 많지만, 대부분 자기 단체가 의미하는 바를 영어로 표기하고 그 영문 표기의 이니셜을 따서 단체명으로 한다. 하지만 죠이처럼 단체명 자체가 고유 명사이면서 동시에 보통 명사인 경우는 매우 드물다.

죠이라는 이름에서 볼 수 있듯이 인도네시아 죠이 펠로우십이 시작할 때부터 죠이의 모토는 매우 분명했다. 하지만 공동체의 사명과 비전을 발견하고 그것을 선언문 형태로 만드는 것은 쉬운 일이 아니었다. 인도네시아 죠이 펠로우십은 처음 1992년 9월에 외국인과 영어를 하고 싶어 하던 몇 명의 대학생으로 시작되었다. 그리고 하나님의 은혜로 모임은 계속 성장해서 1996년에는 70여 명이 매주 정기적으로 참석하는 모임이 되었다.

모임이 커지면서 우리의 정체성과 목표를 분명히 할 필요가 생겼다. 왜냐하면 죠이 펠로우십에 그저 즐기기 위해 나오는 학생도 많아지기 시작했기 때문이다. 그래서 1996년부터 과연 인도네시아 죠이 펠로우십의 정체성은 무엇이고 사역의 방향은 무엇인가를 놓고 고민하기 시작했다.

내가 죠이 펠로우십의 사명과 비전을 가지고 고민하는 것을 보고 죠이에 나오는 학생들 가운데는 4년 만에 이 정도로 충분히 큰 모임이 되었는데 뭘 더 고민해야 하느냐며 오히려 내가 하는 고민을 의아하게 생각하는 학생들도 있었다.

그러던 가운데 하나님이 죠이의 비전과 사명을 분명하게 하는 데에 도움이 되는 많은 책과 사람을 만나게 해주셨다. 기회가 있을 때마다 죠이 리더들과 비전을 나누는 미팅을 하면서 죠이의 사명과 비전을 함께 의논했다. 그리고 사명과 비전을 분명한 선언문 형태로 만들게 되었다.

우리는 벤치마킹을 하기로 하고 세 가지 사명 선언문을 고려해 보았다. 가장 먼저 고려한 것은 윌로우크릭 교회의 사명 선언문이었다. "죄인에서 성자로"(From the sinners to the saints)라는 표현은 간결하고 교회가 하려는 것이 무엇인지 분명하게 보여 주었다. 윌로우크릭 교회의 사명 선언문은 불신자들을 초청해서 그리스도를 알게 하고 그리스도 안에서 성장해서 성자가 되는 것이 교회가 추구하는 목표라는 점에서 매우 분명했지만 조금 과격한 느낌이 들었다.

두 번째로 고려한 것은 한국 죠이선교회다. 미국 볼티모어에 있는 빌립보 교회의 사명 선언문이었다. 빌립보 교회의 사명 선언문은 "하늘과 땅의 다리가 되어"(Become a bridge between heaven and earth)였는데, 간결하고 교회가 하려는 일을 잘 표현하고 있으며, 다른 이들에게 거부감을 주지 않는 표현이라고 생각했다.

세 번째로 고려한 것은 한국 죠이선교회의 모토였던 고린도후서 5장 20절의 "우리가 그리스도를 대신하여 사신이 되어"(We are ambas-

리더십 빌드업, 프로젝트 티모티

sadors for Christ)를 약간 바꾸어 보는 것이었다. 그렇게 한 것은 사명 선언문에 '그리스도'라는 단어가 들어가면 인도네시아의 다른 종교를 가진 사람들에게 거부감을 줄 수도 있을 것이라고 생각했기 때문이다. 그래서 우리는 고린도후서 5장 20절을 "We are ambassadors for heaven to the earth" 즉, "이 세상에서 천국을 대변하는 대사가 되는 것"으로 바꾸기로 했다.

(2) 인도네시아 죠이 펠로우십의 세 가지 비전

죠이 펠로우십은 사명뿐 아니라 비전에 대해서도 학생들과 함께 많은 논의를 했다. 비전은 죠이가 존재하기 때문에 생길 일에 대한 기대를 명확히 하는 것인데, 영어로 표현하면 'something to see', 즉 '무엇을 보려는가'를 표현한다. 리더들과 많은 논의를 한 결과 앞에서 언급한 사명을 실현하기 위한 다음과 같은 세 가지 비전을 정했다.

- · We are contagious christians.(전염성 있는 그리스도인이다)
- · We are contemporary christians.(동시대적인 그리스도인이다)
- · We are committed christians.(헌신적인 그리스도인이다)

● 전염성 있는 그리스도인의 비전

먼저 전염성 있는 그리스도인이란 죠이 펠로우십이 지향하는 목표가 불신자들이 주님을 알게 하는 것임을 강조하는 것이다. 잃어버린 한 영혼이 돌아오는 기쁨을 누가복음 15장에는 세 가지 비유를 통해서 기록하고 있다. 백 마리 양을 가진 목자가 한 마리의 양을 잃어버렸을 때, 그 양을 찾을 때까지 포기하지 않는다는 이야기, 열 드라크마를 가진 여인이 한 드라크마를 잃었을 때 집 안을 청소하고 불을 밝히고 끝까지 찾는다는 이야기, 두 아들 가운데 자기의 재산을 가지고 가서 탕진한 둘째 아들을 맞아들인 아버지 이야기가 모두 하나의 목표를 가진다.

위에 나오는 세 가지 비유 가운데 빠지지 않고 나오는 단어는 기쁨이다. 죠이라는 단체의 이름이 '기쁨'(JOY)이라는 의미를 담고 있는데 무엇이 그 기쁨의 원천이 되어야 하는가. 그것은 바로 잃어버린 영혼이 주님에게 돌아오는 것으로 인한 기쁨이어야 한다고 생각했다. 그렇다고 해서 전염성 있는 그리스도인이 된다는 비전이 죠이 안에서 행해지는 불신자 전도라는 활동에 국한하는 것은 아니다. 죠이 멤버라면 처한 상황이 어떻든 주변에 있는 사람들에게 그리스도를 전하는 삶을 살아야 한다는 의미다. 이를 위해서 인도네시아 죠이의 모든 회원은 "예수를 전염시키는 사람들"(BCC, Becoming a Contagious Christian)이라는 훈련을 받았다.

• 동시대적인 그리스도인의 비전

동시대적인 그리스도인이 된다는 것은 우리 신앙을 표현하는 방법이 우리가 살고 있는 이 시대의 문화 코드와 동떨어지지 않는 삶을 살아야 한다는 뜻이다. 잘못하면 그리스도인은 시대와 동떨어진 삶과 의식을 소유한 사람들이라는 인식을 줄 수 있다. 특히 족자의 대

리더십 빌드업, 프로젝트 티모터

학생들이 자신의 생각이나 가치를 표현하는 문화적인 코드와 궤를 함께할 때 우리가 전하는 메시지가 잘 받아들여질 것이라 생각한다. 어쩌면 죠이가 동시대적 대학생들에게 매력적인 공동체가 되기 위해서는 세상보다 창의적이어야 한다는 의미를 내포하고 있다.

이 비전을 실현하는 것의 일환으로 설교는 대부분 스토리 텔링으로 진행한다. 동시대적인 그리스도인에 대한 이해는 죠이에서 설교와 드라마를 엮는데 기여했다. 힙합으로 하는 워십 댄스 찬양은 춤을 좋아하는 인도네시아 대학생들의 눈을 번쩍 뜨이게 했다. 금요 모임에서 하는 광고도 마찬가지였다. 젊은이들은 말로 하는 광고보다 영상이나 음악을 통해 창의적으로 만든 광고에 더 열광했다.

• 헌신적인 그리스도인의 비전

헌신된 그리스도인이란 우리가 주님을 사랑한다고 하면 우리의 것을 드릴 수 있어야 한다는 것이다. 우리가 주님을 사랑하면 주님에게 헌신해야 하고 동시에 주님의 몸 된 공동체를 위해서 시간과 재능을 드리는 것을 의미한다. 죠이는 주님이 시작하게 하신 공동체이기 때문에 죠이 사역에 죠이 회원들이 헌신하는 것은 당연하다고 생각한다.

인도네시아 족자라는 도시에서 공부하는 대학생들에게 뭘 하자고 권하면 다들 바쁘다고 말한다. 하지만 그들은 극장에서 영화를 보고 데이트를 하고 친구들과 포르노 영상을 보는 데에 몇 시간을 쓰는 것은 전혀 문제로 여기지 않는다.

이처럼 사명과 비전을 분명히 하면 사역의 정체성과 방향도 분명해진다.

리더십 빌드업, 프로젝트 티모티

LEADERSHIP
BUILD-UP
PROJECT
TIMOTHY

ch. 7

핵심 가치

핵심 가치란 어떤 희생을 치르더라도 일관성 있게 추구하는 본질적이며 지속적인 가치로 팀이나 조직이 어떻게 일을 하는가, 또는 그렇게 일하는 것이 정당한가를 판단하는 기준이다.

리더와 핵심 가치

한 조직의 가치란 성취해야 할 목표도 아니고, 성취해야 할 과업의 우선 순위에 들어가지도 않는다. 하지만 조직이나 팀에서 핵심 가치가 분명하지 않을 때 일을 처리하는 방식에 혼란이 올 수 있다. 따라서 조직의 가치도 사명이나 비전처럼 분명해야 한다.

(1) 가치와 신조, 태도의 관계

특별히 핵심 가치는 조직의 문화를 형성한다. 리더가 기존의 조직에 새롭게 임명된다면 이미 형성된 조직 문화를 잘 이해해야 한다. 조직

리더십 빌드업, 프로젝트 티모티

문화는 그 어떤 규정보다도 강력하기 때문이다. 만약 리더가 새롭게 팀이나 조직을 만들어 간다면 리더는 문화를 만들어 가기 위해 많은 노력을 기울여야 한다.

(2) 문화의 4층 구조

문화는 조직원들이 보여 주는 태도나 행동(Behavior), 가치(Value), 신조(Belief) 등으로 이루어지며, 가장 깊은 곳에는 세계관이 자리하고 있다. 이러한 관계를 로이드 콰스트(Lloyd Kwast)가 말하는 동심원으로 표시하면 다음과 같다.

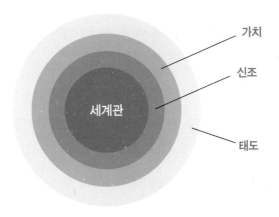

핵심 가치는 한 공동체 내에서 구성원들로 하여금 한 방향의 의사 결정을 내리게 하고, 같은 방식으로 행동하게 하는 초석이다. 때때로 태도와 가치와 신조를 혼동하는 경우가 있는데, 태도는 가치를 근거로 드러나는 행동 양식이고, 신조는 가치를 만들어 내는 준거를 의미한다.

다시 말해 가치는 우리에게 중요한 기준이나 원리를 말한다. 가치는 서면이나 구두로 표명될 수도 있고 그렇지 않을 수도 있다. 조직 문화가 잘 정착되고 자연스러운 조직에서는 심지어 조직원들도 자신이 어떤 가치를 따라 행동하고 있다는 사실을 의식하지 못할 수도 있다.

핵심 가치의 역할

핵심 가치는 다음과 같은 역할을 한다.

(1) 개인의 가치와 조직의 가치의 조정 기능

조직과 개인의 관계는 조직의 핵심 가치가 개인의 가치와 얼마나 일치하는지에 크게 달려 있다.

한국 OMF 대표로 임명되었을 때, 한국 선교사 후보들이 겪는 가장 큰 어려움 중 하나가 영어라는 사실을 발견했다. 영어를 제외하고는 모든 면에서 훌륭한 자질을 갖춘 후보자들을 보며, 영어를 허입 조건으로 설정해야 하는지를 고민했다. 이 문제에 대해 캐나다 출신의 존 풀러 선교사와 오랜 시간 토론을 나눈 끝에, 그의 의견에 동의하게 되었다.

존 풀러는 단순하지만 결정적인 말로 나를 설득했다. 그는 OMF 선교사로서 한국 선교사들도 국제 OMF의 통합이라는 가치를 존중해야 한다고 말했다. 그때 나는 통합이라는 핵심 가치를 완전히 이해하게 되었고, 통합을 위해 한국 OMF 선교사들이 영어라는 장벽을

리더십 빌드업, 프로젝트 티모티

넘어서야 한다는 것을 깨달았다. 이후로 내 태도는 완전히 바뀌었다. 한국 OMF 선교사 후보들에게 영어 실력을 향상시켜 국제 OMF라는 큰 조직에 잘 통합될 수 있도록 조언하기 시작했다. 이처럼 분명한 핵심 가치는 개인의 가치를 조직의 가치와 일치시켜 주는 중요한 역할을 한다.

(2) 변화를 받아들이는 기능

핵심 가치는 조직으로 하여금 변화에 대처하게 한다. 대부분의 사람은 조직이나 팀의 변화를 원하지 않는다. 하지만 핵심 가치가 분명하다면 사람들은 변화를 받아들일 수 있다. 1999년에 국제 OMF는 엄청난 변화를 시도했다. 오랫동안 유지해 왔던 풀링(pooling) 시스템을 개인 책임을 중시하는 재정 모금 방식으로 바꾸는 것이었다.

오랫동안 OMF는 모든 멤버가 받은 후원금을 국제 재정 풀(pool)에 모두 넣고 자신이 얼마의 후원을 받았는지와 상관없이 필요에 따라서 생활비를 지급받는 풀링 시스템을 적용하고 있었다. 이와 같은 풀링 시스템을 통한 나눔은 오랫동안 OMF의 핵심 가치였다.

하지만 시간이 지나면서 풀링 시스템의 문제가 서서히 드러나기 시작했다. 마치 사회주의나 공산주의 체제에서 나타나는 생산성에 대한 무관심 같은 증상이 OMF 내에서도 나타난 것이다. 멤버들은 개인 후원이 줄어도 그것이 당장 자신에게 영향을 끼치지 않기 때문에 심각하게 받아들이지 않았다. 그러니 국제 OMF 전체적으로는 후원이 낮았고, 따라서 개인에게 돌아가는 지급액은 계속 줄어들 수밖에 없었다.

더 큰 문제는 풀링 시스템에 불만을 갖는 젊은 세대들의 이탈률이 높아지기 시작한 것이다. X세대는 베이비 부머 세대보다 훨씬 더 개인을 중요하게 생각했다. 그들은 풀링 시스템을 더 이상 미덕으로 생각하지 않았다. 자기가 아무리 많이 후원금을 모금해도 소용이 없다는 생각, 그리고 불공평하다는 생각들이 OMF 안에 만연하기 시작했다. 리더들은 이 문제를 심각하게 받아들였다. 그리고 공평이라는 가치에 대해서 다시 새롭게 해석하기 시작했다.

OMF 리더들은 '공평'을 자신이 모금에 책임을 지는 것이라고 해석했다. 그리고 새로운 가치에 따라 풀링 시스템을 완전히 바꾸기로 했다. 이제 모금 목표액은 개인의 필요에 따라서 산정되고, 후원 수입액은 그 목표액과 비교해서 비율만큼 지급하기로 한 것이다. 결국 오랫동안 풀링 시스템에 익숙했던 베이비 부머 세대 선교사들도 변화된 가치에 동의했다. 이처럼 핵심 가치는 공동체 구성원 전체 행동에 영향을 끼친다.

(3) 과업을 지속하게 하는 기능

핵심 가치는 사역의 독특성과 밀접한 관련이 있다. 동시에 사역을 강력하게 이끄는 동인이 된다. 예를 들어, 은행은 고객들의 예금을 받아 투자하여 그 결과를 돌려 주어야 하고, 다른 고객들에게 대출해 주고 이자를 받아 운영하고 주주들에게 배당을 주어야 한다. 하지만 만약 믿음이라는 가치를 지키지 않는 은행이라면 고객들에게 쉽게 외면당하고 결국엔 없어지게 될 것이다.

기독교 공동체의 핵심 가치는 사역과 공동체를 위한 하나님의 뜻을 규정해 준다. 다시 말해 핵심 가치는 특정 공동체가 지금 하고 있는 일을 왜 해야 하는지에 대해 말해 주며, 지금 하고 있는 일은 하나님이 예정하신 일이라는 이유를 설명해 주기 때문이다.

(4) 결속력을 강화시키는 기능

핵심 가치가 공동체 구성원들에게 제대로 공유된다면 조직에 대한 충성도를 고양시키게 된다. 이들은 자신들이 수용하는 공통된 가치만으로도 대단한 결속력을 유지하려고 할 것이다. 이런 면에서 리더들이 조직원들과 함께 조직의 핵심 가치를 도출하는 것이 중요하다. 만약 리더 한 사람이나 몇 사람에 의해 핵심 가치가 결정된다면 공유는 쉽지 않다. 하지만 핵심 가치가 공동체 안에서 합의되고 공유된다면 과업을 완성하는 일에 대한 긴장과 스트레스를 줄이는 역할을 하게 될 것이다.

따라서 리더는 핵심 가치를 정하는 것도 중요하지만 그 가치를 구성원들이 공유하도록 노력하는 것에 힘써야 한다. 핵심 가치를 공유하는 방법은 다음과 같다.

• 리더는 핵심 가치를 반복해서 강조해야 한다

리더는 공동체의 구성원들이 지속적으로 반복해서 핵심 가치를 학습하도록 도와야 한다. 핵심 가치가 지켜지지 않으면 결국 과업 완성에 지장을 받게 된다. 어떤 성경 학자는 느헤미야서를 인용해서 우리가 해야 할 일을 26일마다 다시 강조해야 한다고 말한다. 느헤미야가 허물어진 예루살렘 성벽을 축조하는 데 52일이 걸렸는데, 그 중간부터 사람들이 목표를 잊어버리고 불평하기 시작한 데에서 착안한 것이다. 이는 꽤 일리 있어 보인다.

• 선언문 형태로 만들어 사람들이 볼 수 있도록 게시한다

공동체의 핵심 가치는 앞에서 설명한 사명 선언문이나 비전 선언문처럼 명문화해서 공동체 구성원들이 항상 볼 수 있도록 잘 보이는 곳에 게시하는 것이 좋다. 또렷한 기억보다 희미한 잉크 자국이 더 강력한 법이다.

• 리더 자신이 가치를 가지고 살아간다

리더 자신이 핵심 가치를 지키지 않는다면 그 가치는 용도 폐기되어야 한다. 인도네시아 죠이 펠로우십에서 간사로 사역했던 따리간이라는 형제가 한국에서 석사 과정 공부를 한 적이 있다. 그 시기 한국 죠이선교회의 한 캠퍼스 겨울 수양회에 따리간 형제를 초청해 인도네시아 죠이 펠로우십의 가치에 대해서 들어 보았다.

따리간 형제의 설명 후에 "인도네시아 죠이 펠로우십의 가치를 명문화하는 것이 어떤 효과가 있느냐"고 한 형제가 물었다. 그러자 따리간 형제는 "핵심 가치를 명문화하는 것은 매우 큰 효과가 있다. 하지만 그렇게 사는 사람들이 인도네시아 죠이 펠로우십 안에 많기 때문에 더욱 큰 효과가 있다"고 말해서 수양회 참석자들을 놀라게 했다.

국제 OMF의 핵심 가치

2006년 국제 OMF는 '그리스도의 주권에 순종함', '성경의 권위', '성령의 인도하심'이라는 가치를 따른다는 전제하에 선교회의 핵심 가치를 다음과 같이 일곱 가지로 규정했다.

(1) 하나님에 대한 믿음

하나님에 대한 믿음은 중국 내지 선교회 때부터 OMF가 붙들고 있는 전제다. 싱가포르에 있는 OMF 국제 본부에는 작은 정자가 있는데, 그곳에는 "Have faith in God"이라는 현판이 걸려 있다. 이것은 마가복음 11장 22절에 나오는 말씀이다. "Have faith in God, Jesus answered." 그런데 이어 나오는 내용은 기도와 연결된다.

> 예수께서 그들에게 대답하여 이르시되 하나님을 믿으라 내가 진실로 너희에게 이르노니 누구든지 이 산더러 들리어 바다에 던져지라 하며 그 말하는 것이 이루어질 줄 믿고 마음에 의심하지 아니하면 그대로 되리라 그러므로 내가 너희에게 말하노니 무엇이든지 기도하고 구하는 것은 받은 줄로 믿으라 그리하면 너희에게 그대로 되리라(막 11:22-24).

따라서 OMF에서 기도는 믿음의 표현이며, 우리 삶과 섬김에서 빠질 수 없는 핵심 가치로 여긴다. 우리가 기도한다는 것은 거룩한 삶을 살기 위해, 사역에서 열매 맺기 위해, 그리고 우리의 모든 필요를 위해 하나님께 의지하는 것을 의미한다.

(2) 공동체

OMF에서 공동체라는 의미는 모든 멤버가 함께 OMF의 비전과 사명을 추구한다는 의미다. 한 공동체 안에서 다른 비전과 사명을 갖고 사역하는 것은 용납되지 않는다. 나는 여러 명의 선교사가 자신이 속한 단체를 그저 이용하기 위해서 소속되어 있는 것을 보았다. 이들은 그 공동체가 가지고 있는 비전과 사명에 무관심하다.

공동체라고 하는 것은 멤버 상호간에 서로의 역량을 장려하며 증진시키는 것을 의미한다. 이를 위해서 멤버 케어를 매우 중요하게 생각한다. 멤버 케어는 OMF 멤버가 앞으로의 사역을 잘할 수 있도록 투자하는 것으로 이를 위해서는 재정, 인력, 노하우, 시스템, 헌신이 필요하다.

(3) 미전도 종족을 향한 열정

1974년 로잔 대회에서 랄프 윈터 박사가 "뉴 마게도냐"라는 제목의 발제를 통해 이제 우리의 선교 역량은 미전도 종족을 복음화하는 것에 집중되어야 한다고 주장했다. 실제로 많은 선교사는 이미 복음화된 지역에서 사역하고 있다. OMF는 그동안 등한히 여기던 전방 개

리더십 빌드업, 프로젝트 티모티

척지역에 우리의 선교적 역량을 집중하려고 노력한다.

미전도 종족을 향한 열정은 OMF의 비전과 사명 속에 분명하며 이에 대한 노력은 지속적으로 평가되고 쇄신되어야 한다. 우리는 이 핵심 가치를 위해 늘 기도해야 하며, 모든 위험 상황을 감수하고서라도 하나님이 우리에게 부여하신 임무를 끝까지 해내야 한다.

(4) 성육신적 사역

우리는 우리가 섬기는 현지인들이 가진 삶의 방식과 수준에 따라 그들의 눈높이에 맞는 삶을 살아야 한다. 그러기 위해서는 현지인의 문화, 언어, 그리고 세계관을 철저히 배워야 한다.

또한 우리는 현지인들이 사역의 중심이 되도록 토착적 교회 개척 운동을 장려하는 방법으로 사역한다. 선교사로서 우리는 건축을 위해 세워지는 비계목이라는 의식을 갖고 사역에 임해야 한다. 건축이 완성되면 비계목을 철거하듯 선교사들이 철수하는 것이 선교의 완성임을 언제나 기억해야 한다.

(5) 사역 안에서 협력

OMF는 혼자만으로 사역할 수 없다는 것을 인정한다. 우리는 전 세계에 있는 파송 교회와 협력하려고 최선을 다한다. 뿐만 아니라 우리의 사역 환경 내에 존재하는 현지 교회와 협력한다. 우리 사역의 결과는 OMF의 것이 아니며 현지 교회의 열매로 인정되어야 한다. OMF는 같은 마음을 품은 전 세계의 그리스도인들과 건강한 선교 단체들과 협력한다.

(6) 사역 환경에 따른 유연성

OMF의 전략은 사역에 몸담고 있는 모든 사람에 의해 발전되어야 한다. 우리 사역을 위한 전략, 행정, 정책은 모두 사역을 위해서 설계되어야 한다. 본국과 현지에서 하는 모든 일이 연합하여 필드에서 의도하는 사역의 목적을 성취하도록 노력한다.

(7) 통일성 안의 다양성

하나님이 OMF에 허락하신 인종, 교파, 세대, 성격, 은사, 성별 등의 다양성을 존중한다. 동시에 그리스도 안에서 서로 존중하며, 우리의 통일성을 유지하려고 노력한다. 이를 위해서 모든 필드에서는 여러 나라에서 온, 다양한 국적을 가진 멤버들로 구성된 국제 팀으로 일한다.

인도네시아 죠이의 핵심 가치

인도네시아 죠이 사역 초기에는 핵심 가치에 대해 특별히 정해진 것이 없어 혼란스러운 부분이 존재했다. 하지만 시간이 지나면서 매우 자연스럽게 몇 가지 가치를 분명하게 했고, 마침내 일곱 가지 가치로 확정지었다.

초기 죠이 펠로우십의 핵심 가치는 진정성, 협동, 탁월함, 자기 절제, 희생으로 다섯 가지였는데, 후에 순결, 근면 두 개의 가치가 추가되면서 일곱 가지로 확정되었다. 그리고 언제부터인가 죠이 펠로우십에서는 이 일곱 가지 가치를 '스페이스 디디'(SPACE-DD)라고 부르기 시작했다. 그것은 희생을 의미하는 'sacrifice'의 'S', 순결을 의미하는 'purity'의 'P', 진정성을 의미하는 'authenticity'의 'A', 협동을 의미하는 'co-operation'의 'C', 탁월함을 의미하는 'excellence'의 'E', 근면을 의미하는 'diligence'의 'D', 그리고 마지막으로 자기 절제를 의미하는 'discipline'의 'D'를 가지고 만든 용어다.

죠이 펠로우십의 일곱 가지 가치는 죠이 사명이나 비전처럼 반드시 달성해야 할 목표는 아니지만 죠이를 죠이답게 하는 중요한 요소이다. 이런 가치 때문에 죠이는 죠이만의 고유한 문화를 만들어 내고 있다. 그렇다고 해서 죠이의 가치가 단순한 구호에 그치는 것은 아니다. 모든 죠이 멤버의 삶이나 죠이 사역 속에서 실천하고 구현해야 하는 중요한 가이드라인이다. 죠이 멤버가 되려면 죠이의 일곱 가지 가치를 이해하고 이 가치를 삶에서 실천하겠다는 의사 표시를 해야 한다. 그래야 정식으로 죠이 멤버가 될 수 있다.

(1) 희생(Sacrifice)

사람들은 누구나 자신이 가치가 있다고 생각하는 일에는 시간과 돈을 들인다. 족자의 대학생들이 가장 많은 돈을 쓰는 데는 데이트와 영화 감상이다. 그 말은 족자의 대학생들이 데이트와 영화 감상을 위해서는 자신이 가지고 있는 것을 희생할 가치가 있다고 생각한다는 뜻이다. 우리는 우리를 위해서 자기 생명을 아낌없이 주신 그리스도를 전하기 위해 우리가 가진 것을 드리는 것이 마땅하다고 여긴다.

(2) 순결(Purity)

죠이에서 강조하는 두 번째 가치는 순결이다. 죠이에서 말하는 순결은 엄밀히 말하면 성적 순결을 의미한다. 즉 우리는 결혼 전까지 순결을 지킨다는 의미다. 따라서 죠이 멤버들은 음란물을 시청하지 않으며 로맨스를 즐기기 위한 무분별한 연애도 지양한다.

(3) 진정성(Authenticity)

진정성이란, 우리의 말과 행동이 언제나 같아야 한다는 의미다. 예를 들어 옷 가게 주인이 '메이드 인 코리아'라고 해서 사 왔는데 집에 와

리더십 빌드업, 프로젝트 티모티

서 보니 '메이드 인 차이나'라는 라벨을 발견한다면, 그 옷 가게 주인의 말은 진정성이 없는 것이다. 따라서 겉에 'A'라고 쓰여 있다면 그것은 반드시 'A'여야 한다. 죠이 펠로우십에서는 자신이 말한 것은 반드시 실천함으로 진정성의 가치를 지킨다.

(4) 협동(Co-operation)

협동은 공동체 안에서 우리가 한 몸이라는 의식에서 나온다. 죠이에서는 협동이라는 것을 자기가 소속된 부서와 상관없이 필요가 있으면 함께 돕는다는 의미로 이해한다. 죠이 펠로우십에서는 자기가 맡은 부서의 일을 충실하게 감당한다. 하지만 자기 일이 끝났다고 해서 다른 사람들이 열심히 일할 때 손을 놓는 사람은 없다. 죠이 사역의 목표는 한 부서의 일을 끝내는 것이 아니라 전체의 과제를 끝내는 것이기 때문이다.

(5) 탁월함(Excellence)

탁월함이란 우리의 사역을 대충하는 것이 아니라 다른 사람이 벤치마킹하고 싶어 할 정도로 최선을 다하는 것을 의미한다. 일반적으로 사람들은 대학생들이 하는 사역이 얼마나 대단할까 하고 생각할지 모르지만 죠이 멤버들은 진정한 의미에서 최선을 다한다. 그리고 그 결과는 주위 사람들을 놀라게 한다.

(6) 근면(Diligence)

근면이란 부지런하며, 게으름을 피우지 않는다는 뜻이다. 죠이 펠로우십에서 멤버들은 적당하게 사역하면서 만족하지 않고 독서와 나눔을 통해 끊임없이 노력한다. 죠이 안에 게으른 사람이 머물 곳은 없다.

죠이 펠로우십에서는 작년에 하던 사역을 올해도 동일하게 한다면 그것은 퇴보로 여긴다. 죠이에서는 매해 뭐든지 달라져야 한다. 모든 시도가 언제나 성공하는 것은 아니다. 실패도 많이 한다. 하지만 우리는 실패를 두려워하지도 않고 부끄러워하지도 않는다. 오히려 동일한 사역을 하는 것을 두려워하고 부끄러워한다. 죠이 안에 있는 모든 사람은 안전지대(comfort zone)에 머물지 않는다.

(7) 자기 절제(Discipline)

자기 절제를 'Discipline'이라고만 썼지만 엄밀하게 말하면 'self-discipline'이라고 쓰는 것이 맞다. 이것은 좋은 습관을 위해 노력하는 것을 말한다. 많은 사람이 결심은 잘하지만 그 결심을 오래 지속하는 것은 매우 어려워한다. 이것은 누구나 알고 있는 사실이다. 죠이에서 자기 절제는 특별히 경건에 속하는 연습으로 여겨진다.

죠이 펠로우십에서는 시간 약속을 잘 지키는 것을 매우 중요하게 생각한다. 죠이에 처음 참석한 사람들에게 죠이에 와서 어떤 것이 가장 마음에 들었느냐고 물으면 대부분은 모든 프로그램이 시작하는 시간과 끝나는 시간이 '온 타임'(on-time)이라는 점을 언급한다.

리더십 빌드업, 프로젝트 티모티

인도네시아 죠이 펠로우십의 일곱 가지 핵심 가치는 처음부터 한 사람이 정해 준 것이 아니라 죠이가 발전하면서 공동체의 필요에 따라 점점 발전하여 정해진 것이다. 누구든 죠이의 멤버가 되고자 하는 사람은 반드시 죠이의 일곱 가지 가치가 의미하는 바를 구체적으로 이해하고 서명해야만 한다.

죠이 펠로우십이 추구하는 일곱 가지 핵심 가치는 족자의 대학생들의 일상적인 삶의 방식과는 꽤 거리가 먼 것들이었다. 따라서 죠이에 처음 온 대학생들에게 이런 가치를 실천하며 살라고 하는 것은 커다란 도전이었다. 하지만 죠이에서 학생들은 자신들이 그동안 익숙하게 살아왔던 삶을 과감하게 바꾸는 변혁을 경험했다. 이러한 것들 때문에 오히려 죠이에 매력을 느끼는 학생도 많다.

핵심 가치를 정하는 데 필요한 팁

(1) 조직이나 팀에 꼭 필요한 가치만 선정한다

공동체의 구성원들에게 의미 없는 핵심 가치는 아무리 좋아 보여도 소용이 없다. 옛날 학교 교실 앞 벽에는 좋은 가치들이 액자로 걸려 있었다. 예를 들면, 성실, 근면, 협동, 정직 등이다. 물론 학생으로 성실하면 좋고, 근면하면 좋고, 협동하면 좋고, 정직하면 좋다. 하지만 그런 슬로건이 없다고 해서 뭐가 달라지는가. 그런 교훈이나 학훈이 나와 무슨 상관이 있는지 모르겠다면 아무런 쓸모가 없다. 따라서 핵심 가치는 있을 때와 없을 때 상황이 크게 달라지는 것이어야 한다.

즉 조직이나 팀에 큰 영향을 끼치는 것이어야 한다. 그런 면에서 어떤 조직의 가치가 좋아 보여서 무조건 따라하는 것을 지양해야 한다.

(2) 너무 많지 않아야 한다

앞에서 국제 OMF의 일곱 가지 핵심 가치와 인도네시아 죠이 펠로우십의 일곱 가지 핵심 가치에 대해서 이야기했다. 우연히 두 기관이 모두 핵심 가치를 일곱 가지로 정하고 있지만, 많은 기관에서는 일곱 가지 이하의 핵심 가치를 두는 경우가 많다. 예를 들어, 우리가 알 만한 글로벌 기업들의 핵심 가치는 다음과 같다.

> 디즈니: 상상력, 창의성, 재미
> 애플: 단순함, 디자인, 품질
> 삼성: 안전 제일, 최고 지향, 변화 선도, 정도 경영, 상생 추구
> 듀폰: 안전과 보건, 윤리 준수, 직원 존중, 환경 보호

아마도 많은 이가 이 기업들에 대해서 이미 알고 있고, 그 기업들이 가지고 있는 핵심 가치들이 기업과 어떻게 연관되는지를 쉽게 이해할 수 있을 것이다.

(3) 의미를 구체화할 수 있어야 한다

어떤 가치들은 그 공동체나 조직이 직면하고 있는 특수성에서 나오기 때문에 빨리 이해되지 않거나, 우리가 생각하는 것과 조금 다른 의

리더십 빌드업, 프로젝트 티모티

미를 가질 수도 있다.

조직의 구성원들은 자기 조직이나 팀에서 말하는 가치가 구체적으로 무엇을 의미하는지를 명확하게 이해하고 외부 사람들에게 설명할 수 있어야 한다. 예를 들어, 국제 OMF의 하나님에 대한 믿음은 기도에 대한 강조로 나타나고, 인도네시아 죠이 펠로우십의 자기 절제는 시간 지키기라는 구체적인 행동으로 표현될 수 있어야 한다.

(4) 실천하는지 모니터링해야 한다

핵심 가치가 구호에만 그친다면 아무런 소용이 없다. 핵심 가치는 모든 구성원이 실천해야만 의미가 있다. 따라서 리더는 핵심 가치가 지켜지고 있는지에 대해서 계속 모니터링하고, 만약 핵심 가치를 어기는 개인이나 부서에는 경고나 견책 등의 페널티를 줄 수도 있다.

ch. 8
전략

전략이란, 어떤 목표에 도달하고 최적의 성과를 얻기 위한 방법을 뜻한다. 예를 들어, 물건을 팔기 위해 시장에 무작정 나간다면 최적의 성과를 올리지 못할 것이다. 일반적으로 물건을 파는 것은 마케팅 전략에 의해 크게 좌우된다. 옷 가게를 한다고 할 때 모든 세대를 대상으로 옷을 판매하는 것이 아니라 어떤 세대에 초점을 맞추어 홍보할 것인가를 생각해 보는 것이 전략이다.

전략의 성립 요소

전략을 생각할 때는 목표와 제약 조건을 고려해야 한다. 만약 아무런 제약 조건이 없다면 굳이 목표에 이르기 위해 전략을 짤 필요가 없다. 예를 들어, 언제든 부산에 도착하면 된다고 하면, 몇 시간이 걸리든 며칠이 걸리든 아무런 문제가 없으니 전략을 따로 짤 필요가 없다. 하지만 만약 우리에게 24시간 안에 부산역에 도착하되, 가장 적은 비용

리더십 빌드업, 프로젝트 티모티

을 들여야 한다는 제약 조건이 붙는다면 우리는 여러 가지 대안 중 가장 효과적인 방법을 찾을 것이다. 바로 이것을 '전략'이라고 부른다. 전략이 성립되기 위해서는 세 가지 요소가 필요하다.

첫째는 명확한 목표다. 팀이나 조직이 달성하고자 하는 것이 목표다. 이것은 정량적일 수도 있고, 정성적일 수도 있다. 목표가 분명하지 않다면 전략도 분명할 수 없다. 예를 들어, 우리가 부산에 갈지, 여수에 갈지가 분명하지 않다면 어떻게 대안을 생각하고 비교할 수 있겠는가.

둘째는 제약 조건이다. 제약 조건은 인적, 시간적, 재정적, 물리적으로 한계가 주어지는 상황을 말한다. 즉 주어진 자원에 대한 한계이다. 설령 소유하고 있는 자원이 충분하다고 해도 자원을 효율적으로 사용하는 것이나, 효과적으로 목표를 달성하기 위해서 자원을 제한적으로 사용하는 것은 은연중에 제약을 인정하는 것이다.

셋째는 대안이다. 대안이란 목표에 도달하기 위해 생각할 수 있는 가능한 한 여러 경우의 수를 말한다. 좋은 전략을 세우기 위해서는 대안이 많아야 한다. 대안은 창의적일수록 좋다. 대안 마련을 위해서는 브레인스토밍 같은 아이디어 회의가 필요하다. 그 후에 현실적인 대안으로 좁혀 가는 것이 필요하다.

전략이 가장 필요한 곳은 전쟁터이다. 전쟁터에서의 목표는 분명하다. 적을 무찔러 승리하는 것이다. 전쟁이야말로 제약 조건이 많은 곳이다. 아군과 적군의 수, 병참, 기상 조건 등 많은 변수가 고려되어야 한다. 그리고 이런 것들이 어우러져서 여러 대안을 만들어 낸다.

고려 시대 거란 전쟁은 3차에 걸쳐 일어났다. 첫 번째 전쟁에서는 서희라는 훌륭한 지략가의 외교로 거란군을 퇴각시켰다. 두 번째 전쟁은 왕이 나주로 피난을 가고 예의를 갖추어 거란을 섬기겠노라고 절충함으로 해결했다. 세 번째 전쟁은 강감찬 장군의 전략에 의해 완전한 승리를 거두었다.

강감찬 장군은 거란군의 침입을 대비하여 작은 강의 상류에 가죽으로 댐을 만들어 두었다가 거란 군사가 강으로 들어오는 것을 보고 댐을 터뜨려 혼란스럽게 했다. 그 후 개성에서 옹성을 쌓아 지키다가 퇴각하는 거란군을 쫓아가 십만 대군을 거의 전멸시키는 승리를 거두게 된다. 고려군의 승리는 모두 강감찬 장군의 지략에 의한 것이었다 해도 과언이 아니다.

예수님의 전략

그동안 예수님의 리더십 훈련 프로그램, 그리고 전략에 대한 많은 연구가 있어 왔다. 수년간 가장 잘 알려진 연구 중 하나가 바로 로버트 콜먼(Robert Coleman)의 "복음화 계획"이다. 콜먼에 의하면 예수님은 세계 복음화를 위해 소수의 제자를 훈련시키는 전략을 가지고 계셨다. 로버트 콜먼은 예수님의 전략을 '선발', '연합', '증거', '위임', '감독', '재생산'의 여섯 가지 단어로 요약하고 있다.

리더십 빌드업, 프로젝트 티모티

(1) 소수의 사람을 선발하심

예수님의 전략은 자신을 따르는 수많은 군중에게 설교를 하거나 병자들을 낫게 하여 사람을 모으는 것이 아니었다. 예수님의 전략은 자신이 하나님에게로 돌아가시고 난 이후의 사역을 담당할 수 있는 사람들을 찾는 것이었다. 예수님이 택하신 사람들은 특별한 사람들이 아니었다. 대부분은 직업을 가진 평범한 사람들이었다. 예수님은 열두 명의 제자를 선발하신 후 소수에 집중하시며 재생산하는 전략을 추구하셨다.

(2) 제자들과 연합하심

예수님은 선발된 열두 명의 제자에게 예수님의 원리를 따르게 하셨다. 이것이 바로 예수님의 제자 훈련의 핵심이다. 예수님의 제자 훈련은 그저 제자들이 그분을 따르게 하는 것이었다. "그분과 함께"하는 제자 훈련은 단순하고 격식이 없었다. 예수님은 어떠한 공식적인 훈련이나 신학 등을 강좌 형태로 가르치지 않으셨다. 예수님은 제자들에게 함께 지내며 지식보다 강력한 메시지를 전달하셨다. 특별히 십자가 고난은 제자들에게 친히 보여 주신 가장 강력한 메시지였다.

(3) 친히 증거를 보여 주심

예수님은 제자들에게 몸소 행하심으로 제자들을 교육하셨다. 예수님은 제자들이 배우길 바라셨던 모든 것을 제자들과 함께 행하셨다. 예수님이 제자들에게 기도의 교훈을 알려 주실 때, 말로만 가르치시기보다 친히 기도하는 모습을 보여 주셨다. 예수님은 제자들과 이야기하실 때 항상 성경을 인용하시는 것으로 성경을 공부하라는 가르침을 주셨다. 예수님은 제자들 앞에서 사람들에게 복음을 전함으로 전도하는 법을 가르쳐 주셨다. 제자들에게는 예수님과 함께하는 모든 시간이 수업이었다.

(4) 적절한 때에 위임하심

예수님이 제자들을 처음 부르셨을 때에도 세상에 나가 복음을 전하는 것에 대해 직접적으로 말씀하지 않으셨다. 다만 요한복음 9장에 나오는, 태어날 때부터 시각 장애인이었던 사람을 고치시면서 이런 일을 우리가 할 것이라는 말로 시사하신 적은 있다. 제자들은 이런 예수님을 상당 기간 동안 지켜 보아야만 했다. 그러나 때가 이르렀을 때 예수님은 그들의 역량을 시험하기 위해서 얼마 동안 그들을 마을로 보내셨다.

(5) 제자들의 사역을 감독하심

예수님은 복음을 전하기 위해 제자들을 마을로 보내신 후, 그들의 사역에 대한 보고를 듣고 제자들에게 필요한 피드백을 주셨다. 이처럼 예수님은 제자들에게 과제를 주시고 그 가르침을 따르는 제자들에게 피드백을 주시는 것을 반복하셨다. 예수님의 제자 훈련은 일방적인 가르침이 아니었다. 제자들로 하여금 지속적으로 복습하고 적용하고 피드백을 받게 하는 과정이었다.

리더십 빌드업, 프로젝트 티모티

(6) 사역의 재생산의 토대를 마련하심

예수님의 계획은 세계 복음화였지만 그 계획을 혼자 달성하는 것이 아니라 이름 없는 열두 명의 제자를 통해서 이루시는 것이었다. 이 계획의 성취는 전적으로 재생산해 내는 제자와, 제자들에게 재생산을 가르치는 것에 달려 있다고 해도 과언이 아니다. 그래서 예수님은 제자들에게 가서 제자 삼고, 세례를 베풀고 그분이 명령하신 모든 것을 가르쳐 지키게 하라는 위임령을 내리셨다. 예수님은 자신이 하는 것을 보여 주시고 다른 사람들로 하여금 같은 일을 하도록, 즉 그분의 사역을 재생산할 수 있게 하셨다.

사도 바울의 전략

사도행전을 살펴보면 사도 바울 역시 예수님처럼 전략을 가지고 있었다. 아마도 그는 안디옥이 당시 레반트 지역의 거점 도시였지만 이미 안디옥 교회를 통해 주변에 복음이 전해지는 것을 고려하여 그 다음 지역으로 아시아의 중심 도시인 에베소에서의 사역을 생각하고 있던 것으로 보인다.

(1) 전략의 변경

하지만 사도행전 16장 초반에 성령께서 그가 아시아에서 사역하는 것을 막으셨다는 기록이 있다. 이때의 아시아는 당시 튀르키예가 속한 아나톨리아 반도 서부를 말하는 것으로 현재는 소아시아로 불리는 지역이다. 그 당시 아시아의 중심이었던 에베소는 알렉산드리아, 안디옥을 포함하여 로마 제국 동쪽에 있는 3대 도시 중 하나로, 예술, 종교, 상업의 중심지이기도 했다.

사도 바울이 아시아에서 복음을 전하는 것을 성령이 막으신다고 생각했을 때 그는 무척 당황했을 것이 분명하다. 하지만 마게도냐 사람이 오라고 하는 환상을 보고 생각하지 못했던 유럽으로 건너가 사역을 하게 되었다. 유럽은 아시아와는 완전히 다른 상황이었다. 사도행전에 아시아라고 표기된 소아시아는 주전 330년 알렉시드로스 대왕에 의해 침공당하기 이전에는 페르시아 땅이었고, 비교적 많은 유대인 디아스포라가 있던 곳이다. 하지만 유럽, 그중에서도 마게도냐와 아가야는 헬라 문화의 심장이었으며, 소아시아의 유대 친화적 환경과는 몹시 다른 상황이었다.

(2) 소원하던 전략지

바울은 사도행전 18장에서 잠시 아시아의 중심인 에베소를 들렀을 때 그곳 사람들에게 하나님의 뜻이면 반드시 다시 오겠다고 말했다. 그리고 19장에서 사도 바울은 오랫동안 꿈꾸던 에베소에서 사역을 하게 된다. 에베소 사역은 사도 바울의 사역 기간 가운데 최장 기간 사역한 점을 제외하고서라도 놀라운 사역의 결과를 얻은 곳이기도 하다.

바울은 전략적으로 에베소를 중심으로 소아시아의 많은 도시에 그의 제자들을 보냈다. 에베소에서 사도 바울이 한 사역은 예수님이 소

리더십 빌드업, 프로젝트 티모티

수의 제자를 불러 제자로 훈련하고 그들을 파송하여 재생산한 모델을 그대로 따랐다. 가장 대표적인 것은 에베소에 있는 두란노 서원에서 열두 명의 제자를 가르치고 훈련했다는 점이다. 사도 바울의 가르침도 지식을 전해 주는 것에 그치지 않았다. 두란노의 제자들은 아시아 전역을 다니며 복음을 전하고 교회를 세웠다.

사도행전은 그 사실을 이렇게 기록하고 있다.

> 두 해 동안 이같이 하니 아시아에 사는 자는 유대인이나 헬라인이나 다 주의 말씀을 듣더라(행 19:10).

(3) 독특한 전략

사도 바울은 그 후 로마, 그리고 당시 세계의 끝이라고 여기던 서바나까지 가기를 희망했다. 그에게는 땅끝까지 이르러 복음을 전하기 위한 전략이 분명했다.

그는 이를 이루기 위해서 매우 기발한 전략을 택한다. 그것은 팔레스타인 지역에서 받게 될 재판을 로마 가이사의 법정에서 받게 해달라고 상소함으로 군대의 호송을 받아 로마로 가는 것이다. 그리고 그곳에서 재판을 받는 피고의 몸이었지만 자기 셋집에 오는 모든 사람에게 복음을 전하였다.

> 바울이 온 이태를 자기 셋집에 머물면서 자기에게 오는 사람을 다 영접하고 하나님의 나라를 전파하며 주 예수 그리스도에 관한 모든

것을 담대하게 거침없이 가르치더라(행 28:30, 31).

한국 OMF의 동원 전략

동원 사역자로서 동원 사역을 위한 전략을 두고 고민한 적이 있다. 2001년 인도네시아에서의 학생 사역을 마무리하고 한국으로 돌아와 대표를 할 당시 한국 교회들에 OMF를 알리는 일은 쉽지 않았다. 한국 OMF는 1980년부터 선교사를 동아시아에 파송하기 시작한 국제 파송 단체다. 뿐만 아니라 이미 1969년부터 영국, 미국 등에서 OMF 선교사들이 한국에 와서 한국 교회들과 좋은 관계를 맺고 있었다. 예를 들어 데니스 레인이라는 영국 선교사는 이미 1980년대에 강해 설교 세미나를 통해서 OMF를 한국 교회에 알리는 데에 크게 공헌했다.

하지만 한국 OMF가 20년간 쌓아 두었던 명성을 갉아먹는 일이 1990년부터 2000년까지 10년 사이에 여러 번 일어났다. 그러는 동안에 후발 선교 단체들이 선전하고 있었다. OMF와 비슷한 이름을 가진 선교 단체는 아는데 정작 OMF는 어떤 단체인지 잘 모른다는 사람이 많았다.

(1) 도서를 통한 전략

한국에서 OMF를 알리기 위한 전략을 생각하던 중 OMF가 가지고 있는 유산에 착안하게 되었다. 허드슨 테일러의 고손자인 제이미 테일러는 OMF 안에 좋은 책들이 천 권이나 된다고 내게 말해 주었다.

리더십 빌드업, 프로젝트 티모티

우선 그가 추천한 몇 권의 책을 사서 읽어 보았다. 그 책들이 가지고 있는 가치들은 헤아리기 어려울 정도로 대단했다. 그래서 이 책들을 번역해서 출간하기로 했다.

(2) 패밀리 멤버 제도

문제는 어떻게 사람들의 손에 책이 들어가게 할 것이냐였다. 책을 만드는 것이 어렵다고 생각할지 모르지만 오늘날에는 책을 판매하는 일도 그에 못지 않게 어려운 일이다. 2000년대에 들어서면서 사람들은 책보다 미디어에 많은 관심을 보였고, 2000년대 후반부터는 스마트폰이 보급되면서 책에 대한 관심이 더 떨어졌다. 거기에다가 기독교 서적에 대한 관심은 적었고, 그중에서도 선교 도서에 관한 관심은 더 적어진 상황이었다.

만약 책을 만들어 일반 서점이나 기독 서점을 통해 보급한다면 성공하지 못할 것이 불을 보듯 뻔한 상황이었다. 그러다가 패밀리 멤버 제도에 생각이 미쳤다. 한 사람이 만약 매달 5천 원씩 낸다면 두 달에 한 번씩 책을 만들어 보낼 수 있겠다는 생각을 했다. 그러면 추가로 비용을 들이지 않고 패밀리 멤버들이 후원하는 자금으로 책을 만들고 그 책을 패밀리 멤버들에게 보낼 수 있기 때문이다.

마침 PSP 강의나, 각 교회가 진행하는 선교 학교에서 강사로 초청받는 기회가 많아졌다. 이런 기회를 놓치지 않고 OMF가 기독교 출판사와 협력하여 출간한 책을 소개하고, 또 이런 책을 정기적으로 받아 볼 수 있는 패밀리 멤버 제도를 소개했다. 사람들의 반응이 좋았다. 초창기에는 매년 평균 500명씩 패밀리 멤버가 증가했다.

이미 한국 OMF는 패밀리 제도를 통해 90권 이상의 선교 도서를 보급했다. 2024년 현재 패밀리 멤버의 수는 4,500명이 넘는다. 이들 중 많은 이가 한 구좌 5천 원을 OMF에 보내고 좋은 책을 받는 것이 몹시 좋은 일이라며 후원 구좌를 늘리기도 했다. 감사한 것은 책을 보급하는 것을 목적으로 했지만 패밀리 멤버 제도를 통해 OMF에 상당한 재정적 도움이 된 것이다.

SWOT 분석

한국 OMF 동원 전략에서 우리가 가지고 있는 장점과 기회가 무엇인지 아는 것은 중요하다. 또한 우리가 가지고 있는 약점과 외부로부터 오는 위협이 무엇인지를 아는 것도 매우 중요하다. 이러한 분석 기법을 네 개의 단어, 즉 '강점'(strength), '약점'(weakness), '기회'(opportunity), '위협'(threat)의 앞 글자를 따서 'SWOT' 분석이라 부른다.

이 기법은 한 조직이 지니고 있는 강점과 약점, 환경적 기회와 위기를 열거하여 효과적인 전략을 수립하기 위한 분석 방법이다.

(1) 동원 전략의 SWOT분석
앞에서 언급한 한국 OMF의 동원 전략을 이 SWOT 분석법으로 설명하면 다음과 같다.

리더십 빌드업, 프로젝트 티모티

내부	강점	약점
	160년의 역사 속에 선교사들이 남겨 놓은 훌륭한 유산인 천 권의 책	내부적인 어려움으로 잃어 버린 명성 동원 사역의 기회가 없음
외부	기회	위협
	교회에서 초청받아 강의와 설교를 할 기회들	기독 서적, 특히 선교 관련 서적에 대한 관심의 저하

SWOT의 네 가지 요소는 일단 외부적 요인과 내부적 요인으로 나 뉜다. 조직의 내외부를 구분하는 기준은 조직이 통제할 수 있는 요인 인가 아닌가로 구분한다. 통제할 수 있으면 내부적 요인이고, 통제할 수 없으면 외부적 요인이다. 예를 들어, 기업으로 생각할 때 기후 변 화, 재난, 국제 정세 등은 외부적 요인이다. 반대로 인사 정책, 기술 개발 등은 내부적 요인이다.

(2) 내부적 요인

• **강점**(Strength)

조직의 내부 역량에 의해 조직에 유리한 상황을 강점이라 한다. 어 떤 기업이 혁신을 강조한다면 이는 기업의 강점이다. 예를 들어, OMF의 경우 160년의 역사와 선배들이 남겨 준 책이라는 유산을 가지고 있다는 것은 큰 강점이다.

• **약점**(Weakness)

조직의 내부 원인에 의해 조직에게 불리한 상황을 약점이라 한다.

예를 들어, 기업이 수익을 올리는 데 있어 생산 원가, 공장 위치, 생산 과정 등의 불리 등을 약점이라 할 수 있다. 한국 OMF의 경우는 동원 사역을 할 재정과 인력이 부족했고, 내부 사정으로 인해 그동안의 명성을 갉아먹었다는 것이 약점이었다.

(3) 외부적 요인

- **기회**(Opportunity)

조직의 외부 요인에 의해 조직에게 유리한 상황이 만들어지는 것을 기회라 한다. 예를 들어, 광우병 논란으로 쇠고기에 대한 전 국민의 감정이 좋지 않게 되었을 때에는 대체재인 돼지고기, 닭고기를 취급하는 업체들에게 좋은 기회가 되었다. 한국 OMF의 경우에도 교회들마다 선교 학교가 생기고 단기 선교 여행을 위한 훈련을 위해 강사로 초청되는 기회가 많아진 것은 책을 소개하고 패밀리 멤버를 소개할 수 있는 절호의 기회가 되었다.

- **위협**(Threat)

조직의 외부 요인에 의해 조직에 불리한 상황이 만들어지는 것을 위협이라 한다. 예를 들어, 광우병 논란으로 쇠고기를 취급하던 패스트푸드 업체들은 매출 감소를 걱정해야만 했다. 저출산 고령화는 산부인과 의사, 유치원 원장, 장난감 제조사들에는 심각한 위협이 된다. 한국 OMF의 경우는 선교 도서에 대한 관심이 적어지는 것이 위협이다.

하지만 이런 상황에서 패밀리 멤버 제도를 통해 OMF가 가지고 있는 내부적 자원을 극대화하고 교회들이 선교 학교를 개설해서 강사로 초청하는 것을 기회로 삼았다. 또는 선교 도서에 대한 무관심을 패밀리 제도라는 전략을 통해서 극복했다.

전략적 계획 수립

SWOT 분석을 가지고 전략적 계획을 수립하기 위해서 두 가지 요소를 점검해야 한다.

(1) 핵심 결과 영역(Key Result Areas)

핵심 결과 영역은 비전의 구성 요소나 성취해야 할 중요한 측면이 무엇인지 알려 준다. 앞에서 비전을 우리가 하는 과업을 통해서 어떤 일이 일어나는지를 그림처럼 보여 주는 것이라고 정의했다. 핵심 결과 영역은 비전을 조금 더 구체적으로 그려 보는 것이다.

핵심 결과 영역은 비전이 성취되었을 때 일어나는 결과의 다양한 카테고리를 밝힌다. 따라서 핵심 결과 영역은 비전이 성취되었을 때 어떤 분야에서 결과들이 나타날 것인가를 예상해 보는 것이다.

핵심 결과 영역은 비전을 완수하기 위해 개발해야 할 영역이 무엇인지 보여 준다. 비전의 완수를 위해 조직이나 팀이 준비하고 개발해야 할 것에 대한 목록을 생각할 수 있다. 그렇다고 해서 핵심 결과 영역의 목록은 지나치게 세부적이어서는 안 되고 어느 정도 포괄적이어야 한다.

선교지에서 일어나는 교회 개척 운동의 예를 가지고 핵심 결과 영역을 생각해 보자.

- 우리는 새로운 신자들의 토착적인(indigenous) 공동체가 세워지는 것을 보게 될 것이다.
- 우리는 현지(local) 지도자들을 보게 될 것이다.
- 우리는 상황화된(contextualized) 예배를 보게 될 것이다.
- 우리는 현지 교회가 스스로 교회 개척을 하는 것을 보게 될 것이다.
- 그리고 우리는 선교지에서 철수(exit)할 것이다.

이런 핵심 결과 영역들은 생각만 해도 우리 가슴을 뛰게 한다.

(2) 결정적 성공 요인(Critical Success Factors)

결정적 성공 요인은 사명을 성취하는 데 필수적인 비목표적 요소들을 말한다. 일반적으로 결정적 성공 요인은 비전으로 바로 이어지지는 않는다.

결정적 성공 요인들은 "결과"보다는 "수단"을 제시한다. 결정적 성공 요인들은 전략의 큰 범주로 간주해도 될 것이다. 그렇다고 해서 결정적 성공 요인이 목표로 대체될 수는 없다.

다음 글은 「퍼스펙티브스」(예수전도단)에 실려 있는 브라이언 호건의 "멀리서 들리는 천둥소리"라는 글에서 요약한, 몽골에서 진행된 교회 개척 이야기다. 이 이야기는 성공적인 교회 개척의 모델이라고 할 수 있다.

1990년 몽골이 소비에트 연방에서 독립한 후, 스웨덴인 부부 매그너스와 마리아를 포함한 국제 팀이 몽골의 에르데네트에서 사역을 시작했다. 초기에는 어린 소녀 열네 명으로 모임이 시작되었고, 두 명의 젊은 몽골 남자가 교회에 오면서 교회는 점점 성장했다.

사역이 진행되면서 선교사들은 "유르텅칭 에젱"(Yertontsiin Ezen)이라는 용어로 하나님을 소개했으나, 몽골인 장로들은 전통적으로 사용하던 "보르항"(Borkhan)이라는 단어를 사용하기로 결정했다. 이 변화는 몽골인들이 복음을 더 쉽게 받아들이게 하는 계기가 되었다.

팀은 가능한 한 초기부터 교회 운영의 모든 면을 몽골 현지 리더들이 결정하도록 지원했으며, 모든 사역 방식을 현지인들이 쉽게 따라할 수 있도록 했다. 예를 들어, 침례는 욕조에서 하고 찬송은 외국 것을 사용하지 않았다. 또한 교회 안의 문제 해결도 현지 지도자들이 성경을 연구하여 해법을 찾도록 했다.

예배 형식도 몽골인들이 아는 드라마와 간증을 포함한 형태로 진행하도록 했다. 드라마 팀은 성경 이야기와 몽골인의 일상생활을 소재로 촌극과 연극, 뮤지컬을 제작했다. 몽골인의 곡조로 만들어진 찬양을 예배 때 불렀다.

선교사들은 교회의 배가 운동을 강조하며, 교회는 하나님의 살아 있는 유기체로서 딸 교회와 손녀 교회를 개척해야 한다고 가르쳤다.

몽골 지도자들은 외국 후원금을 정중히 거절하고, 지역 헌금으로 교회의 필요를 충족시켰다.

교회가 세워진 지 2년이 되는 해에 장로들은 팀을 보내 60킬로미터 떨어진 마을에 딸 교회를 개척했다. 이 딸 교회 지도자들은 더 먼 지역에 손녀 교회를 세우기 시작했다.

에르데네트에서 팀 사역이 시작된 지 3년 만에 선교사들은 목표가 달성되었다고 판단하고 철수를 계획했다. 리더십을 이양한다는 의미로 예배에서 몽골 현지인들에게 바통을 넘겨 주며 작별 인사를 했다.

몽골의 교회 개척 운동이 성공할 수 있었던 결정적 요인들을 찾는다면 다음과 같다.

• 현지인들에게 익숙한 곡을 찾아 찬양을 부르게 한다

선교사들은 현지인들에게 서구의 곡조로 된 찬양을 의도적으로 가르쳐 주지 않았다. 현지 교회 지도자들에게 자신들이 알고 있는 곡에 가사를 붙여 부르도록 권했다.

• 믿을 만한 현지 지도자를 개발한다

선교 사역의 성공은 현지인들에게 사역을 이양하고 사역지를 떠나는 것이다. 그러기 위해서는 사역의 초기부터 믿을 만한 현지 지도자를 선발하고 훈련하고 적절한 시기에 사역의 총괄 책임자로 세워야 한다.

리더십 빌드업, 프로젝트 티모티

- **선교사에 대한 현지 교회의 의존성을 줄인다**

  선교사가 사역지를 현지인에게 이양하고 떠나기 위해서는 초기부터 재정, 관리 운영, 전도 등 많은 분야에서 선교사에 대한 현지 교회들의 의존성을 줄여야 한다.

- **하나님의 이름을 토착신의 이름으로 부르기로 했다**

  선교사들은 혼합주의를 두려워하여 '하늘의 주인'이라는 의미를 가진 "유르텅칭 에젱"(Yertontsiin Ezen)이라는 용어로 하나님을 소개했으나, 몽골인 장로들은 전통적으로 사용하던 "보르항"(Borkhan)이라는 단어를 사용하기로 했다. 이런 토착화는 몽골인들이 복음을 더쉽게 받아들이는 계기가 되었다.

  이제까지 살펴본 비전, 사명, 가치와 전략을 SWOT 분석과 함께하나의 도식으로 표시하면 180쪽 그림과 같다.

  사명을 이루기 위해서는 핵심 결과 영역으로 나아가기 위한 노력을 해야 한다. 이를 위해서 조직 안에서는 결정적인 성공 요소들을 찾아 내어 이들을 집중적으로 공략해야 한다. 그렇다고 해서 지나친 기대와 목표 설정은 조직원들에게 좌절감만을 주게 되어 도리어 해가될 수 있다. 가장 바람직한 것은 앞에서 언급한 조직의 SWOT 분석을 통해 도달 가능한 도전적인 목표를 세우는 것이다. 이런 목표는 대부분 단기 목표가 될 것이다.

  만약 조직의 구성원이 일단 성취감을 얻으면 조금 더 장기적이고

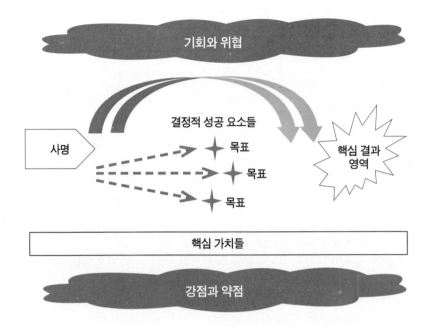

도전적인 목표를 세울 수 있다. 리더는 이런 단기적인 목표들이 장기적인 사명을 달성하는 방향으로 가는지를 계속 확인해야 한다. 만약 단기적으로는 매우 중요한 성취를 했다고 해도 그 성취가 조직이 꿈꾸는 비전이나 사명과 거리가 멀다면 수정과 변경을 주저하지 않아야 한다. 하지만 그 성취가 만족스럽지 않다고 해도 제대로 된 방향으로 가고 있다면 칭찬과 격려, 포상을 아끼지 않아야 한다.

이때 핵심 가치는 이러한 노력들이 제대로 작동하는 데 귀중한 동기 부여가 된다. 예를 들어, 통합이라는 핵심 가치를 중요하게 생각하는 조직이라면 조직원들이 개인적으로 성취를 이루는 것보다 협동을 통해 이뤄 낸 성과에 더 만족할 수 있을 것이다.

리더십 빌드업, 프로젝트 티모티

LEADERSHIP
BUILD-UP
PROJECT
TIMOTHY

3부

팀의
리더십

리더가 영향력을 발휘하는 단위는 팀이다. 따라서 팀의 리더십은 모든 리더십의 기초라고 할 수 있다. 하지만 생각보다 팀의 리더십을 발휘하기 쉽지 않은 것은 우리가 팀에 대해서, 그리고 팀을 인도하는 리더십에 대해 제대로 배울 기회가 없었기 때문이다.

케냐에는 "빨리 가려면 혼자 가라, 멀리 가려면 함께 가라"라는 속담이 있다. 이것은 팀 스피릿을 잘 나타내는 말이다.

3부에서는 효과적인 팀이 되는 형성 과정과 팀의 역기능에 대해 알아볼 것이다. 팀의 문제는 무엇이며, 팀원들을 이해하는 리더로서 어떤 리더십을 발휘할지에 대해서도 함께 생각해 보도록 하겠다.

ch. 9
팀의 특성

팀 중심 사역은 많은 선교 단체가 채택하는 전략이며, OMF도 팀 사역을 강조한다. 팀을 통해 사역하는 것은 많은 이점을 가지고 있는데, 그중 하나는 개인의 다양한 재능과 경험이 모여 혼자 할 때보다 큰 효과를 낼 수 있다는 점이다. 또한 팀원들은 서로를 격려하고 지원함으로써 어려운 상황에서도 지속 가능한 사역을 할 수 있다.

"백지장도 맞들면 낫다"라는 한국 속담이나 "빨리 가려면 혼자 가라, 멀리 가려면 함께 가라"라는 케냐 속담 모두 이러한 팀 사역의 중요성을 강조하는 좋은 예다. 이 속담들은 협력을 통해 더 큰 목표를 달성할 수 있다는 인식을 반영하며, 개인적인 노력보다는 공동의 노력이 장기적인 성공으로 이어질 수 있음을 시사한다. 인간은 원시 시대부터 팀에 대한 필요를 느껴 왔다. 동물을 잡을 때나 농사를 지을 때 여럿이서 하면 더욱 효과적이라는 것을 알게 되었다.

'팀'의 개념

팀이란, 특정 결과를 얻기 위해 서로를 필요로 하는 사람들로 구성된 모임이라고 정의할 수 있다. 팀은 반드시 구성원이 협력하여 얻으려는 목표를 가져야 한다.

팀원들은 팀의 목표를 성취하기 위해 자기만의 재능과 기술을 지녀야 한다. 그리고 각 구성원은 팀의 목표를 위해 헌신해야 한다.

기독교 공동체도 이런 팀의 원리가 작동하는 곳이다. 성경에 등장하는 대표적인 팀은 사도행전에 등장하는 바나바와 바울의 선교 사역 팀이다. 처음에 이 팀은 드림팀이라고 할 만큼 훌륭한 팀워크를 이루었다. 하지만 사도행전 15장 끝에는 두 사람이 심히 다투고 갈라지면서 독자들로 하여금 안타까움을 자아냈다.

효율적인 팀은 저절로 생겨나지 않는다. 성공적인 팀은 다양한 단계를 거쳐 형성되며, 끊임없는 훈련과 성장을 필요로 한다. 따라서 팀이 성공하기 위해서는 팀을 만드는 것보다 팀원으로 하여금 수행 목표에 헌신하도록 하는 것이 더욱 중요하다.

이름만 '팀'인 두 경우

일반적으로는 팀이라고 부르지만 실제로는 팀이 아닌 경우도 있다.

리더십 빌드업, 프로젝트 티모디

(1) 네트워크

네트워크는 정보와 자원을 공유하기 위해 비공식적으로 연결된 사람들의 집합을 말한다. 예를 들어, 각 학생 선교 단체들은 사역을 위하여 서로 협력하지만, 그들 사이에 강력한 공동의 목표나 그 목표를 향한 헌신은 존재하지 않는다. 이처럼 유사한 업종의 사람들이 모여 서로 정보를 주고받는 관계를 네트워크라고 한다.

(2) 그룹

그룹은 친교를 위해 만나거나 공동의 관심사가 있어서 관계를 맺는 사람들의 집합을 말한다. 예를 들어, 고등학교 동문들의 모임, 아침마다 운동을 하기 위해서 모이는 사람들의 모임 등이 여기에 속한다.

성공하는 팀의 특징

팀과 유사한 개념으로 네트워크와 그룹을 알게 되면서 팀의 개념이 더욱 명확해졌을 것이라 생각된다. 특히 성공하는 팀이 되려면 다음과 같은 특성을 가져야 한다.

(1) 팀은 서로를 잘 아는, 적은 인원으로 구성한다

팀원들이 서로를 잘 알고, 효과적으로 소통할 수 있는 적정 인원 수는 팀의 성공에 결정적인 요소가 된다. 경험적으로, 팀은 특별한 경우를 제외하고, 보통 열 명을 넘지 않는 것을 추천한다. 일반적으로 작은 팀

일수록 각 구성원이 더 밀접하게 협력하고, 각자의 역할이 더 명확하며, 의사 결정 과정에 더 적극적으로 참여할 수 있는 환경이 조성된다.

적은 인원으로 구성된 팀은 각 구성원이 더 많은 책임을 지게 되는데, 이는 팀원 각자의 성장과 개발에도 긍정적인 영향을 끼친다. 팀원수가 적을수록 서로 간의 신뢰를 구축하고 유지하기가 수월해진다. 이는 팀원들 사이의 강력한 결속력을 형성하는 데 도움이 된다.

반면, 팀의 크기가 너무 커지면 내부에 소그룹이 형성될 가능성이 커지고, 이는 팀 전체의 응집력을 약화시킬 수 있다. 팀 안에 형성된 소그룹 내에서는 소통이 효과적으로 이루어질 수 있지만, 팀 전체의 목표와 방향성을 유지하는 데는 어려움이 생긴다.

(2) 팀원들은 상호 보완하는 기술과 경험이 있다

각 팀원이 자신의 기술과 재능을 활용하여 공통의 목표를 향해 기여한다면 팀 전체의 성과는 개별 구성원의 단순 합보다 커진다. 예를 들어, 한 팀원은 전략적 사고에 강하고, 다른 팀원은 기술적인 문제 해결에 능숙하다면 이렇게 상호 보완적인 역량을 갖춘 팀은 다양한 도전에 효과적으로 대응할 수 있으며, 여러 문제를 해결하는 데 필요한 다양한 관점과 기술을 제공할 수 있다.

이러한 상호 보완적인 팀원 구성은 팀이 복잡한 프로젝트를 수행할 때나 예상치 못한 상황에 빠르고 효과적으로 대응할 때 특히 중요하다. 또한 이러한 다양성은 창의적인 아이디어와 혁신을 촉진하는 데 도움이 된다. 각 팀원이 서로 다른 배경과 시각을 가지고 있기 때

리더십 빌드업, 프로젝트 티모티

문에, 새로운 해결책을 제안하거나 기존 문제에 대해 새로운 접근 방식을 모색할 수 있다.

(3) 팀원들은 팀의 공동 목표를 따른다

팀의 각 구성원이 같은 목표를 공유하고 이를 달성하기 위해 노력할 때, 팀은 더욱 효과적으로 기능하고, 원활한 협력을 통해 높은 성과를 낼 수 있다. 공동 목표를 설정하고 따르는 것은 팀원들이 개인의 이익이나 목표를 넘어서 팀 전체의 성공을 우선시하게 만든다. 이런 과정에서 중요한 것은 모든 팀원이 목표에 대해 명확하게 이해하고, 그 목표에 동의하며, 그 목표를 달성하기 위한 구체적인 행동 계획에 참여하는 것이다.

(4) 팀원들은 목표를 달성하기 위해 헌신한다

팀원들은 목표를 달성하기 위해 힘써 협력해야 한다. 예를 들어, 축구팀을 살펴보자. 수비를 전담하는 선수가 있고, 공격을 전담하는 선수가 있지만 이들의 목표는 수비나 공격이 아니고 한 팀으로 골을 만들어 상대를 이기는 것이다. 따라서 선수들은 각자의 포지션에서 최선을 다하지만 공격할 때는 수비수도 공격에 가담하게 되고 공격수도 수비에 가담해야 한다.

(5) 팀원들은 팀의 결과에 책임을 진다

팀원들은 자신들이 최선을 다해 목표를 이룬 것에 대해 책임을 져야 한다. 훌륭한 팀은 최선을 다해 목표를 달성하는 것뿐 아니라 다음 일을 위해서 평가도 한다. 그렇게 함으로써 더 나은 결과를 가져올 수 있기 때문이다. 이를 위해서 팀원들은 서로 돌보고 격려해야 한다. 물론 여기에는 조언도 필요하고 건설적인 비판도 필요하다.

(6) 팀의 정체성이 분명하다

팀의 정체성이 분명하다는 점은 팀을 성공으로 이끄는 데 중요한 요소이며, 팀원 모두가 공유하는 중요한 특징이다. 이러한 정체성은 팀의 목표, 역할, 가치, 그리고 행동 방식을 명확하게 정의함으로써 강화된다. 팀이 자신들이 누구인지, 어떻게 일할 것인지, 무엇을 할 것인지에 대한 명료한 답을 가질 때, 팀은 효과적으로 통합되고 조화롭게 움직일 수 있다.

나의 팀 사역 경험

한국 선교사들은 팀 사역을 못 한다는 이야기를 여러 번 들은 적이 있다. 개인적으로 사역지에서 팀 사역을 한 적이 있는데, 대부분 실패로 끝나고 말았다. 그래서 프로젝트 티모티 훈련을 받기 전까지는 그 말이 맞다고 생각했다. 하지만 프로젝트 티모티 훈련을 받고 나서 내 생각이 틀렸다는 것을 알게 되었다. 그리고 그 후 팀 사역에서 좋은 결과들을 경험할 수 있었다.

(1) 족자의 대학생 사역

내가 사역했던 인도네시아 족자카르타는 대학생이 많은 도시다. 그곳에는 이미 인도네시아에서 20년을 사역한 베테랑 선배가 있었는데, 그는 에스더(가명)라는 호주 출신의 여성 독신 선교사였다.

선교사 초년생인 나는 여러 면에서 에스더 선교사의 도움을 받았다. 인도네시아 OMF는 넓은 지역을 아우르는 필드여서 족자는 필드 안에 있는 한 지역으로 분류되었다. 에스더는 지역 책임자였으니 공식적으로 내 상관이었다. 그리고 내가 족자에서 사역을 시작한 지 2년 후에 한스(가명)라는 스위스 출신 선교사 가정도 오게 되어, 세 가정이 한 팀이 되었다.

처음부터 나는 이 세 가정은 팀이라고 생각했다. 하지만 시간이 한참 지나고 나서 당시 우리는 팀이기보다는 그룹이라는 사실을 깨닫게 되었다. 세 가정은 이처럼 팀이 무엇이고 그룹이 무엇인지 정의만 분명히 알았어도 극복할 수 있었던 문제를 수많은 시행착오를 겪으며 견뎌 냈다. 이것은 팀 사역에 대한 올바른 지식이 없는 탓이었다.

• 영어 모임의 시작

나는 두따와짜나 대학교에서 회계학을 강의하고 있었고, 에스더는 내가 족자에 오기 전부터 같은 대학교에서 상담학을 가르치고 있었다. 한편 한스는 건축학을 가르치고 있었다. 1992년 9월에 두 명의 대학생이 나를 찾아와 영어를 공부하고 싶다고 해서 우리 집에서 금요일 저녁마다 영어로 진행하는 모임을 시작하게 되었다. 모임에서는 영어로 노래도 배우고, 게임도 하고, 바이블 스터디도 했다.

첫 모임은 미약했다. 매주 다섯 명 이하의 학생들이 한 학기 동안 모임에 참석했다. 어느 날은 모임에 한 명도 오지 않았다. 하지만 두 번째 학기부터 학생이 많이 모이기 시작했고, 회장단과 임원도 생기면서 모임은 활기를 찾기 시작했다. 모임의 이름도 죠이 펠로우십이라고 정했는데, 그것은 한국 죠이선교회의 이름을 따온 것이었다. 한국 죠이선교회는 그 이름을 사용하도록 허락했고, 한국 죠이선교회의 한 지부는 아니지만 같은 정신을 공유하는 해외 사역의 파트너로 우리 모임을 인정해 주었다.

시간이 지나면서 모임에는 대학생들이 늘어났고 그 모임에 자연스럽게 에스더와 한스도 참석하게 되었다. 에스더는 우리가 족자팀이고, 그래서 죠이 펠로우십 사역도 함께한다고 늘 강조했다. 그리고 나도 그런 인식에 별다른 저항이 없었다. 하지만 시간이 지나면서 문제가 생기기 시작했다.

● **가치와 사명의 혼란**

내가 학생들에게 가르치는 가치와 사명이 에스더와 한스가 가지고 있는 것과 매우 달랐다. 이로 인해 학생들이 혼란을 느끼기 시작했다. 예를 들어, 순결의 문제에서 스위스 출신의 한스와 나는 상당히 다른 가치관을 가지고 있었다. 족자라는 도시는 많은 대학생이 부모와 떨어져 혼자 생활하며 성적 유혹에 노출되기 쉬운 환경이었다. 이런 이유로 나는 저학년 학생들에게 일대일 데이트를 자제하

리더십 빌드업, 프로젝트 티모티

도록 권했지만, 한스 부부는 이러한 제안에 동의하지 않았고, 자신들은 중학생 때부터 데이트를 했다며 자신들의 경험을 학생들과 공유했다. 이런 가치관의 차이로 학생들은 혼란스러워 했다.

사역의 진정성에 관해서도 우리 안에 의견 차이가 있었다. 한번은 에스더와 미래의 사역 계획을 논의하던 중, 나는 영어 모임에 오는 학생 중 예수님에 대해 긍정적인 반응을 보인 학생들을 골라서 제자 훈련을 하겠다고 말했다. 나는 에스더가 이 계획을 지지할 것이라 기대했다. 하지만 그녀는 고민하는 듯한 표정을 지으며, 영어를 배우러 온 학생들을 대상으로 전도나 제자 훈련을 하는 것이 학생들을 속이는 것은 아닌지에 대해 의문을 제기했다.

그럼에도 나는 제자 훈련을 시작하기로 결정했다. 하지만 시간이 지날수록 상황은 점점 어려워졌다. 결국 죠이 펠로우십 사역을 에스더와 한스에게 맡기고, 인도네시아어로 진행하는 성경 공부를 위한 새로운 모임을 만들기로 결심했다.

● **필드 디렉터의 조정**

어느 날 자카르타에 있는 필드 사무실에서 필드 디렉터와 대화를 할 기회가 있었다. 자연스럽게 족자 사역에 대해서 이야기를 하게 되었다. 당시 필드 디렉터는 영국 출신의 존이라는 사람이었는데, 존은 서양 사람보다는 차분한 동양 사람 같았다. 그는 내 말을 다 듣고 이렇게 이야기해 주었다.

"창남, 내 생각에는 죠이 펠로우십 사역은 네가 인도하는 것이 더 좋겠어. 그 이유는 죠이 사역은 네가 시작한 사역이고, 무엇보다 너는 학생 사역의 경험도 많고 학생 사역을 어떻게 해야 하는지 아는 것 같아. 두 사람에게는 내가 잘 이야기할게."

그러고 나서 존은 두 사람과 긍정적으로 대화를 하게 되었다. 그후 에스더와 한스는 죠이 펠로우십 사역에서 손을 뗐다. 만약 필드 디렉터인 존의 조정이 없었다면 우리는 팀이라는 굴레 속에서 계속 갈등했을 것이다.

• 복기

바둑을 두고 나면 이기든 지든 자신이 둔 바둑에 대해 서로 평을 하게 된다. 그 과정에서 내가 생각하지 못한 수를 찾아 내기도 하고 상대방이 찾지 못한 수를 알려 주기도 한다. 이를 복기라고 하는데, 이런 복기야말로 바둑 실력을 향상하는 데에 필수적이다.

족자에서 사역할 당시는 무엇이 문제인지 잘 몰랐다. 하지만 2008년 프로젝트 티모티 훈련에 참여하면서 나는 족자의 상황을 떠올리며 복기를 해 보았다. 지금 돌아보면 우리는 진정한 의미의 팀이 아니었다.

만약 우리가 팀이라는 말을 제대로 이해했다면 죠이 펠로우십 사역에 모두 뛰어들지 않았을 것이다. 만약 죠이 펠로우십 사역을 함께 팀으로 하기로 했다면 우리 가운데 사역의 목표, 비전, 가치, 전략 등에 대해 많은 이야기를 나누고 조율하는 시간을 가져야만 했다.

리더십 빌드업, 프로젝트 티모티

(2) 자카르타의 공장 사역 팀

• Y집사님과의 조우

1995년 자카르타에 있는 한인 교회의 초청으로 텐트메이커에 대해
강의를 하게 되었다. 그때 참석했던 Y집사님이 개인적으로 나를
만나 이야기하고 싶다고 요청해서 그 집사님이 일하시는 공장을 찾
아간 적이 있다. 그곳은 자카르타 근교에 있는 봉제 공장이었는데,
무려 5천여 명의 여직공들이 일을 하고 있었으며 대부분은 무슬림
이었다.

Y집사님은 한국에서 잘 알려진 의류 회사에서 일한 경험이 있
어 자카르타 의류 공장에 CEO로 스카우트되어 일하고 계셨다. 그
집사님은 한국을 떠날 때, 출석하던 교회에서 자신을 인도네시아에
평신도 선교사로 파송한다는 목사님의 말씀을 마음에 간직하고 계
셨다. 하지만 정작 자카르타에서 봉제 공장의 CEO로 일하면서 동
시에 평신도 선교사로 사역하는 것은 쉬운 일이 아니라는 것을 깨
닫게 되었다.

Y집사님은 나름대로 노력을 많이 했다. 직공들 가운데 그리스
도인을 여러 명 찾아 내어 일주일에 한 번씩 사장실에 모여 예배를
드렸다. 그리고 주변을 수소문해서 현지 목사님을 초청해 설교도
하게 했다. Y집사님의 목표는 이처럼 그리스도인들을 활성화해서
공장 안에 있는 무슬림들이 복음을 듣게 하는 것이었지만 그런 일
은 일어나지 않았다.

• 상황화 전략 제안

나는 Y집사님의 이야기를 모두 듣고 두 가지를 제안했다. 첫째는 무슬림을 기독교로 개종시키는 것이 아니라 무슬림의 방법으로 우리가 상황화해서 그들에게 그리스도를 전하는 것이다. 두 사역자가 공장 직원으로 일하며 그들에게 접근할 것을 제안했다. 그렇게 하는 것이 집사님에게도 안전하다고 말씀드렸다. 그리고 나는 이 팀의 일원이 되어 자문 역할을 맡기로 했다.

그리고 즉시 두 가지 행동을 취했다. 하나는 반둥에서 무슬림들을 위해 상황화 사역을 하는 선교사를 만나 Y집사님과 무슬림 사역에 관심 있는 몇 분에게 상황화에 대한 강의를 해 달라고 하는 거였다. 그 선교사는 기쁜 마음으로 자카르타에 와서 강의해 주었으며, 그 강의를 통해 우리는 상황화 사역에 대해서 확신을 갖게 되었다.

또 하나의 행동은 한국에 연락해서 Y집사님의 공장에서 무슬림들을 위한 사역을 할 만한 사역자를 찾는 것이었다. 마침 두 가정이 이 일에 함께하기로 했다. 그중 한 사람은 세무 대학 교수 시절에 내게 회계학을 배운 제자였다. 그리고 또 한 사람은 그 제자가 선교 훈련을 받는 동안 알게 된 사역자였다. 이 두 사람이 이 사역에 동참하기로 했고, Y집사님은 자신의 직장에서 그들이 일할 수 있도록 비자를 비롯한 모든 절차를 도와주었다.

그리고 드디어 1996년부터 사역이 시작되었다. 두 사역자는 먼저 반둥에서 인도네시아 언어를 배웠다. 그리고 자카르타로 와서 회사 근처에 집을 얻어 살면서 회사로 출근했다. 우리는 누구도 시

리더십 빌드업, 프로젝트 티모티

도해 보지 않은 이 실험적인 사역에 큰 기대를 가졌다. 하지만 결과
는 우리의 기대처럼 되지 않았다.

• 팀의 문제

두 명의 전임 사역자와 나는 500킬로미터나 떨어진 곳에 있었다.
우리는 긴급한 상황이 발생했을 때 바로 만나 의논하고 결정할 수
없었다. Y집사님과 내 제자와는 그런대로 '라포르'(rapport)가 형성
되어 있었지만 제자의 친구는 나와 라포르 형성이 거의 되어 있지
않은 상태였다. 그 사역자가 내가 기대하는 것과 다른 행동을 했을
때 몹시 당황스럽고 힘들었다. 결국 작은 문제 하나로 우리 팀은 와
해되고 말았다.

우리는 분명한 목표를 가지고 있었고 각자가 공헌할 수 있는 전
문성을 가지고 있었다. 하지만 프로젝트 티모티 훈련을 하면서 팀
워크는 그렇게 순진한 열정만 가지고 시작해서는 안 된다는 것을
알게 되었다.

(3) 실패에서 얻은 교훈

적어도 인도네시아에서 경험한 두 번의 팀 사역은 모두 실패로 끝났
다. 그런 경험을 통해 나는 한국 선교사들은 팀 사역을 못한다는 결론
을 내리게 되었다. 지금 뒤돌아 보니 팀 사역을 하기 전에 미리 준비
해야 하는 부분이 많았다. 당시에 팀 사역은 그저 열정을 가지고 기도
하면 되는 줄 알았다.

한국 선교사들이 팀 사역을 못하는 이유는 우리 안에 팀 사역을 할 수 없는 DNA가 있어서가 아니다. 한국 선교사들이 팀 사역을 못하는 이유를 이렇게 정리하고 싶다.

• 팀 사역에 대해서 배운 것이 없다

만약 우리가 팀 사역에 대해서 제대로 배웠다면 팀 사역을 잘할 수 있을 것이다. 예를 들어, 축구를 생각해 보자. 개인의 축구 기술이 뛰어나다고 해서 그 팀이 승리할 수 있는 것은 아니다. 축구는 그야말로 팀 플레이로 승리할 수 있다. 팀워크는 수많은 훈련을 통해서 이루어진다. 팀 사역도 마찬가지다. 우리가 아무리 개인적으로 사역의 전문성을 가지고 있다고 해도 팀원 간에 가져야 할 팀 스피릿이 없다면 팀 사역은 불가능하다.

• 팀 사역의 경험이 부족하다

어떤 기업의 부서를 하나의 팀이라고 하고 그 부서의 장을 팀장이라고 부른다고 해서 팀이 되는 것은 아니다. 그 부서를 팀이라고 할 때는 앞에서 말한 팀의 요소를 갖추어야 한다. 만약 팀원들 간의 의사가 존중되지 않거나, 자기의 전문성을 발휘하지 못하거나, 팀의 목표에 공헌하는 것에 대한 자부심이 생기지 않는다면, 그 팀은 실패할 것이 뻔하다.

리더십 빌드업, 프로젝트 티모티

• 교회 사역은 팀처럼 보일 뿐이다

우리에게 익숙한 교회 사역은 어떠한가? 많은 교회에서 부교역자들은 담임 목사가 부탁하는 일을 한다. 이런 경우 외부에서는 교역자들이 하나의 팀처럼 보일지 모른다. 하지만 부교역자들이 담임 목사의 지시 사항만을 이행한다면 우리가 앞에서 정의한 팀이라고 할 수 없다.

• 실패에서 배우지 못한다

실패는 성공의 어머니라고 했다. 우리는 성공한 경우에서보다 실패한 경우에서 더 많은 것을 배울 수 있다. 따라서 우리가 많은 실패를 했다면 우리는 더 많은 교훈을 얻을 수 있다. 문제는 과거의 경험을 성찰할 수 있는 능력이 우리에게 있는가 하는 점이다.

나는 한국 선교사들이 팀 사역을 하지 못한다는 프레임에서 벗어날 수 있다고 생각한다. 그러기 위해서는 앞에서 이야기한 것처럼 배워야 한다. 마치 축구 선수들이 개인의 기술만 연마하지 않고 팀워크를 위한 훈련을 하는 것처럼 말이다. 좋은 팀워크로 사역하는 경험을 쌓아야 한다. 사역자들이 팀으로 일하는 것을 경험한다면 그것은 성부와 성자와 성령이 함께하시는 것이 무엇인지를 알게 되는 놀라운 경험이 될 것이다.

팀 사역에 대한 오해

우리는 팀 사역에 대해 다음과 같은 오해를 할 수 있다.

(1) 팀 사역은 훌륭한 인격이나 성령의 힘으로 한다

팀원들의 훌륭한 인격은 성공적인 팀 사역의 바탕이 될 수는 있다. 하지만 인격이 훌륭하다고 해서 팀 사역이 언제나 성공하는 것은 아니다. 우리가 성령을 힘입어 팀 사역을 하는 것은 맞지만 성령께서 역사하시면 무조건 팀 사역이 잘될 것이라는 믿음도 옳은 것은 아니다.

가장 대표적인 예는 사도행전 15장 마지막에 나오는 바나바와 바울의 팀 사역이다. 이들은 참으로 멋진 팀 사역을 보여 주었다. 동양에서는 관포지교(管鮑之交)라 하여 제나라 왕을 모셨던 관중과 포숙의 우정을 노래하고, 서양에서는 다윗과 요나단의 우정을 노래한다. 하지만 나는 바나바와 바울의 우정처럼 귀한 것이 또 있을까 생각한다.

사도행전 9장에서 다메섹으로 가던 중 예수를 만난 사울에 대해서 당시 예루살렘의 성도들은 모두 꺼려했다. 그는 사도행전 7장에서 스데반이 순교당할 때 그의 죽음에 동참한 유대교 열성 분자였기 때문이다. 그는 예루살렘뿐 아니라 다른 곳으로 흩어져 가는 성도들을 잡아다가 예루살렘으로 끌고 오려고 다메섹으로 가던 중이었다. 그런 그가 예수님을 만나 그분의 제자가 되었다고 할 때 누구도 선뜻 그를 받아들이려 하지 않았을 것이다. 하지만 그 상황에서 사울의 진의를 믿고 그를 형제로 받아 준 사람이 바로 바나바다. 만일 바나바가 아니

리더십 빌드업, 프로젝트 티모티

었다면 과연 사도 바울이 있을 수 있었을까?

사울이 살해 위협을 느껴서 자기 고향 다소에 가 있을 때 안디옥에서 헬라인들이 예수를 주로 믿고 시작된 새로운 공동체를 방문한 바나바는 그런 상황에 가장 적절한 사역자로 사울을 생각했다. 그래서 그는 사울의 고향 다소까지 찾아가 사울을 안디옥으로 데리고 온다.

어디 그뿐이랴. 그는 사도행전 11장 마지막에서 안디옥 교회의 연보를 가지고 예루살렘으로 갈 때 사울을 데리고 간다. 아마도 바나바는 사울과 함께 이방을 위한 전도를 생각하고 있었고, 그 전에 사울이 예루살렘 교회의 지도자들과 교분을 맺게 하고 싶었을 것이다.

바나바의 그런 의도는 성공한 것으로 보인다. 바나바와 사울이 예루살렘에서 다시 안디옥으로 돌아온 뒤 이들은 안디옥 교회의 보냄을 받고 구브로와 비시디아까지 가서 복음을 전한 후, 다시 안디옥으로 돌아온다. 이들은 안디옥 교회가 그들에게 부탁한 일을 성공적으로 수행하고 돌아왔다.

그 후 얼마 동안 안디옥에서 지내던 두 사람은 자신들이 다녀갔던 곳으로 다시 가서 형제들을 격려하는 사역을 하기로 한다. 그 와중에 바나바가 자기의 친족인 요한 마가를 함께 데리고 가자고 제안한다. 이미 바울은 요한 마가의 동행을 받아들이지 않는다. 그것은 요한 마가가 구브로에서 비시디아에 이르렀을 때 어떤 이유에서인지는 모르겠으나 예루살렘으로 돌아가 버렸기 때문이다.

성경은 안타깝게도 이 두 사도가 심히 다투고 서로 갈라졌다고 기록한다. 누가 이 두 사도의 인격을 의심하겠는가? 누가 이 두 사도가 성령의 인도하심을 받는 사람들이라고 말하는 것을 주저하겠는가? 그럼에도 이 최초의 선교사 팀 사역은 좌초되고 만다.

(2) 팀 사역은 언제나 좋은 것이다

앞에서도 언급했지만 OMF의 원칙 가운데 하나는 팀 사역이다. 하지만 나는 많은 경우 OMF가 말하는 팀 사역이 이 책에서 다루고 있는 팀보다는 큰 조직 안에 있는 일종의 셀이라는 생각을 하게 된다. 큰 조직 안에 있는 셀은 엄밀한 의미에서 팀이 아니다. 한 셀이 팀으로 작용할 수는 있다. 그러기 위해서는 팀이 추구하는 특정 목표, 팀원들의 기술과 능력, 팀원 간의 상호 작용, 팀원의 목표에 대한 공헌 등 팀으로서의 요건을 갖추어야 한다.

그런 의미에서 내가 사역했던 족자카르타의 OMF 팀은 그런 특정 목표가 분명하지 않았으며, 각자의 기술과 능력도 분명하지 않았다. 그리고 효과적인 팀이 가져야 하는 팀 목표에 대한 구성원의 헌신도 그리 크지 않았다.

팀 사역은 분명히 장점이 있다. 하지만 팀 사역을 위해서는 앞에서 언급한 엄격한 요건을 갖추어야 한다. 그리고 팀이 역기능적으로 작용할 수 있음을 분명하게 알아야 한다. 만약 역기능적인 팀이 된다면 다시 제대로 기능하는 팀이 되기 위한 여러 노력을 해야 한다. 만약 그럴 의지가 없거나 그렇게 할 능력이 되지 않는다면 팀을 해체시키는 것이 나을 것이다.

경우에 따라서 어떤 사역들은 팀 사역에 어울리지 않는다. 예를 들

리더십 빌드업, 프로젝트 티모티

어, 고도의 전문 기술이 필요한 작업이나 예술가들의 작업은 아마도 혼자 하는 것이 훨씬 효과적일 것이다. 물론 고도의 전문 기술이나 예술 작품도 팀으로 이루어지는 경우가 있다. 하지만 일반적으로는 팀 사역보다 개인 사역이 선호될 때가 많다.

(3) 팀 사역은 누구나 할 수 있다

팀이란 특정 목표를 달성하기 위해 적절한 기술과 능력을 가진 사람들이 서로 소통하고 공헌하는 것을 전제로 한다. 따라서 자신의 기술과 능력을 갖지 않은 사람은 팀에 공헌하기가 어렵다. 그럴 경우 다른 팀원들에게 도움이 되지 않을 뿐 아니라 오히려 방해가 될 수 있다.

많은 경우 팀장은 팀에서 가장 실력이 뛰어난 사람이 된다. 하지만 그렇지 않은 경우라도 팀워크가 가능한데, 그럴지라도 팀장은 팀원들이 가지고 있는 기술과 능력을 알아보고 평가할 수 있어야 한다. 이럴 때 팀원들은 정당한 보상을 받는다고 생각한다. 팀원들은 자신이 부당하게 대우받는다는 생각이 들 때 사기를 잃게 된다. 여기서 말하는 대우란 반드시 금전적인 것을 말하는 것이 아니다. 어떤 때는 칭찬이나 격려 등이 보상이 될 수 있다.

ch. 10
팀 빌딩

팀이 효과적으로 작용하기 위해서는 팀을 구성하는 요소들에 대해서 다시 한 번 살펴보아야 한다. 팀은 특정의 목표를 가지고 모인 사람들의 집합을 말하는데, 이들은 각자의 기술과 능력을 가지고 서로 소통하며 목표에 공헌한다.

팀의 목표

효율적인 팀은 "우리는 누구인가?", "어떻게 일할 것인가?", "무엇을 할 것인가?"와 같은 질문에 분명하게 답할 수 있어야 한다.

위대한 조직을, 버스에 사람을 싣고 목적지로 가는 것에 비유하자면 적합한 사람을 먼저 태우고 목표를 정하는 것과 같다. 버스의 목적지를 먼저 정하고 사람을 태웠을 때보다 마음에 맞는 사람들을 먼저 태우고 불필요한 사람들을 정리한 후 목적지를 정한다는 것이다. 짐 콜린스라는 사람이 한 이 말을 나는 모든 팀원이 한마음이 되어 목표

리더십 빌드업, 프로젝트 티모티

에 헌신하는 것으로 이해하고 싶다. 아무리 유능한 팀원들이라고 해도 자신들이 무엇을 해야 하는지에 대한 분명한 의식이 없다면 그 팀은 언젠가 역기능 팀이 될 것이다.

팀의 목표를 공유하기 위해서는 사역에 착수하기 전에 팀원들이 모여서 팀이 하려는 일이 무엇인지를 분명하게 하는 시간을 가져야 한다. 여유가 된다면 이런 과정을 위해 시간을 많이 할애하는 것이 좋다. 소통하다 보면 많은 경우 초기에는 개인들이 가지고 있는 생각의 틀 안에서 다른 사람의 이야기를 듣는다. 내가 아무리 A라고 이야기해도 다른 사람은 그것을 B로 들을 수 있다는 가능성을 열어 두어야 한다.

팀의 성패를 좌우하는 리더십

팀의 성패는 팀 리더의 역량과 밀접한 관계가 있다. 만약 팀 리더의 역량이 부족하면 팀원들 간의 갈등을 해결하기 어렵다. 이런 면에서 팀 리더십은 아마도 이 책 전체가 다루는 실제적인 리더십의 하이라이트라고 할 수 있을 것이다.

팀 리더십과 관련해서 많은 리더십 유형이 제시되어 왔다. 하지만 나는 '매니지리얼 그리드'(Managerial Grid)로 팀 리더십을 이해하는 것이 가장 적절하다고 생각한다.

(1) 인간관계와 과업을 고려한 리더십

리더들 가운데는 과업에 충실한 리더가 있고, 인간관계에 충실한 리더가 있다. 초기 경영학, 특히 조직 관리론에서는 과업 중심의 리더십에 초점이 맞추어졌다. 그러다가 20세기에 들어오면서 생산성을 높이는 것은 단순한 과업에 대한 강조로 이룰 수 있는 것이 아니고 인간관계에 중점을 두어야 한다는 이론들이 등장하기 시작했다.

만약 이것을 그리드로 만든다면 다음과 같은 다섯 가지 유형의 리더를 생각할 수 있을 것이다.

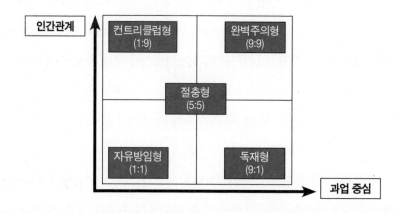

첫째는, 자유방임형(1:1) 리더다. 과업에 대한 강조도 없고 인간관계에 대해서도 별로 신경 쓰지 않는 리더를 말한다.

둘째는, 독재형(9:1) 리더다. 인간관계는 무시하고 오로지 과업에 대해서만 챙기는 리더를 말한다. 성과는 낼 수 있지만 그렇게 선호되지 않는 리더다.

셋째는, 완벽주의형(9:9) 리더다. 과업과 인간관계를 동시에 챙기는 유형이다.

넷째는, 컨트리클럽형(1:9) 리더다. 이런 리더는 과업에는 별 신경을 쓰지 않지만, 인간관계는 늘 챙기는 유형으로 주로 파티, 혹은 회식에 비중을 두는 리더를 말한다.

다섯째는, 절충형(5:5) 리더다. 완벽하지는 않지만 과업과 인간관계를 적당하게 모두 챙기는 리더를 말한다.

(2) 팀원의 성숙도를 고려한 리더십

시간이 지나면서 앞에서 언급한 다섯 가지 리더의 유형은 하나로 고정할 것이 아니고 상황에 따라 유연해야 한다는 것이 정설처럼 받아들여지고 있다. 과업과 인간관계라는 두 가지 변수만을 고려할 것이 아니라 팀원의 성숙도를 함께 다루어야 한다는 것이다. 즉 두 개의 변수만 다루는 2차원의 리더십이 아니라 세 개의 변수를 다루는 3차원의 리더십을 말한다. 이를 자세히 설명하면 다음과 같다.

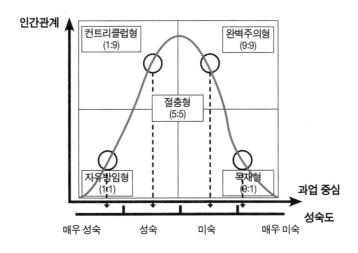

매우 미숙한 팀원을 위해서 리더는 과업에 대해서 강조해야 한다.

하지만 만약 팀원이 조금 미숙하다면 과업과 함께 인간관계도 강조해야 한다. 그러나 만약 팀원이 성숙하다면 과업에 대해서는 충분히 알아서 할 것이기 때문에 리더는 인간관계를 중심으로 리더십을 발휘하면 된다. 만약 그 팀원이 매우 성숙하다면 리더는 인간관계든, 과업이든 아무것도 신경 쓰지 않아도 된다.

이것은 우리가 자녀를 양육하는 것을 생각해 보면 매우 일리가 있음을 알 수 있다. 만약 자녀가 학령 전의 어린 나이라면 자녀에게 좋은 습관을 들이기 위해 모든 것을 간섭하고 가르쳐야 한다. 그 후 자녀가 초등학교에 들어간다면 인간관계에 대해서도 충분히 고려해야 한다. 자녀의 감정이나 어려움에 대해서 더욱 민감해져야 한다.

자녀가 중고등학교에 진학하면 수업이나 습관 등에 지나치게 간섭을 하면 안 된다. 그렇게 하면 오히려 교육 효과는 떨어지고 반발을 살 가능성이 높아진다. 자녀의 자율성을 존중하고, 주도적인 학습을 하도록 도와야 한다. 그러다가 자녀가 대학에 들어가면 자유롭게 결정하고 살아가도록 놓아 주어야 한다.

이런 내용이 팀 리더십의 유형에 그대로 적용될 수 있다. 따라서 다섯 가지 유형 가운데 어떤 것이 이상적이라고 할 것이 아니라 팀원의 성숙도에 따라 리더는 적절한 리더십을 발휘해야 한다.

MBTI를 통한 팀원의 이해

최근 유행하고 있는 MBTI라는 성격 유형 검사는 리더로서 팀원들을 이해하는 데 도움이 될 수 있다. MBTI는 사람의 성격 유형을 네 가지 선호 지표를 토대로 나누어 분석하는 것으로 이것을 만든 마이어스(Myers)와 브릭스(Briggs)의 이름을 딴 것이다.

두 사람은 모녀 사이로 스위스의 정신 분석학자인 칼 융(Carl Jung)의 심리 유형론을 토대로 이 성격 유형 검사 도구를 개발했다. MBTI는 쉽고 간편해서 학교, 직장, 군대, 교회 등에서 광범위하게 사용된다. 외향-내향(E-I), 감각-직관(S-N), 사고-감정(T-F), 판단-인식(J-P) 등 4가지 분류 기준에 따라 16가지 심리 유형으로 분류한다.

(1) 외향형(E, Extroversion)인가, 내향형(I, Introversion)인가

일반적으로 외향형은 에너지가 외부로 향한다. 이들은 외부 세계, 주변 사람, 환경에 관심이 많다. 이들은 다른 사람들과 함께 있을 때 에너지를 얻는다. 반면 내향형은 혼자 있을 때 에너지를 얻는다. 자신의 아이디어, 생각, 감정에 몰두하는 것을 좋아한다. 이들은 외부 사람들과 지낼 때 에너지가 소진된다. 이렇게 소진된 에너지는 혼자만의 시간을 통해 재충전된다.

외향형은 일반적으로 다음과 같은 특징을 갖는다.

- **다양함과 행동을 선호함**: 일상에서 변화와 새로운 경험을 추구한다. 모험을 좋아하고, 예측 가능한 루틴보다는 도전적인 상황을 선호한다.
- **타인을 반갑게 맞이함**: 새로운 사람들을 만나는 것에 대해 열정

이 있으며, 종종 사교적이고 친근한 인상을 남긴다.

- **다른 사람들의 업무 방식에 관심을 가짐**: 동료의 작업 방식에 관심을 가지며, 협력을 통해 최선의 방법을 배우고자 한다.
- **전화 통화를 선호함**: 이메일이나 문자보다는 직접 전화로 대화하는 것을 선호한다. 이는 그들이 직접적인 의사소통과 즉각적인 피드백을 중요시하기 때문이다.
- **신속하게 행동함**: 때로는 충동적으로 보일 수 있지만, 외향적인 사람들은 빠르게 결정하고 행동에 옮기는 경향이 있다.
- **팀 환경을 선호함**: 혼자서 일하기보다는 다른 사람들과 함께 일하는 환경을 선호한다. 이는 그들이 협력적인 환경에서 더 큰 동기를 얻고 성과를 내기 때문이다.
- **구두 소통을 선호함**: 정보를 읽고 쓰는 것보다는 대화를 통해 학습하고 정보를 주고받는 것을 선호한다.
- **대화를 통한 학습을 선호함**: 새로운 업무나 기술을 배울 때, 직접적인 대화나 토론을 통해 배우는 것을 좋아한다.

내향형은 일반적으로 다음과 같은 특징을 갖는다.

- **조용한 환경 선호**: 소란스럽고 활동적인 환경보다 조용하고 침착한 환경에서 집중하기가 더 쉽다. 이런 환경은 그들이 자신의 생각에 더 깊이 몰입할 수 있게 해준다.
- **이름과 얼굴을 기억하기 어려움**: 새로운 사람들을 만나는 것이

리더십 빌드업, 프로젝트 티모티

드물기 때문에, 새로운 사람들의 이름과 얼굴을 기억하는 데 어려움을 겪을 수 있다.

- **몰입을 잘함**: 내향형이 가진, 한 가지 일에 오랜 시간 동안 집중할 수 있는 능력은 내향형이 복잡하고 요구가 많은 작업을 성공적으로 완수하는 데 도움이 된다.
- **전화 통화 꺼림**: 예상치 못한 전화 통화를 부담스러워하며, 계획되지 않은 상호 작용을 피하는 경향이 있다.
- **심사숙고하는 성향**: 생각하는 데 시간을 보내는 것을 선호하며, 행동하기 전에 충분히 생각하는 것은 신중하고 계획적인 접근을 의미한다.
- **독립적인 작업을 선호함**: 혼자 일하는 것을 선호하는 내향형은 독립적으로 작업할 때 더 큰 성과를 낼 수 있다.
- **글로 소통하는 것을 선호함**: 글쓰기를 통해 소통하는 것을 좋아하며, 이메일이나 문자 같은 비대면 소통 수단을 선호한다.
- **독서를 통한 학습을 선호함**: 다른 사람과의 대화보다 독서를 통해 새로운 지식을 얻는 것을 선호한다. 이는 그들이 자신의 속도로 학습하고 깊이 있는 지식을 쌓을 수 있게 해준다.

(2) 감각형(S, Sensing)인가, 직관형(N, iNtuition)인가

어떤 것을 이해할 때 자신이 오감으로 느끼는 것에 더 많이 의존하는지 아니면 추리나 사유 작용을 거치지 않고 직관에 의존하는지에 따라 S와 N으로 구분할 수 있다. 감각형은 자신들이 실제로 경험한 것과 실용성에 기반을 두고 살아간다. 직관형은 현재의 의미와 가능성을 이해하는 데 관심이 있으며, 미래 지향적이고 상상하는 것을 좋아한다.

감각형은 일반적으로 다음과 같은 특징을 갖는다.

- **각 사건의 독특함을 인식함**: 주변 환경의 세부 사항에 주의를 기울이며, 각 사건이나 활동에서 독특한 요소를 파악하는 능력이 뛰어나다.
- **현재에 초점을 맞춤**: 현재에 집중하며, 현재의 정보와 경험을 중시하여 행동과 결정을 내린다.
- **기존의 방법을 선호함**: 검증된 방법과 절차를 따르는 것을 선호하며, 변화보다는 안정성과 일관성을 추구한다.
- **배운 것을 응용함**: 새로운 지식이나 기술을 배운 후 이를 실제 상황에 적용하는 것을 좋아한다.
- **실제적인 시간 계획을 세움**: 작업을 계획할 때 실제로 얼마나 걸릴지에 대한 현실적인 예측을 하며, 이에 따라 일정을 정한다.
- **단계적 결론을 도출함**: 문제 해결이나 결정을 내릴 때 체계적이고 순차적인 접근을 선호한다.
- **영감에 의존하지 않음**: 영감보다 검증된 사실과 경험에 더 의존하여 의사 결정을 한다.
- **사실에 중심을 둠**: 추상적이거나 이론적인 아이디어보다는 구체적이고 검증 가능한 사실에 기반을 둔다.
- **정밀한 업무에 소질을 보임**: 세심하고 정확한 작업에 강점을 가

리더십 빌드업, 프로젝트 티모티

지고 있으며, 세부 사항에 대한 주의가 뛰어나다.

직관형은 일반적으로 다음과 같은 특징을 갖는다.

- **새로운 도전과 기회에 흥분함**: 변화와 새로운 경험에 대한 열정을 갖고 있으며, 새로운 도전을 즐긴다.
- **상황 개선에 관심을 가짐**: 주변 환경이나 상황을 개선하고자 하는 강한 동기를 가지며, 이를 위해서 창의적인 아이디어를 제안한다.
- **반복 작업을 기피함**: 동일한 작업의 반복을 지루해 하며, 항상 새로운 것을 탐구하려는 욕구가 있다.
- **새로운 기술 학습 즐김**: 배움에 대한 열정이 많고, 특히 새로운 기술이나 방법을 배우는 것을 선호한다.
- **열정적인 환경 선호함**: 열정적이고 활기찬 환경에서 일하는 것을 선호하며, 이런 환경에서 영감을 받고 동기를 얻는다.
- **신속한 결론 도출**: 종종 직관을 통해 신속하게 결론을 내리며, 이는 때로는 세부 사항을 간과할 수 있다.
- **영감과 직관을 따름**: 직관적인 사고를 중시하며, 직감이나 영감을 중요한 의사 결정 도구로 활용한다.
- **사실 인식의 어려움**: 추상적이고 광범위한 사고 방식 때문에 때로는 구체적인 사실을 놓칠 수 있다.
- **정확성을 위한 시간 지연을 싫어함**: 세부 사항에 많은 시간을 할

애하는 것을 부담스럽게 여기며, 빠른 진행을 선호한다.

(3) 사고형(T, Thinking)인가, 감정형(F, Feeling)인가

상황을 보고 어떤 결정을 내릴 때 자신의 생각에 의존하는지, 아니면 감정에 의존하는지에 따라 T와 F로 나뉜다.

사고형은 일반적으로 다음과 같은 특징을 갖는다.

- **논리적 정리 능력이 뛰어남**: 정보를 논리적으로 구조화하고 정리하는 능력이 뛰어나며, 이를 통해 명확하고 체계적인 결정을 내린다.

- **생각에 반응함**: 감정보다는 사실과 논리에 더 많은 반응을 보이며, 객관적이고 분석적인 접근을 선호한다.

- **논리적 결과를 예측함**: 선택에 따른 결과를 논리적으로 예측하고 이해하는 능력이 있어, 효과적인 계획과 전략을 수립하는 데 강점을 보인다.

- **공정성을 가짐**: 모든 사람을 공평하게 대우해야 한다는 강한 신념을 가지고 있으며, 이는 그들의 의사 결정 과정에서 중요한 역할을 한다.

- **확고하고 의지가 강함**: 자신의 결정에 자신감을 가지고 있으며, 한번 결정한 일은 확고하게 추진한다.

- **필요시 견책 및 해고 가능**: 조직의 이익을 위해 강한 결정을 내려야 할 때 주저하지 않으며, 필요하다면 직원을 견책하거나 해

리더십 빌드업, 프로젝트 티모티

고할 수 있다.

- **타인의 감정을 다치게 할 수 있음**: 감정을 고려하지 않고 논리적으로만 접근하는 경우, 때때로 의도치 않게 타인의 감정을 상하게 할 수 있다.

- **분석 능력이 탁월함**: 문제를 분석하고 해결책을 찾는 데 탁월한 재능을 보이며, 복잡한 상황에서도 핵심 문제를 신속하게 파악할 수 있다.

감정형은 일반적으로 다음과 같은 특징을 갖는다.

- **조화를 추구함**: 사람들 사이의 조화를 중요하게 생각하며, 이를 이루기 위해 노력한다. 이들은 갈등 상황을 회피하고 평화로운 환경을 조성하는 데 기여한다.

- **감정에 반응함**: 타인의 감정에 민감하게 반응하며, 그들의 감정 상태를 고려하여 의사 소통한다. 이는 깊은 공감 능력을 바탕으로 한 것이다.

- **영향력을 고려함**: 결정을 내릴 때 그 선택이 타인에게 끼칠 영향을 고려한다. 이는 그들이 사회적 관계에서 발생할 수 있는 결과에 대해 세심하게 주의를 기울인다는 것을 의미한다.

- **칭찬이 필요함**: 긍정적인 피드백과 칭찬을 통해 동기 부여를 받는다. 이는 그들의 자신감을 강화하고 성과를 높이는 데 도움을 준다.

- **동정심을 가짐**: 어려운 상황에 처한 사람들에 대해 강한 동정심을 가지며, 이들을 돕기 위해 노력한다.
- **불쾌한 말을 피함**: 타인을 기분 나쁘게 하거나 상처 주는 말을 피하려고 노력한다. 이는 강한 윤리적 가치관과 타인에 대한 배려에서 비롯된다.
- **사람들을 기쁘게 함**: 타인을 행복하게 만드는 것에서 큰 만족을 느끼며, 이는 그들의 행동과 결정에 영향을 끼친다.
- **사람에 대한 흥미를 가짐**: 아이디어나 사물보다 사람에 대한 관심이 더 크며, 개인적인 관계를 중시한다.

(4) 판단형(J, Judging)인가, 인식형(P, Perceiving)인가

일을 처리하는 데 계획대로 일을 처리하는가, 아니면 그때 그때 상황을 보면서 처리하는가에 따라 판단형(J) 혹은 인식형(P)으로 나뉜다. 판단형은 모든 것이 계획되고 주변이 정리되어야 한다. 하지만 인식형은 주변을 정리하기보다 그 상황에 자신을 적응하려고 노력한다.

판단형은 일반적으로 다음과 같은 특징을 갖는다.

- **계획 수립 및 이행**: 계획을 세우고 이를 철저히 따르는 것을 선호한다. 그들은 미리 계획되지 않은 활동보다는 예측 가능하고 조작된 접근 방식을 통해 편안함을 느낀다.
- **일 완료를 선호함**: 시작한 일을 끝맺는 것을 중요하게 생각한다. 그들은 미완성의 일이 많을 때 불안감을 느낄 수 있으며, 업

리더십 빌드업, 프로젝트 티모티

무의 마무리를 통해 큰 만족을 얻는다.

- **섣부르게 결정함**: 계획을 중시하는 경향 때문에 때로는 더 많은 정보를 수집하기 전에 의사 결정을 내릴 수 있다. 이는 상황을 신속하게 정리하려는 욕구에서 비롯된다.

- **현재 일에 몰두함**: 한번 시작한 일에 집중하는 것을 선호하며, 긴급한 다른 일이 생겨도 현재 집중하고 있는 작업에 방해받는 것을 싫어한다.

- **세부 스케줄을 작성함**: 모든 과정이 제시간에 완료될 수 있도록 세부적인 일정을 작성하고 관리한다. 이는 그들이 효율성과 시간 관리에 능숙함을 보여 준다.

- **실천 리스트를 작성함**: 해야 할 일을 명확하게 리스트업 하는 것을 좋아한다. 이런 리스트를 통해 그들은 조직적으로 일을 처리하고 업무를 효과적으로 관리할 수 있다.

인식형은 일반적으로 다음과 같은 특징을 갖는다.

- **갑작스러운 변화에 대한 수용성**: 예기치 않은 변화에 크게 당황하지 않고, 이를 자연스럽게 받아들이는 경향이 있다.

- **변화에 잘 적응함**: 새로운 상황이나 변경된 환경에 잘 적응하며, 유동적인 상황에서도 효과적으로 작업을 수행할 수 있다.

- **의사 결정의 어려움**: 모든 옵션을 열어 두려는 경향 때문에 최종 결정을 내리는 데 어려움을 겪기도 한다. 이는 선택의 여지를

최대한 유지하고자 하는 그들의 자연스러운 성향 때문이다.

- **과도한 프로젝트를 시작함**: 여러 프로젝트를 동시에 시작하지만, 이로 인해 각각을 완료하는 데 어려움을 겪을 때가 있다. 이는 그들의 다양한 관심사와 호기심을 반영한다.

- **업무의 연기가 자연스러움**: 하기 싫은 일이나 덜 중요한 일을 미루는 경향이 있다. 이는 그들이 현재에 더 관심을 가지며 순간의 동기에 의해 움직이기 때문이다.

- **마감일 압박에 의해 동기 부여가 됨**: 마감일이 임박해야 비로소 집중하여 업무를 완수하는 경우가 많다. 이는 그들의 스트레스 관리 방식과 긴장을 필요로 하는 작업 스타일을 반영한다.

- **할 일 목록을 작성함**: 미래에 해야 할 일을 목록으로 만들어 기억하는 방법을 사용한다. 그들은 계획보다는 옵션을 선호하며, 필요할 때 적절한 행동을 선택하고자 하는 경향을 보인다.

(5) 유형별 스트레스 받는 상황

MBTI 유형별로 의욕을 상실하거나 스트레스를 받는 상황에 대해 팀 리더가 이해한다면 큰 도움이 될 것이다.

- E(외향형)은 혼자 작업을 하거나 이메일로 의사 소통할 때 스트레스를 받는다. 아무도 자신이 하는 일에 간섭하지 않고 장기간 작업을 하는 상황에서 스트레스를 받는다. 한 가지 일에만 깊게 몰두해야 한다면 의욕을 상실할 수 있다.

리더십 빌드업, 프로젝트 티모티

- I(내향형)은 여러 사람이 그룹으로 일할 때 스트레스를 받는다. 서류로 소통하지 않고 전화로 많은 대화를 할 때 어려워한다. 일이 빨리 진행되거나 지나치게 많은 업무를 요구받을 때 의욕이 떨어진다.

- S(감각형)은 자세한 지시 사항 없이 작업하라고 할 때, 혹은 통찰력에 의지해서 작업해야 할 때 스트레스를 받는다. 기존에 하던 일을 새로운 방식으로 하라고 할 때 힘들어 한다.

- N(직관형)은 리더가 사실에 의지해서 판단하거나 세부 사항에 집중할 때 스트레스를 받는다. 또 기존의 방식대로 일을 처리해야 할 때 어려워한다. 리더로부터 실제적이고 현실적일 것을 요구받을 때 힘들어 한다.

- T(사고형)은 개인의 차이와 필요에 순응해야 할 때 스트레스를 받는다. 즉 감정적이거나 개인적 가치에 기반하여 의사 결정을 내릴 때 힘들어 한다. 리더가 개인의 경험이나 주관을 가지고 상황을 평가할 때 의욕이 상실된다.

- F(감정형)은 상황을 객관적으로 분석해야 하거나 사람보다 업무에만 집중할 때 힘들어 한다. 또 논리적으로만 의사 결정할 것을 요구받을 때 스트레스를 받는다.

- J(판단형)은 타임 프레임과 마감일에 대한 지나친 융통성을 달라고 할 때 힘들어 한다. 계획하지 않은 상황에 대처할 때 스트레스를 받는다.

- P(인식형)은 타임 프레임과 마감일에 맞춰 일할 때 스트레스를

받는다. 어떤 일에 대해 사전에 계획을 수립하거나 우발적 상황에 대해 비상 계획을 세울 때 어려움을 겪는다.

(6) 네 가지 요소로 결정되는 성격 유형

앞에서 언급한 8가지 요소가 합쳐져서 모두 16가지 유형을 만들어 내는데, 그 성격 유형을 아주 단순하게 살펴보면 다음과 같다.

	팀에 도움이 되는 능력	팀에 야기하는 문제
ESTP 수완 좋은 활동가	사회 및 관계의 통찰력이 뛰어나 활동적인 행동가로 촉진자로서의 수완이 탁월하다. 당면한 문제를 인식하며 해결 방법을 찾아낸다.	때로는 갈등이나 긴장된 상황을 회피하는 경향이 있다. 섣불리 행동하여 주변 사람을 당황하게 만들기도 한다.
ISTP 백과사전형	실제적이고 현실적인 것에 초점을 맞추고 세부 사항에 강하다. 행동 위주자로서 모험을 추구하며 새로운 문제 해결을 즐긴다.	잘 나서지 않으며 말로 잘 표현하지 않는다. 이론 위주의 훈련을 잘 견디지 못한다. 일을 잘 마무리 짓지 못한다.
ESFP 사교적인 유형	쉽게 친구를 사귄다. 표현을 잘하며 애정이 넘친다. 파티를 주최한다. 타인을 있는 모습 그대로 잘 받아들인다.	충동적이며 유행에 잘 휘둘린다. 주위 사람을 즐겁게 하려는 성향이 있으며 갈등을 회피한다.
ISFP 성인군자형	예술적 재능이 높다. 실천력이 높다. 공감을 잘하며 다른 사람에게 친절하다. 조직내의 사람들 사이의 문제를 잘 파악한다.	말수가 적고 관계 형성이 더디다. 올바른 피드백을 하기가 힘들다. 상처를 쉽게 받고 움츠러든다.
ESTJ 사업가형	다른 사람들의 문제에 도움을 준다. 규칙과 절차를 잘 지킨다. 정돈되고 질서 정연하며 꼼꼼하다. 목적 달성을 위해 프로젝트와 인적 자원을 조직하는 능력이 있다.	규칙에 의거해 타인을 판단한다. 반대 의견에 귀를 기울이지 않는다. 계급 구조적인 관계관을 가지기 쉽다.

리더십 빌드업, 프로젝트 티모티

	팀에 도움이 되는 능력	팀에 야기하는 문제
ISTJ **세상의 소금형**	관찰 능력이 뛰어나고 사실적이며 현실 지향적이다. 계획에 맞춰 일을 해 나간다. 전통을 고수하지만, 훌륭한 분석과 추론만 뒷받침된다면 전통도 바꾼다.	불성실하거나 계획되지 않은 것을 견디지 못한다. 사람들이 규칙을 따라야 한다고 생각한다.
ESFJ **친선도모형**	세부 사항에 집중한다. 사람들에게 매우 친절하다. 타인의 필요를 빨리 알아낸다. 타인이 중요한 의미를 두는 것을 잘 기억한다.	비판을 잘 수용하지 못하고 문제를 바로 보려 하지 않는다. 의문을 제기하지 않고 사람들을 즐겁게 하려 한다.
ISFJ **임금 뒤편의 권력형**	헌신적으로 돌보며 소외된 자를 돕는다. 강한 직업 윤리 의식을 갖는다. 꼼꼼하며 검소하다. 조직 목표를 이행하는 데에 헌신적이며 충실하다.	지나치게 일하나 때때로 노력을 인정받지 못한다. 전통을 선호하고, 새로운 생각에 열려 있지 않다. 본인의 생각과 필요를 표현하는 데에 어려움을 겪는다.
ENFJ **언변능숙형**	타인에게 감동을 주는 능력이 있다. 타인의 잠재력을 끄집어낼 줄 알고, 개인적 및 상호 간의 통찰력이 있다. 도전과 변화를 즐긴다.	종종 관계에서 지나치게 많은 것을 기대한다. 타인의 문제에 지나치게 깊이 관여한다. 세부 사항에 주의를 기울이지 않는다.
INFJ **예언자형**	공감 능력과 창의력이 좋다. 타인에게 도움을 주려는 강한 욕구가 있다. 묵묵하지만 꾸준히 다른 사람들에게 영감을 준다.	자신의 속내를 털어 놓기까지 시간이 오래 걸린다. 완벽을 추구하며, 갈등을 회피하려고 한다.
ENFP **스파크형**	이야기하는 것을 좋아한다. 열정적이고, 정렬적이다. 타인을 날카롭게 관찰한다. 창의적 가능성을 볼 수 있는 안목이 있다. 현재와 미래에 대한 비전이 있다.	지나치게 독립적이기 쉽다. 때로는 권위를 힘들어 한다. 세부 사항과 계획 수립을 힘들어 한다.
INFP **잔다르크형**	중재 능력이 뛰어나고 조화를 중시한다. 충실하고 헌신적이다. 희생하는 것을 두려워하지 않는다. 장기 비전을 세울 수 있다.	자신감이나 자존감이 낮다. 평범함이나 일상적인 것을 힘들어 한다. 완벽주의 성향이 있다. 한 번에 지나치게 많은 사람을 충족시키려 한다.

	팀에 도움이 되는 능력	팀에 야기하는 문제
ENTJ 지도자형	리더 중의 리더이며, 질서와 효율성을 중요시 한다. 비전을 향해 조직을 동원한다. 단기 및 장기 목표 계획을 세우는 데 탁월하다.	지나치게 업무 중심이다. 다른 사람이 지도하는 것을 못 본다. 타인의 감정이나 문제는 신경 쓰지 않는다.
INTJ 과학자형	탁월한 비상 대책 수립자이다. 복잡한 문제 해결에 능하다. 실용주의자이며, 이성적이다.	자아가 강해서 위협적이다. 까다로워서 만족시키기 힘들다. 타인의 관점을 무시하곤 한다.
ENTP 발명가형	창의성이 뛰어나고 혁신적이다. 불가능해 보이는 상황에서도 일할 수 있다. 더 나은 수행 방법을 알고 있다. 탁월한 질문을 제기하는 능력이 있다.	쉽게 흥미를 잃는다. 체계에 순응하지 않는다. 타인의 의견을 잘 듣지 못한다. 비현실적인 목표를 세운다.
INTP 아이디어 뱅크형	시스템 구조를 계획한다. 훌륭한 조직가이다. 분석 능력과 비판적인 객관화 능력이 좋다. 복잡한 문제 해결을 잘한다.	지적이지 못한 것을 인정 못한다. 분석에 지나치게 집착한다.

이처럼 팀원들 간의 MBTI 유형을 이야기하다 보면 서로를 더 잘 이해하게 된다.

(6) MBTI를 사용할 때 주의할 점

MBTI를 사용하여 팀원을 파악할 때 몇 가지 주의할 점이 있다.

• **유연성 유지**

MBTI 유형은 사람들의 성향과 선호도를 설명하기 위한 모델이지만, 개개인은 고유한 특성과 경험을 갖고 있다. 팀원의 MBTI 유형을 파악할 때, 그들이 유형에 엄격하게 구속되지 않고 다양한 상황

리더십 빌드업, 프로젝트 티모터

에서 유연하게 행동할 수 있다는 점을 염두에 두어야 한다.

- **전체적인 특성 고려**

    MBTI 유형은 사람들의 기본적인 성향을 설명하기 때문에, 팀원의 다른 특성과 능력도 함께 고려해야 한다. 개인의 배경, 경험, 관심사, 업무 스타일 등을 종합적으로 파악하여 MBTI 유형을 활용해야 한다. 같은 유형의 두 사람이 매우 다른 특징을 보여 주는 경우가 많다.

- **편견과 라벨링 피하기**

    MBTI 유형은 팀원들의 성향을 이해하는 데 도움이 되지만, 이를 사용하여 사람들을 라벨링(laveling)하거나 편견을 갖는 것은 바람직하지 않다. 각 유형은 고유한 장점과 한계를 가지고 있으며, 이를 인정하고 존중하는 태도가 필요하다.

- **개인과 팀의 성장 고려**

    MBTI는 팀의 현재 상태를 파악하는 데 도움을 줄 수 있지만, 개인과 팀의 성장을 위한 도구로 활용하는 것이 중요하다. 팀원들의 성장과 발전을 지원하기 위해 MBTI를 사용하여 개인적인 강점을 식별하고 발전 가능한 영역을 개선하는 방법을 모색하는 것이 좋다.

MBTI는 하나님이 각 사람에게 주신 기질이며, 이 성격 유형에는 각각 장단점이 있으므로 자신에게 주신 성격 유형을 감사함으로 수용하고 지속적으로 성령 안에서 성숙시켜 나가는 것이 중요하다.

ch. 11
팀 형성

모든 팀은 네 가지 형성 단계를 거치게 된다.

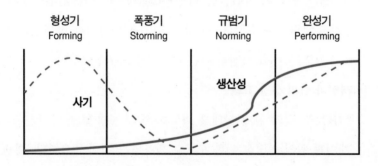

형성기(Forming Stage)

이 단계에서 모든 팀원은 어느 정도의 흥분과 열정을 갖게 된다. 저마다 팀의 성공에 대한 기대치가 높다. 하지만 대부분의 경우 팀에 속한 개개인이 어떻게 적응할 것인지와 기대치에 대한 염려가 존재한다. 그래서 많은 경우, 팀원들은 신중하게 참여한다.

리더십 빌드업, 프로젝트 티모티

물론 앞에서 살펴본 MBTI 유형에 따라 다른 행동들을 보이기도 한다. E유형이라면 새로운 사람들을 사귀려고 하고 자신의 의견을 이야기하기를 좋아할 것이다. 하지만 I유형이라면 시간을 더 할애해 사람들을 관찰하고 자기 의견을 내는 것을 주저할 수 있다. 내 성향은 E쪽에 가까운 편이라 팀이 새롭게 만들어졌을 때 새로운 팀원들과 대화하는 것을 좋아하고 과제와 관련된 아이디어를 낼 때 주저하지 않는 편이다. 조심해야 할 것은 I유형이라고 해서 아이디어가 없는 것이 아니라는 점이다. 다만 자기 이야기를 하는 것이 섣부르다고 생각하기 때문에 주저할 뿐이다.

앞의 표에서 보는 것처럼 일반적으로 이 시기에는 팀원들의 사기가 매우 높은 반면 실제 결과는 잘 드러나지 않는다.

폭풍기(Stroming Stage)

폭풍기는 예측 가능한 단계다. 문제는 많은 사람이 팀을 형성할 때 이런 폭풍기에 대해서 미리 인지하지 못하고 준비도 하지 않는다는 것이다. 폭풍기는 처음 팀이 만들어진 초기의 기대치가 시간이 지나도 충족되지 않을 때 팀원들이 실망하면서 나타나기 시작한다. 특별히 팀 리더의 리더십이나 팀이 기능을 수행하는 방식 때문에 실망하고 시간이 지나도 해결되지 않을 때 좌절하게 된다.

이렇게 되면 팀원들 사이에는 불안감이 생기며 관계가 불편해진다. 그리고 팀원들은 점점 팀의 목표를 달성할 수 없을 것 같다는 생각을 하게 된다. 더 심한 경우에는 팀원들 사이에 권력 분쟁이 생기기도 한다. 특별히 팀 리더의 리더십이 약할 때 팀 리더보다 영향력이 큰 사람이 등장하고 그를 따르는 사람들이 작은 세력을 형성하면, 권한을 놓고 다툼이 일어날 수도 있다.

다음은 폭풍기 단계의 징후에 대한 목록이다.

- 팀원들이 자신들의 아이디어를 이야기하기보다는 관점을 가지고 입씨름하는 경우가 많아진다.
- 적극적으로 다른 사람의 의견을 들으려고 하지 않거나 다른 사람의 아이디어를 지지하려고 하지 않는다.
- 팀 안에 파벌이 만들어진다.
- 구성원끼리 권력 투쟁을 하며 서로 경쟁을 벌인다.
- 구성원이 감정적으로 리더와 대치한다.
- 회의가 재미 없고, 결론을 내지 못한다. 팀원들은 무엇 때문에 회의를 하는지 모른다. 회의가 끝나면 끼리끼리 모여 우려를 이야기한다.
- 팀이 이루는 성과가 거의 없다.
- 모임 밖에서 다른 팀원의 험담을 한다.
- 팀원들은 불평을 입에 달고 살며, 대부분의 의견에 "예, 하지만, ……"으로 일관한다.
- 팀 안에 책임을 지려는 사람이 없다.
- 팀원들 가운데 몇 사람은 꿀 먹은 벙어리처럼 입을 꼭 다물고 좀처럼 참여하려 들지 않는다.

리더십 빌드업, 프로젝트 티모티

· 팀의 진행 과정이나 수행 방법에 전혀 신경 쓰지 않는다.

· 팀 안의 대인 관계에서 생기는 문제로 인해 일을 잘 마무리하지 못한다.

· 사람들이 팀 때문에 에너지가 고갈된다고 말한다.

· 더 이상 팀이 운영되는 것이 훌륭한 아이디어라고 생각하지 않는다.

앞에서도 언급했지만 팀 사역을 해 본 사람이라면 이 목록들 중에서 상당히 많은 것을 경험했을 것이다. 불행한 것은 많은 사람이 여기에서 팀 사역을 종료한다는 점이다.

폭풍기 단계는 다음과 같은 요인들로 발생한다.

(1) 상호간의 갈등

팀 안에는 서로 좋아하는 사람도 있고 싫어하는 사람도 있게 마련이다. 이런 경우 팀 안에 일종의 파벌이 형성될 수 있다. 두 사람이 의견이나 개인적 성향이 달라 충돌할 수 있다. 어떤 사람들은 자기 직무에 불성실하게 임하기도 한다.

(2) 팀 기술의 부족

대인 관계 기술을 훈련받지 않은 팀원들 사이에서 상대방의 말을 경청하지 않거나 격려가 부족한 경우가 생길 수 있다. 이런 경우 팀원들은 의견 차이를 좁히는 방법에 익숙하지 않아 갈등이 생기게 된다. 대인 관계 기술이 부족할 경우 어떤 토론도 결국에는 싸움으로 끝난다.

대부분 팀에 처음 참여하는 사람들은 종종 문제 분석, 회의 방법, 피드백을 주고받는 기술이 부족하다. 이렇게 되면, 결과적으로 팀 리더는 팀을 관리할 수 없게 된다.

(3) 비효율적인 리더십

팀 리더는 자신의 능력을 과시하기 위해 지나치게 통제적이 될 수 있다. 반대로 리더가 지나치게 자유방임적이거나 어떤 화제에 대해 무관심할 수 있다. 물론 앞에서 언급한 것처럼 팀원들의 성숙도에 따라 리더는 유연하게 대처해야 한다. 하지만 만약 이런 유연성을 발휘하지 못한다면 팀은 매우 비효율적으로 운영된다. 그리고 팀원들은 리더가 회의를 운영하는 방법 혹은 리더가 도움을 제공하는 방법을 좋아하지 않게 된다.

(4) 업무 관련 문제

팀 리더가 제시하는 어떤 업무는 팀원에게 지나치게 어려울 수 있다. 작업량이 비현실적이라고 느낄 수도 있다. 팀원들은 종종 많은 권한과 책임감을 갖는 것에 부담감을 느낄 수 있다. 팀이 시작되는 초기 단계에는 과업 자체가 명확하지 않거나 팀원들이 과업의 중요성에 대해 확신을 갖지 못할 수 있다.

(5) 조직의 장애물 관련 문제

만약 전체적으로 팀을 총괄하는 리더가 팀이 직면하고 있는 장애물

리더십 빌드업, 프로젝트 티모티

을 제거해서 팀원들을 적절히 지원하지 못한다면, 결국 팀원은 좌절하게 되고 체제에 불만을 갖게 된다.

특별히 팀 리더는 폭풍기 단계에 직면할 때, 팀원들이 이것을 개인적인 문제로 받아들이지 않도록 주의해야 한다. 팀 리더는 자기를 포함해서 팀원들에게 이런 이야기를 자주 해주어야 한다.

· "폭풍기 단계는 지극히 정상적인 거야, 괜찮아."
· "나(서로)를 싫어하는 게 아니라, 폭풍기를 지나고 있을 뿐이야."
· "내가 가진 모든 힘을 해결책을 찾는 데 쏟아 붓겠어."
· "우리는 함께 헤쳐 나갈 수 있을 거야."

폭풍기 단계에는 갈등을 대하는 팀원들의 감정이 최고조로 치솟기 때문에 중재하기 어렵다. 팀 리더는 갈등하는 양쪽을 공평하게 대해야 한다. 절대로 한쪽 편을 들어서는 안 된다. 팀원들 가운데는 때때로 독단적인 행동을 하는 사람도 있다. 이럴 때는 단호하게 그런 행동을 제지해야 한다. 그렇지 않으면 공격을 당하는 쪽에서는 공격하는 그룹을 리더가 지지한다고 생각할 것이다.

다음 지침이 폭풍기 단계에 있는 리더에게 도움이 될 수 있다.

· 긴장 상태를 정상적인 것으로 간주하고 인정한다.
· 전적으로 중립을 지키고 침착해야 한다.
· 팀원들이 아무런 지장 없이 자신의 감정을 표현할 수 있는 환경을

조성한다.

· 솔직하고 공개적으로 갈등을 인정한다.

· 구성원들이 문제를 인식하고 함께 해결해 나갈 수 있도록 돕는다.

· 의견과 피드백을 수렴한다.

· 문제가 있는 행동을 수정하기 위해 조심스럽게 개입한다.

· 열띤 논의를 중재할 때 자신감 있는 태도로 한다.

폭풍기를 대하는 리더는 두 가지 접근법을 생각할 수 있다. 하나는 리더가 마치 팀 안에 문제가 없는 것처럼 회피하는 것이다. 그렇게 한다면 내부적으로 곪아 언젠가는 터지게 된다. 리더는 문화적으로 수용 가능한 범위 안에서 모든 문제에 대처해야 한다. 문제가 있다는 것은 다르게 생각하면 건강한 팀으로 가기 위한 좋은 기회가 될 수도 있다.

다른 하나는 팀 리더는 문제에 대해 팀원들이 기꺼이 이야기할 수 있는 분위기를 만드는 것이다. 팀 리더는 팀원들이 객관적인 방식으로 자신의 생각을 이야기할 수 있도록 장려해야 한다. 갈등이 생겼다고 해서 무조건 통제하려고 해서는 안 된다. 리더는 팀원들에게 분명한 선택권을 제시하고 팀원들로 하여금 전략과 행동 계획을 인식할 수 있도록 돕는다. 구성원들이 스스로의 문제를 발견하고 해결할 수 있도록 돕는다.

리더십 빌드업, 프로젝트 티모티

규범기(Norming Stage)

팀이 폭풍기를 잘 넘기면 규범기를 맞게 된다. 잘 넘긴다는 말은 앞서 언급한 갈등을 나름대로 해결했다는 말이다. 만약 그렇지 않았다면 팀은 이미 좌초되고 말았을 것이다. 폭풍기를 지난 팀은 문제 해결에 착수하려고 노력하게 된다.

가장 중요한 것은 팀을 운영하기 위한 절차에 대해서 고민하고 필요한 규칙이나 지침을 만드는 것이다. 이렇게 함으로써 팀의 역량이 강화되고 팀이 수행하는 목표에 도달할 것이라는 기대가 생긴다. 당연히 팀워크에 대한 만족도가 높아진다.

팀이 폭풍기를 지나 규범기에 들어섰다는 증거는 팀원들 사이에 신뢰가 형성된다는 것이다. 팀 리더에 대해서도 지지와 존경이 높아진다.

규범기를 맞이하는 팀 리더는 다음과 같은 것들을 시행해야 한다.

(1) 연구 조사 피드백

팀이 겪고 있는 문제에 대해 적절한 연구 조사를 시행한다. 갈등 관리, 팀 효율성, 회의의 효율성 등의 분석 결과를 팀의 구성원과 함께 나누고 문제가 무엇인지 파악하여 해결책을 찾는다.

(2) 저항과 수용을 위한 분석

팀에서 잘 받아들여지는 것과 잘 받아들여지지 않는 항목에 대해서 분석하고 토의해 보는 것이 필요하다. 팀에서 잘 받아들여지지 않는 항목에 대한 해결 방안을 연구하고, 팀에서 잘 받아들여지는 항목에 대해서는 좀 더 강화할 수 있는 행동 방안을 찾아본다.

(3) 개인 피드백

팀 구성원이 서로에게 하고 있는 일과 개선 방안에 대해 피드백을 하게 한다.

(4) 새로운 규칙이나 지침 수립

팀의 구성원이 기존 규칙이나 지침을 재고해 보도록 하고, 현재 갈등 상황에 대처하기 위해 새로운 규칙과 지침을 수립한다.

　폭풍기 단계에 처해 있는 팀은 반드시 규칙을 설정하는 단계로 나아가야 한다. 팀의 구성원은 서로 피드백을 주고받을 수 있어야 한다. 규칙을 설정하는 중재자로서 리더는 반드시 중립적이어야 하며 전적으로 진행 과정을 관리하는 일에 집중해야 한다.

　다음은 규범을 설정할 때 중재에 도움이 되는 전략들이다.

- · 문제의 인식과 해결을 장려한다.
- · 과업에 대한 개인적인 생각이나 피드백을 장려한다.
- · 팀원에게 적절한 훈련과 교육을 지원한다.
- · 발전하는 것이 보이는 팀원에 대한 지지를 표현한다.
- · 소수에게 집중되어 있는 권한을 분산시킨다.

　　　　　　　　　　　　　리더십 빌드업, 프로젝트 티모티

· 팀원들의 성격으로 인한 충돌을 중재한다.

폭풍기 단계에 있는 팀이었는데, 잘 진행된 회의 하나로 팀이 갖고 있는 많은 문제를 극복한 경우를 보았다. 어떤 교회의 당회가 잘 진행되지 않았다. 장로님들이 두 편으로 갈라져서 회의 때마다 고성이 오갔다. 이런 상황에서 담임 목사님은 아예 당회를 열지 않기로 했다. 목사님으로부터 컨설팅을 부탁받고 장로님들을 대상으로 1박 2일의 리트릿을 하기로 했다. 장로님들에게는 모두 「삼성처럼 회의하라」(청년정신)라는 책을 읽고 오도록 부탁드렸다.

드디어 리트릿이 시작이 되었다. 장로님들과 책을 읽으며 가장 중요하게 생각한 회의 원칙들이 어떤 것인지를 나누게 했다. 장로님들은 그 책에서 배울 것이 많았다며, 여러 원칙을 이야기하셨다. 그 가운데 10개 정도의 원칙을 화이트보드에 적었다. 그리고 모든 장로님에게 자신이 가장 중요하게 생각하는 원칙을 다섯 가지만 골라서 체크하도록 부탁했다.

그중 가장 많은 수를 얻은 원칙 다섯 가지를 고르기로 했다. 그리고 다음 당회 때부터 그 원칙을 적용하기로 했다. 그 원칙은 크게 적어 액자로 만들어 당회실에 걸어 두기로 했다. 그 다섯 가지 원칙은 다음과 같다.

· 회의는 한 시간 내에 마친다.
· 한 사람이 3분 이상 이야기할 수 없다.

· 다시 발언하려면 세 번 이상 다른 사람의 의견에 공감해야 한다.
· 모든 회의는 24시간 전에 의제와 함께 회의 참석자들에게 알려야
  한다.
· 회의가 끝나면 A4 용지 한 장에 회의록을 기록해서 24시간 안에 모
  든 참석자에게 알려 주어야 한다.

교회는 리트릿 후 처음 열리는 당회에 나를 초청해서 자신들이 회
의를 원칙대로 하는지 봐 달라고 부탁했다.

회의는 대만족이었다. 회의 참석자들은 발언 시간이 3분으로 제한
되어 있어서 쓸데없는 이야기를 할 수 없었다. 다음 발언을 위해서는
다른 사람의 이야기를 경청하고 반응을 보여야 했기 때문에 중간에
막힘이 없었다. 회의는 한 시간만에 끝났다. 회의에 참석한 당회원들
은 모두 만족하는 표정을 지으며 회의장을 나왔다.

회의를 진행하고 회의에서 팀원들이 자신의 의견을 솔직하게 나누
고 결론을 맺고 실행하게 하는 것이 리더의 중요한 역할이다. 회의 진
행은 저절로 잘되는 것이 아니다. 회의 진행 원칙을 알아야 하고, 잘
진행되는 회의에 참석하면서 기술을 배워야만 한다.

거듭 이야기하지만 한국 선교사들은 팀 사역을 못하는 DNA를 가
진 것이 아니라 이런 훈련이 잘 되어 있지 않은 것이다.

팀 회의가 제대로 진행되지 않는다는 것은 다음과 같은 증상들을
통해서 알 수 있다.

리더십 빌드업, 프로젝트 티모티

· 회의를 왜 하는지 모른다.

· 회의는 하지만 결론이 없이 끝난다.

· 교육인지 회의인지가 불분명하다.

· 회의는 약속된 시간보다 늦게 시작하고 끝나는 시간이 정해져 있지 않다.

· 한 사람이 너무 길게 발언한다.

· 참가자들 중에는 자신이 왜 회의에 참석하고 있는지 모르는 사람이 있다.

강력한 팀을 만들기 위해서는 잘 정리된 주제와 간단 명료한 토론, 철저한 준비로 회의의 효과를 높여야 한다. 좋은 회의 문화는 팀원들의 가치관과 마인드를 근본적으로 개혁하고, 팀을 한 방향으로 이끌 수 있다. 회의는 팀에서만 필요한 것이 아니라 조직에서도 필요한데, 이 내용은 4부 조직의 리더십에서 더 자세히 다룰 것이다.

일반적인 회의에서 어떤 사안을 결정하는 방식은 다음과 같다.

● 만장일치

만장일치는 참석자 모두가 찬성하는 것으로 의사 결정을 내리는 것이다. 참석자 전원이 의견에 찬성했기 때문에 가장 합리적이라고 생각할지 모르지만, 반대하는 사람이 한두 명이라도 있으면 중요한 안건이 부결된다는 것 자체가 의결에 참여하는 사람들에게 부담으로 작용할 수 있다.

• 다수결

이것은 참석한 사람 중에서 더 많은 사람이 찬성하는 안을 채택하는 것으로 일반적인 회의에서 많이 사용한다. 만장일치는 특별한 경우가 아니라면 결정을 내리기가 쉽지 않다. 다수결은 매우 민주적인 방법 같지만 아주 사소한 차이로 표결에 진 사람들은, 겉으로는 승복할지 모르지만 속으로는 승복하기 어려워한다. 대부분 민주주의 국가에서 이루어지는 투표는 이런 다수결을 채택하는데, 아주 근소한 차이로도 어마어마한 권력을 잡기 때문에 갈등은 사라지지 않고 증폭된다.

• 합의제

합의제는 회의에서 투표가 아닌, 의장의 제안에 반대 의사가 없다면 합의에 의하여 결정이 이루어진 것으로 보는 의사 결정 방식이다. 합의제는 만장일치와는 다르며, 결의안의 기본 내용에는 찬성하지만 세부 사항에서 의견을 달리할 경우 투표에 의해서 대립이 표면화되는 것을 피하기 위하여 고안된 것이다. 이렇게 하기 위해서는 회의를 주도하는 의장이 미리 회원들의 의견을 충분히 듣고 조정하거나 회의 중 모든 참석자의 의견을 경청한 후 결론을 내려야 한다.

리더십 빌드업, 프로젝트 티모티

완성기(Performing Stage)

규범기를 통해서 새로운 규칙을 만들고 이를 지키면서 팀은 성숙해진다. 팀원들은 서로 협력하여 상호 의존적으로 일하게 된다. 완성기에 들어오면 상호 간의 신뢰와 상대방의 기여에 대한 호의적인 반응이 생겨난다. 그 결과로 팀이 목표로 하는 과업의 효과나 효율이 증대된다. 그렇다고 해서 완성기가 되면 모든 문제가 해결된다는 뜻은 아니다. '완성'이라는 말은 팀이 목표하는 것을 향해서 잘 가고 있다는 의미다.

팀 리더는 성공적인 완성기에 있는 팀원들이 갈등을 관리하는 방법을 알고 있고 대인 관계의 기술이 고도로 발달되어 있어서 중재하기 가장 쉬운 그룹이라는 것을 알게 될 것이다. 하지만 그렇다고 리더가 해야 할 일이 전혀 없는 것은 아니다. 이런 상황에서도 분명 할 일은 있다.

팀 리더는 팀원들이 지속적으로 자신의 생각을 다른 팀원들과 나누고 서로에게 중재의 의무를 함께 감당할 수 있도록 해야 한다. 그러기 위해서는 훈련을 통해 팀워크 개발과 학습을 장려해야 한다. 좋은 팀은 절대로 저절로 만들어지지 않는다. 우리는 모두 악한 본성을 가지고 있다. 많은 경우 기독교 공동체에서 이런 것을 잊어버리고 팀워크 훈련을 소홀히 하다가 어려움을 당하게 된다.

모든 팀 사역에는 성공에 대한 보상과 격려가 있어야 한다. 기독교 공동체에서도 이 부분에 대해서 많은 연구와 노력을 기울여야 한다.

일반 회사라면 연봉과 승진이라는 메커니즘을 통해 보상과 격려를 해줄 수 있지만 교회나 그 외의 기독교 공동체에서는 일반 회사처럼 하기가 쉽지 않다. 그렇다고 해도 적절한 보상과 인정이 필요하다.

리더는 팀에 대한 피드백이 꾸준하게 표출될 수 있게 해야 한다. 아무리 성숙한 팀원이라 해도 크고 작은 불만이 생기게 마련이다. 리더는 이런 불만에 대해서 신속하게 대응해야 하는데, 그것은 팀원들이 자신이 직면하게 되는 어려움을 언제라도 표현할 수 있을 때 가능하다. 그렇지 않으면 누적된 불만이 폭발하게 되고 순간 폭풍기로 떨어질 수 있다.

팀 형성의 네 가지 단계 중에서 특별히 폭풍기와 규범기에 대해서 많은 분량을 할애했다. 이것은 그만큼 이 시기가 중요하기 때문이다. 폭풍기가 지났다고 해서 그 팀이 안정된 상태가 되는 것은 아니다. 특별한 문제가 없던 팀도 팀원의 변동이 생기면 갑자기 폭풍기로 빠질 수 있다. 예를 들어 팀워크가 좋고 손발이 잘 맞던 팀원이 빠지게 되면 팀 안에서의 그룹 다이나믹이 완전히 바뀌게 된다. 반대로 새로운 팀원이 들어오는 것도 폭풍기를 맞는 중요한 원인이 된다. 이런 상황이 되면 앞에서 설명한 폭풍기 과정을 또 겪어야만 한다.

폭풍기를 이겨 내는 만큼 팀은 성숙해진다. 따라서 폭풍기가 없기를 기도하지 말고 폭풍기를 잘 해결할 수 있도록 기도하는 것이 필요하다.

리더십 빌드업, 프로젝트 티모터

ch. 12
역기능 팀

팀이 운영되기는 하지만 전혀 성과를 내지 못하는 경우가 있다. 이런 팀을 역기능 팀이라고 부른다.

미국의 조직 관리 학자인 패트릭 렌시오니(Patrick Lencioni)는 제대로 기능하지 못하는 팀을 이렇게 정의했다.

> 참된 팀워크는 예나 지금이나 대부분의 조직에서 실천하기 어려운 개념이다. 팀은 자기도 모르게 팀 내에 자연스럽게 생기는, 그러나 위험한 함정 때문에 팀워크를 이루지 못한다. 나는 그 함정을 팀의 다섯 가지 역기능이라 칭한다.

역기능 팀의 현상

렌시오니가 말하는 역기능 팀에는 다음 피라미드가 보여 주는 것과 같은 현상들이 나타난다. 일반적으로 다섯 가지 역기능을 서로 연관이 없는 다섯 가지의 독립된 문제로 인식하는 실수를 저지르기도 한다. 하지만 현실에서 각 요소는 밀접하게 연결되어 있다. 그래서 다섯 가지 중 한 가지만 역기능이라 해도 팀의 성공에 치명적일 수 있다.

(1) 신뢰 부족

첫 번째 역기능은 팀 구성원 간의 신뢰 부족이다. 이 문제는 팀 내에서 약한 모습을 보여 주려 하지 않는 데서 기인한다. 역기능 팀은 실수와 약점에 대해서 진심으로 솔직하지 않은 팀 구성원으로 인해 팀 내 신뢰의 기반이 수립되기가 불가능하다.

(2) 갈등에 대한 두려움

팀 내 신뢰가 부족하게 되면 두 번째 역기능, 즉 갈등에 대한 두려움을 초래할 수 있다. 이것은 팀에 무척 해로운 영향을 끼친다. 신뢰가 부족한 팀은 솔직하고 열정적인 토의를 할 역량이 없다. 오히려 속마

리더십 빌드업, 프로젝트 티모터

음을 감춘 토의나 방어적인 논평만 늘어 놓게 된다.

(3) 헌신의 부족

건전한 갈등이 없다는 것은 팀의 세 번째 역기능, 즉 헌신의 부족을
초래하게 된다. 열정적이고 숨김없는 대화 속에서 스스로의 목소리
를 내지 못한다면, 팀 구성원은 회의에서 동의하는 척하겠지만 좀처
럼 팀의 결정 사항을 받아들이거나 헌신하려고 하지 않게 된다.

(4) 책임 회피

진실한 헌신과 승인이 없기 때문에, 팀 구성원은 책임을 회피하게 된
다. 이것이 바로 네 번째 역기능이다. 분명한 행동 계획이 없다면, 아
무리 성실하고 열정적인 사람이라도 팀의 이익에 저해가 될 것처럼
보이는 행동을 동료들에게 요구하기 힘들다.

(5) 결과에 대한 무관심

팀 구성원이 서로 책임을 회피하게 될 경우 다섯 번째 역기능이 우세
해진다. 팀 구성원이 자아실현이나 인정과 같은 자신의 개인적 욕구
를 팀의 목표보다 우선시할 때 결과에 대한 무관심이 생긴다.

그리고 연결 고리가 하나가 빠진 사슬처럼 단 하나의 역기능이 우
세하더라도 팀워크는 쇠퇴하게 된다.

기능하는 팀

역기능 팀의 반대되는 팀은 기능하는 팀이다. 기능하는 팀은 앞에서 설명한 팀과 반대의 접근법을 취하는 것이다. 그렇다면 긍정적인 접근 방법으로 결합이 잘 되어 있는 팀원들이 어떻게 행동하는지 상상해 보자.

(1) 서로 신뢰한다

팀원들이 서로 신뢰하면 오해가 생기지 않는다. 그렇게 되면 의사소통에 불필요한 에너지를 낭비하지 않게 된다. 서로 불신하는 팀에서는 서로의 말을 재해석하느라 에너지를 많이 쏟게 된다. 신뢰하는 팀은 회의도 신속하게 할 수 있다. 하지만 신뢰가 부족한 팀의 회의는 앞에서 이야기한 회의의 부정적인 면이 모두 나타나게 된다.

(2) 상충되는 의견이라 할지라도 솔직하게 이야기한다

기능하는 팀의 특징은 다른 의견을 솔직하게 이야기할 수 있다는 것이다. 대부분의 경우 역기능 팀에서는 의견보다 사람을 먼저 공격한다. 하지만 기능하는 팀에서는 어떤 팀원이 제시한 의견에 반대를 한다고 해서 그 팀원을 비난하는 것이라고 생각하지 않는다.

(3) 의사 결정과 행동 계획에 헌신한다

기능하는 팀에서는 모든 팀원이 의사 결정에 동참한다. 따라서 자신

리더십 빌드업, 프로젝트 티모티

이 내놓은 아이디어에 대해서 책임지는 자세를 갖게 된다. 그렇게 결정된 사안에 대해서 행동 계획이 세워지면 팀원들은 반드시 헌신하게 된다.

(4) 계획들을 실행에 옮기는 데에 서로 책임을 가진다

기능하는 팀은 충분한 의사 소통과 결정 과정을 거쳐서 계획을 세우기 때문에 팀이 세운 계획이나 전략에 대한 책임을 지게 된다.

(5) 팀 전체의 목표 달성을 위해 힘쓴다

기능하는 팀에서는 팀 전체의 목표 달성을 위해 노력한다. 따라서 당연한 결과이지만 팀은 성과를 내게 된다. 팀원들은 팀으로 일하는 것에 대해서 긍지를 느끼며 만족하게 된다. 이러면 다른 팀들의 부러움을 사게 되며, 다른 팀들이 벤치마킹하고 싶은 팀이 된다.

나는 인도네시아 죠이 펠로우쉽에서 사역하는 동안 현지 사역자들과 이렇게 기능하는 팀으로 일한 경험을 가장 큰 기쁨으로 기억하고 있다. 인도네시아 죠이 펠로우쉽의 사역 팀은 앞서 이야기한 기능하는 팀의 요소를 갖추고 있었다.

인도네시아 학생 사역의 팀 경험

인도네시아 죠이 사역은 영어를 배우려는 대학생들을 중심으로 하는 금요일 영어 바이블 스터디 모임에서 시작되었다. 그러다가 인원이 많아지고 임원들을 세우게 되었다. 시간이 지나면서 더 헌신된 사람들이 생기고 나는 그들과 팀을 이루어 모임을 인도하기 시작했다.

모임이 시작되고 5년 정도 지났을 때 처음으로 전임 사역자들이 세워졌다. 그들과 한 팀이 되었고, 그 팀은 지금 돌아봐도 환상적인 팀이었다. 그 당시 리더 그룹이 기능하는 팀이 되기 위해서 우리는 신뢰를 쌓는 경험을 했고, 그렇게 쌓인 신뢰는 패트릭 렌시오니의 피라미드처럼 팀 사역의 든든한 기초가 되었다.

그때를 회상하면서 우리 안에 그렇게 단단한 신뢰가 생긴 이유를 몇 가지 생각해 보았다. 환경으로만 봤을 때, 우리는 서로 문화가 달랐고 나이 차이도 나는 상황이라 쉽게 신뢰를 쌓기 어려운 상황이었다. 그럼에도 그 어느 곳에서도 경험할 수 없었던 팀워크는 다음과 같은 것에서 기인했다고 생각된다.

(1) 오랜 시간을 함께 보내기

시간을 함께 보내는 것만큼 신뢰를 쌓기에 적절한 것은 없다. "서로 신뢰하자!"고 수백 번을 외친다고 해서 신뢰가 쌓이는 것은 아니다. 함께 지내야 한다. 예수님의 제자 빌립이 자신의 친구 나다나엘에게 가서 그리스도를 만났다고 했을 때 나다나엘이 보인 태도는 무척 냉소적이었다. 그런 친구에게 빌립은 와서 그분을 한번 보라고 초대했다. 나다나엘은 친구의 권유대로 주님과 시간을 보냈고, 그는 자신이 가지고 있었던 냉소적인 태도를 버렸다. 이전에 예수님을 먼저 따랐

리더십 빌드업, 프로젝트 티모티

던 요한과 빌립이 예수님에게 갔을 때 예수님은 "와 보라!"고 하셨다. 이처럼 함께 지내며 서로를 깊이 있게 아는 것이 중요하다.

(2) 재정적으로 투명하려는 노력

나는 인도네시아 형제자매들 앞에서 투명하려고 노력했다. 특히 재정적으로 투명하려고 했다. 죠이 펠로우십의 재정을 내가 관리하지 않았다. 현지 형제 중 한 명에게 회계를 맡게 하였다. 한국에서 온 손님들이 사역에 사용하라고 주는 돈은 그 자리에서 현지인 회계에게 건네 주었다. 내가 쓰는 돈은 OMF에서 보내 주는 생활비뿐이었다.

한번은 자카르타에서 사업을 하는 분이 10만 불을 헌금하신 적이 있다. 그 돈 역시 현지인의 이름으로 은행에 예금했다. 주위에 있는 선교사들이 염려했지만 나는 이것이 나와 현지 리더들 사이의 신뢰에 중요한 시금석이 될 것이라고 생각했다.

그뿐 아니라 재정에 관해서 현지인들을 조금도 의심하지 않았다. 한번은 족자에서 사역을 하는 미국인 선교사가 상의할 일이 있다고 찾아왔다. 그는 시골 지역에서 사역하는 현지 목사들을 돕는 일을 하고 있었는데, 자신이 여러 명의 현지 목사에게 한 달에 100불 정도를 주었다고 한다. 그런데 그것을 사역에 제대로 쓰고 있는지 의심이 든다며 나는 어떻게 하고 있는지를 물었다. 나는 그를 죠이 사무실에 데리고 가서 현지인들이 모두 재정을 맡아 처리하는 모습을 보여 주었다.

현지인에게 모든 재정을 맡기는 것은 엄청난 위험 부담을 안고 가는 일이다. 하지만 신뢰한다는 것은 리스크를 안는 것이라고 생각한다. 누군가는 먼저 믿기 시작해야 한다. 그 말은 누군가는 위험 부담을 먼저 안을 수 있어야 한다는 의미다.

(3) 서로의 문화를 이해하고 극복하려는 노력

인도네시아 문화와 한국 문화는 많이 달랐다. 사역 초기에는 문화를 이해하지 못해 많은 실수를 저질렀다. 가장 큰 차이는 소통의 방법이다. 인도네시아 문화에는 '바사바시'라는 개념이 있다. 이것은 체면치레로 자신의 원하지 않는 대답을 하는 것이다. 예를 들어, 먹고 싶어도 주인이 권하는 음식을 얼른 먹지 않고 세 번 정도 사양하는 것이다. 아마도 이것은 집주인의 진의를 파악하는 과정에서 생긴 문화인 것 같다.

또 많은 인도네시아 사람은 하이콘텍스트 커뮤니케이션(high-context communication)을 했다. 하이콘텍스트 커뮤니케이션이란, 나와 대화하는 사람의 진의를 말 그대로 받아들이지 않고 그 사람의 콘텍스트에 따라 달리 해석하는 것을 말한다.

한번은 학생 임원들이 내게 와서 어떤 일을 하겠다고 제안했다. 솔직하게 말하면 나는 그 일이 마음에 들지 않았다. 하지만 학생들의 자발성을 살리고 싶어 마지못해 그렇게 하라고 했다. 며칠 뒤 학생 임원들에게 그 일의 결과가 어떻게 되었는지를 물었다. 임원들은 그 일을 하지 않았다고 대답했다. 내가 왜 하지 않았느냐고 물었을 때 학생들은 빡 손이 원하지 않는 것 같아서 하지 않았다고 말했다. 나는 분명히 하라고 했다. 내가 한 말을 정확히 기억하는 것은 내가 원하지

리더십 빌드업, 프로젝트 티모티

않으면서도 하라고 했기 때문이었다. 그러자 학생들은 "분명히 빡 손은 하지 말라고 했다"고 말했다. 그래서 "아니라고, 내가 원하지 않은 것은 사실이었지만 말로는 분명히 하라고 말했다"고 했다. 학생들은 "빡 손은 입으로는 하라고 했지만 얼굴 표정으로는 하지 말라고 한 것이었다"고 대답했다.

인도네시아 학생들에게는 내 말보다 내 표정이 중요한 메시지가 된 것이다. 이 일을 통해 나는 진정성 있는 소통이 얼마나 중요한지를 깨닫게 되었다. 인도네시아 학생들도 한국인으로서 나의 약점을 이해하려고 노력했다. 그 결과 우리는 더 이상 소통 때문에 어려움을 겪지 않았다.

문화를 존중하는 것은 좋지만 문화를 초월한 진정성이 얼마나 중요한지를 깨닫는 순간이었다.

(4) 주님 안에서 한 지체임을 강조

우리는 주님 안에서 한 지체임을 강조했다. 인도네시아에는 300종이 넘는 인종이 섞여서 살고 있다. 나는 그곳에서 중국계 인도네시아인, 자바인, 순다인, 바딱인, 다약인, 암본인, 또라자인, 발리인, 꾸빵인, 숨바인, 파푸아인 등 수십 종족을 만나 보았다. 이들 가운데에는 서로에 대해서 적개심을 가지고 있는 종족도 있었다. 특별히 중국계와 현지인들은 물과 기름 같은 관계라 해도 과언이 아니었다.

1998년 전국적으로 소요 사태가 일어났을 때 대부분의 중국계 가게들이 약탈당했다. 죠이에서도 초기에 중국계와 현지인들 사이에

건널 수 없는 계곡이 있어 보였다. 하지만 나는 우리가 그리스도 안에 있는 한 지체임을 강조했다. 소요 사태 속에서 현지인 친구들이 중국계를 안아 주고 미안하다고 말하며 피해를 당한 중국계 형제자매들을 위로해 주기 시작했다. 그리고 어느새 두 그룹 사이의 장벽은 사라졌다.

팀의 역기능을 극복하는 팁

(1) 신뢰의 부족 극복하기

훌륭한 팀은 근본적, 감정적 차원에서 서로를 신뢰한다. 팀원들이 가진 약점, 실수, 두려움과 행동 방식을 이해하고 받아 주어 서로에게 편안한 존재가 되어야 한다.

서로의 약한 점을 인정하고 신뢰를 형성하기 위해서는 팀원들이 실수를 인정하고, 구성원이 서로 참된 칭찬을 주고받는 환경이 되어야 한다. 심지어 팀원들 사이에서 상처받지 않고 비판을 수용하는 분위기가 되어야 한다.

팀 리더의 마음가짐도 중요하다. 아무리 능숙한 리더라고 해도 팀원들이 리더보다 나을 수 있음을 인정해야 한다. 때에 따라서는 리더가 나서서 담대하게 자신의 약점이나 실패를 인정해야 한다. 리더가 솔직하게 약점을 인정한다면, 팔로워들은 어렵고 힘든 상황이라도 리더를 따르려고 할 것이다.

함께 많은 시간을 보내는 것은 신뢰를 쌓는 데 큰 도움이 된다. 함

리더십 빌드업, 프로젝트 티모티

께 지내면 서로 마음을 열고 자신의 이야기를 할 수 있다. 다른 사람의 이야기나 개인적인 삶의 여정에 대해 들었을 때 우리는 서로 더욱 이해하고 신뢰를 높이게 된다. 예를 들어 1부에서 다룬 타임 라인에 대해서 함께 나눈다면 큰 도움이 될 수 있다.

팀 사역 초기에 모든 팀원이 다음 사항들을 서로 나누어 보는 것이 좋다.

• 성장한 곳

자신이 성장한 곳이 어느 곳이냐가 그 사람을 이해하는 데 큰 도움이 된다. 그가 도시에 자랐는지, 혹은 시골에서 자랐는지, 혹은 외국에서 자랐는지 등은 그 사람을 이해하는 데 큰 도움이 된다.

• 형제자매의 수

형제자매의 수와 출생 순서도 그 사람을 이해하는 데 큰 도움을 준다. 형제가 많으면 사회성이 발달할 가능성이 높다. 혼자 자란 사람은 다른 사람이 자신을 방해하는 것에 대해 예민하게 반응할 수 있다.

• 유년기에 가장 힘들었거나 중요했던 일

어린 시절에 트라우마를 경험했다면 어떤 상황이 되었을 때 트라우마가 없는 사람과 현격하게 다른 반응을 보일 것이다. 예를 들어, 나는 중학교 때 익사할 뻔해서 물에 대한 두려움이 많다. 어릴 때 이사를 자주 다닌 사람들 가운데는 사람들과 헤어지는 것이 힘들어서 깊이 사귀는 것을 기피하는 사람들도 있다.

● **MBTI 유형**

MBTI와 같은 성격 유형 검사 도구를 활용하여, 서로의 공통점이나 차이점에 대해 이야기할 수 있다. 예를 들어, "저는 INTJ유형입니다. 저는 종종 다른 사람들과 함께 오래 있는 것을 잘 견디지 못합니다", "저는 ISTJ유형입니다. 일이 잘 정리되어 있지 않을 때 쉽게 짜증이 나고 스트레스도 많이 받는 편입니다"라는 식으로 자신의 MBTI를 표현하는 것이다.

(2) 갈등에 대한 두려움 극복하기

서로 신뢰하는 팀원들은 팀의 목표 달성에 결정적 요소가 되는 문제와 의사 결정에 대해 열정적으로 대화하는 것을 전혀 두려워하지 않는다. 모두 한마음으로 최고의 해결 방안과 진리를 찾고 훌륭한 결정을 내리기 위해 상대방의 의견에 주저 없이 의문을 제기하며, 동의하지 않는 부분을 과감히 이야기한다.

우리는 진정 상대방의 감정을 상하게 하지 않고 열정적으로 토론할 수 있어야 한다. 기독교인들 가운데는 갈등이 있어서는 안 된다고 생각하는 사람들이 있다. 그리스도인들에게도 "선한 갈등"이 있을 수 있다. 신뢰가 없다면, "선한 갈등"도 있을 수 없다. 팀에서 아무도 반대의 목소리를 내지 않는다면 문제는 점차 심화되어 미해결 상태로

리더십 빌드업, 프로젝트 티모티

남게 되며, 타인의 뒤에서 수근거리게 될 것이다. 그리고 팀원들 사이에서는 분노가 싹틀 것이다.

선한 갈등은 외부인의 시선에는 위협적일 수 있다. 사도행전은 그리스도인들 사이에서 생긴 갈등을 여러 번 기록하고 있다. 사도행전 6장에 등장하는 히브리파와 헬라파 사이의 갈등은 히브리파들이 자기들의 기득권을 내려놓음으로 종지부를 찍었다. 15장에 등장하는 할례 문제에 있어서 예루살렘 교회는 예수를 따르는 운동이 무할례자들 사이에서 일어나게 하기 위해 이방인들이 할례를 따르지 않아도 된다고 결론을 내린다.

(3) 헌신의 부족 극복하기

갈등을 두려워하는 사람들은 제대로 의사 표현을 하지 못하기 때문에 팀 내에서 이루어진 의사 결정에 관심도 없으며, 그 결정에 헌신하려고 들지 않는다. 성공하는 팀이 의사 결정 과정을 중요시 하는 데에는 이유가 있다. 그런 팀은 팀원들이 중요한 두 가지 개념을 받아들이는 법을 알고 있기 때문이다. 하나는 팀 안에서 하려는 과업에 대한 팀원들의 동의를 얻는 것이고, 다른 하나는 팀의 과업을 팀원들에게 명확하게 알려 주는 것이다.

우리가 반드시 기억해야 할 것은, 헌신은 팀원들 사이에 이루어지는 의견 일치가 아니라는 것이다. 이 복잡한 세상에서 나름대로의 판단 기준을 가지고 있는 성인들에게 의견 일치를 기대하는 것은 불가능에 가깝다. 하지만 의견이 일치되지 않는다고 해도 팀원들이 자신의 의사를 충분히 전달하고 그 의사가 받아들여진다고 생각한다면 팀 내에서 동의나 헌신을 끌어낼 수 있다.

패트릭 렌시오니는 "헌신의 부족"을 극복하기 위해 다음 두 가지를 제안한다.

> · 팀의 결정을 팀원 내 모든 사람에게 분명히 전달한다. 회의 종료 전에 회의에서 동의한 부분을 회의록에 기록하고 그 내용을 참석자들에게 알려 주고 수정 여부를 묻는다.
> · 팀의 결정은 팀과 관련된 외부인에게 가능한 한 신속하게 전달되어야 한다. 가급적 24시간 내로 전해야 한다. 회의 내용을 전달받은 사람은 회의 결과에 대해서 질문할 수 있어야 한다.

(4) 책임 회피 극복하기

많은 사람은 타인의 행동이나 태도에 책임을 묻는 것을 좋아하지 않는다. 책임을 묻는다는 것은 기본적으로, 해당되는 사람을 불편하게 하는 일이기 때문이다. 하지만 서로 팀의 목표에 헌신하는 팀원들은 스스로 책임감을 갖고 과업을 수행한다.

기능하는 팀에서 팀원들의 책임감이란 팀원들이 팀의 업무 수행과 관련된 프로세스를 제대로 이행하지 못할 때 자진해서 서로에게 그 사실을 상기시켜 주는 것을 말한다. 팀원들 서로 동등한 책임을 갖는 것은 강력하고 효과적인 동기 부여가 된다. 팀 리더가 먼저 앞장서서 책임을 지려고 할 때, 구성원도 서로에게 자유롭게 책임을 물을 수 있으며 기꺼이 자신도 책임을 지려 할 것이다.

(5) 결과에 대한 무관심 극복하기

사람들이 조직의 결과에 관심을 가지기보다는 자기 자신의 이익에
관심을 갖는 것은 자연스러운 일이다. 하지만 기능하는 팀은 팀원 개
개인의 이익에 연연하지 않고 팀이 성취해야 하는 결과에 모두 관심
을 갖는다. 리더는 팀의 목표를 공개하고 실제화함으로써 팀의 역기
능을 극복할 수 있다. 리더는 수시로 팀원들에게 충성하고 책임감을
가져야 하는 대상은 팀원 개개인이 아니라 팀원들이 몸담고 있는 팀
이라는 사실을 명심하도록 알려 주어야 한다.

역기능을 극복한 실례

A글로벌 기업의 소프트웨어 개발 팀에서 있었던 사례를 살펴보겠다.

이 팀은 프로젝트 기한을 맞추지 못하고, 자주 갈등이 발생하며,
팀원들 간의 신뢰가 부족해 의사소통이 원활하지 않은 상황이었다.
결과적으로 팀은 성과를 내지 못했고, 모두 사기가 떨어져 있었다. 이
팀은 패트릭 렌시오니의 전형적인 역기능 팀의 모든 증상을 가지고
있었다.

팀원들 간에 서로의 능력이나 의도를 신뢰하지 못했다. 이는 정보
공유의 부족으로 이어져, 문제 해결이 늦어지거나 오류가 발생했다.
팀원들은 의견 차이를 해결하지 않고 피하는 경향이 있었다. 이는 잠

재적인 문제를 숨기고, 중요한 결정이 지연되거나 잘못된 방향으로 진행되게 만들었다.

팀원들이 프로젝트 목표에 충분히 헌신하지 않았다. 개인의 목표가 팀 목표보다 우선시되었고, 이에 따라 팀 전체의 방향성이 흐려졌다. 잘못된 일이 발생했을 때, 팀원들 누구도 책임을 지려 하지 않았다. 이는 문제 해결을 지연시키고, 같은 실수가 반복되는 원인이 되었다. 팀원들은 프로젝트의 최종 결과에 크게 신경 쓰지 않았다. 이는 팀의 성과에 부정적인 영향을 끼쳤다.

이 팀은 거의 해체 수준까지 갔지만 다행히 팀원들은 자신들이 역기능 팀이라는 것을 인정하고 다음과 같은 극복 과정을 진행했다.

(1) 신뢰 구축을 위한 노력

● 팀 빌딩 워크숍

회사는 전문 강사를 초빙하여 팀 빌딩 워크숍을 진행했다. 이 워크숍에서는 각 팀원이 자신의 강점과 약점을 솔직하게 공유하고, 서로의 배경과 경험을 이해하는 시간을 가졌다. 이를 통해 개인 간의 신뢰가 쌓였다.

● 투명한 의사소통

팀 리더는 모든 회의에서 투명한 의사소통을 장려했다. 팀원들이 자유롭게 질문하고, 의견을 제시할 수 있는 분위기를 조성했다. 이를 통해 신뢰가 더욱 강화되었다.

리더십 빌드업, 프로젝트 티모티

(2) 건설적인 갈등 촉진

- **갈등 관리 교육**

  팀은 갈등 관리 전문가의 도움을 받아 갈등을 긍정적으로 해결하는 방법을 배웠다. 갈등이 발생했을 때, 이를 피하지 않고 건설적으로 해결하는 법을 익혔다.

- **피드백 문화 정착**

  팀은 정기적인 피드백 세션을 도입했다. 모든 팀원이 자유롭게 피드백을 주고받으며, 이를 통해 서로의 생각과 의견을 존중하게 되었다.

(3) 헌신 강화

- **명확한 목표 설정**

  팀은 프로젝트의 목표를 명확하게 설정하고, 이를 팀원들과 공유했다. 각 팀원이 프로젝트 목표에 공감하고, 자신이 기여할 수 있는 부분을 이해하도록 했다.

- **개인의 기여 인정**

  팀 리더는 각 팀원의 기여를 인정하고, 그 중요성을 강조했다. 이를 통해 팀원들은 자신이 팀의 성공에 중요한 역할을 한다는 것을 느끼게 되었다.

(4) 책임감 부여

• 책임 분담

각 팀원에게 명확한 역할과 책임을 부여했다. 팀원들은 자신이 맡은 역할에 대해 책임지고, 이를 충실히 수행하려고 노력했다.

• 성과 측정

팀의 성과를 정기적으로 측정하고, 각 팀원의 기여도를 평가했다. 이를 통해 팀원들은 자신이 팀의 성과에 기여하고 있다는 것을 인식하게 되었다.

(5) 결과에 집중

• 성과 보상

팀의 목표 달성에 대한 성과 보상 시스템을 도입했다. 목표를 달성하면 이에 대한 보상을 받게 하여 팀원들이 결과에 집중하도록 유도했다.

• 지속적인 개선

정기적으로 회의를 열어 진행 상황을 점검하고, 필요한 개선 사항을 즉시 반영했다. 이를 통해 팀은 지속적으로 발전할 수 있었다.

이러한 변화의 결과로 팀의 신뢰와 협업이 크게 향상되었다. 갈등이 줄어들고, 팀원들이 더 헌신적으로 프로젝트에 임하게 되었다. 팀

리더십 빌드업, 프로젝트 티모티

원들은 책임감을 가지고 자신의 역할을 수행했으며, 결과적으로 프로젝트 기한을 맞추고 성과를 낼 수 있었다. 팀의 사기도 크게 향상되어, 회사 내에서도 모범적인 팀으로 평가받게 되었다.

4부

조직의
리더십

조직은 3부에서 다룬 팀과는 차원이 다른 복잡한 구조를 의미한다. 따라서 조직의 리더에게는 더 심도 있는 리더십의 태도와 기술을 요구한다. 훌륭한 팀 리더였다고 해서 훌륭한 조직의 리더가 되는 것이 아니다. 조직의 리더는 시스템적 사고를 할 줄 알고 감성 지수가 높아야만 한다.

　어느 조직이나 예외 없이 조직은 생겨나고 없어지는 순환 과정을 겪는다. 하지만 이 순환 과정을 어떻게 겪느냐에 따라 조직은 장수하기도 한다. 따라서 조직은 외적인 환경 변화나 내적인 필요에 의해서 끊임없이 변화하게 된다. 이런 변화의 전환기에 리더는 어떻게 해야 하는지를 4부에서 다루게 될 것이다.

ch. 13
시스템으로서의 조직

조직을 바라보는 관점은 두 가지다. 하나는 조직을 정확하게 돌아가는 기계로 보는 것이고, 또 다른 하나는 살아 있는 유기체로 보는 것이다.

조직을 바라보는 두 관점

기계는 엔지니어가 만들어 준 톱니바퀴를 따라 정해진 대로 돌아가며 동력을 전달한다. 만약 어떤 공장 내의 기계가 디자인한 의도와 다른 결과를 가져다 준다면 엔지니어는 그 기계가 고장 났다고 생각하고 원래의 모습대로 고쳐 놓을 것이다.

날씨 같은 자연의 질서에도 법칙이 있다. 그런 면에서는 기계와 유사하다. 여름이 되면 더워야 하고, 겨울이 되면 추워야 한다. 여름에 덥지 않으면, 식물들이 결실하지 못하는 등 여러 피해가 속출한다. 겨울도 겨울다워야 해충도 죽고, 특정 식물들은 다음 세대를 위해서 싹

틔울 준비를 한다.

하지만 자연 질서는 엔지니어가 일정하게만 작동하도록 고안한 기계와는 다르다. 그 안에 나름의 시스템이 있다. 우리 몸도 마찬가지다. 우리 몸은 하나지만 몸 안의 여러 부분이 하나의 체계 안에서 제각기 기능하면서도 함께 움직이는 유기체이다.

문제가 발생하면 그와 관련된 기계적 결함만 고치면 된다. 기계에 문제가 발생하면 단순하게 그 문제와 관련된 기계적 결함만 고치면 해결된다. 문제가 발생했을 때, 이렇게 생각하는 것을 '기계적 사고', 또는 '선형적 사고'라고 한다. 하지만 조직은 마치 우리 인체처럼 여러 부분이 함께 작동하며 하나의 원인만으로 문제를 해결하기 어렵다. 조직을 질서 정연한 기계로 본다면 구성원은 하나의 부품으로 여겨질 것이다. 이런 조직은 지나치게 경직되어 제대로 성과를 올리기 어렵다. 자연이나 인체처럼 여러 부분이 하나의 체제 안에서 유기적으로 움직이는 것을 '시스템'이라고 한다.

유기체로 보는 관점은 교회에도 적용된다. 사도 바울은 고린도전서에서 교회를 여러 지체가 한 몸을 이루는 것으로 비유했다.

> 몸은 하나인데 많은 지체가 있고 몸의 지체가 많으나 한 몸임과 같이 그리스도도 그러하니라(고전 12:12).

> 너희는 그리스도의 몸이요 지체의 각 부분이라(고전 12:27).

리더십 빌드업, 프로젝트 티모티

시스템적 사고

시스템적 사고는 개인이 생각하는 과정을 촉진하여 시스템 내에 있는 각 부분의 상호 연관성과 각 부분 간의 결속력을 파악하는 철학, 사고방식 및 도구 세트를 말한다. 시스템적 사고의 장점은 더 높은 수준의 사고와 행동을 추구한다는 점이다. 시스템적 사고는 여러 분야에서 문제 해결, 협업, 그리고 혁신의 중요한 요소로 점점 강조되고 있다.

시스템적 사고는 시스템의 구성 요소와 각 요소의 상호 연관성을 파악하여, 시간이 지남에 따라 시스템이 어떻게 작동하고 진화하는지를 더 잘 이해하기 위한 총체적인 접근 방식이다. 시스템적 사고는 문제에 대해 더 총체적이고 응집력 있는 접근 방식을 취한다. 주어진 상황에서 일어나는 상호 작용의 보이는 것과 보이지 않는 원인, 연결, 결과를 시각화한다. 시스템을 이해하려면 시스템을 전체적으로 살펴보는 동시에 구성 요소를 이해해야 한다.

세 가지 접근 방법

조직의 문제를 잘 해결하려면, 사건 위주의 접근법이나 패턴 위주의 접근법, 시스템 위주의 접근법의 차이를 알고 있어야 한다.

(1) 사건 위주의 접근법

사건 위주의 접근법이란 조직 내에서 일어나는 사건 하나하나에 중점을 두는 접근법이다. 그럴 때마다 즉흥적으로 반응하는 방법밖에는 대안이 없다. 비유하자면 우리가 조직 내에서 일어난 사건에 관한 사진 한 장을 바라보는 것과 같다. 예를 들어, 화재가 발생하면 소방서에 전화를 하는 것이다. 이런 조직에는 예방을 한다든지, 화재가 발생했을 때 어떻게 할 것인지에 대한 매뉴얼이 전혀 없다.

(2) 패턴 위주의 접근법

패턴 위주의 접근법이란 오랫동안 시간을 두고 조직 내에서 발생하는 사건의 패턴이나 추세를 발견한 이후에 이에 대한 해결책을 찾는 방법이다. 이것은 마치 일련의 사진을 몇 장 보는 것과 같다. 예를 들어, 화재가 야간에 빈번히 일어나는 것을 인식하게 되었다고 하자. 그러고 나서 화재의 원인이 밤에 촛불을 제대로 끄지 않아서 일어난 것임을 발견했다고 하자. 그런 문제를 시정하기 위해서 각 사무실에 전등을 배치하기로 했다면 이것은 사건 위주의 접근법에서 패턴 위주의 접근법으로 바뀌었다고 할 수 있다.

(3) 시스템 위주의 접근법

시스템 위주의 접근법이란 근본 원인과 요소들 간의 상호 관계 속에서 최적의 방법을 찾는 접근법이다. 사건이 일어나는 이유는 조직의 문화와 가치, 전제나 프로그램 등이 그 원인이며 "왜 이러한 사건이

리더십 빌드업, 프로젝트 티모티

일어나는지, 무엇이 이 사건을 야기시키는지, 또 다른 사건들이 관련 있는지, 이 사건에 영향을 끼치는 다른 변수는 무엇인지"를 끊임없이 물어야 한다. 이러한 질문들은 앞으로 일어날 사고를 예견하고 대비할 수 있게 해준다. 이것이 바로 시스템적 사고의 핵심이다.

이것은 마치 일련의 사진들을 모두 연결해 놓는 것과 같다. 예를 들어, 화재가 자주 발생하는 것과 관련된 모든 요인을 고려하는 것이다. 건물이 목재인지, 직원들이 전기 요금이 많이 나오는 것을 두려워하고 있는지, 당직 근무자가 어둠 속에서 취침하는 것에 대한 두려움을 가지고 있는지 등을 종합적으로 분석하는 것이다.

시스템적 사고는 학습을 통해 충분히 습득할 수 있는 사고방식이며 일이 어떻게 돌아가는지 이해할 수 있게 도와준다. 시스템적 사고를 통해 문제를 전체적인 관점에서 볼 수 있게 되어 근본 원인과 관련된 각 요소의 상호관계를 찾을 수 있게 해준다.

빙산에서 눈에 보이는 부분은 전체의 10퍼센트밖에 되지 않는다. 90퍼센트는 수중에 있다. 이처럼, 시스템적으로 문제에 접근할 때도

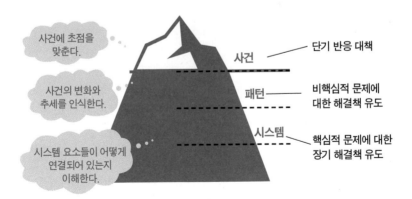

표면상 보이는 것은 큰 문제 덩어리의 일부분에 지나지 않는다는 사실을 잊지 말아야 한다.

(4) 패턴 위주 접근법의 전형적인 사례

인도네시아에서 강의할 때 한번은 내가 소속되어 있던 경영학과에서 교수 회의가 열렸다. 교수들이 모여 앞으로 경영학과의 10년 장기 계획을 이야기하는 자리였다. 한 교수가 앞으로 경영학과는 교수를 두 배로 증원해야 하고, 강의실도 두 배로 늘려야 한다고 제안했다. 나는 그 제안을 듣고 무척 의아했다.

교수를 늘리고 강의실을 늘리려면 학생들의 입학 정원을 늘린다든지, 전공 학과를 늘린다든지 해야 할텐데 그런 변화 없이 강의실이나 교수의 수를 증원하는 것이 타당할까?

그 교수는 현재 경영학과에서 일어나고 있는 현상에 대해 분석했다고 한다. 당시 경영학과는 매년 200명 정도의 입학생을 뽑았다. 그런데 매 학기 경영학과에서 계속 강의를 듣기 위해 등록하는 학생의 수는 무려 1,300명가량 되었다.

이런 상황을 분석하기 위해서 그 교수는 해마다 늘어나는 재학생 수를 가지고 통계 분석 기법인 회귀 분석을 해 보니 10년 뒤에는 재학생이 2,000명에 이를 것이라는 예측이 나왔다는 것이다. 그것에 대비해서 교수도 증원하고, 강의실도 늘려야 한다고 했다.

나는 아무래도 이해가 되지 않았다. 입학생이 동일한데, 재학생의 수가 계속 많아지는 것은 졸업생 수가 입학생 수에 비해 현저히 적다

리더십 빌드업, 프로젝트 티모티

는 뜻이다. 왜 졸업생 수가 줄어들까에 대한 생각을 하지 못한 채, 재학생 수가 늘어나는 것만을 보고 이에 대한 대비를 하는 것이 대표적으로 패턴을 통해 해답을 찾는 것이다.

문제의 핵심은 다음과 같았다.

첫째, 학생들은 낮은 학점을 보강하기 위해서 들었던 과목을 다시 수강했다. 인도네시아는 모병제라 일반 학생의 경우 병력의 의무가 없다. 따라서 대학에 오래 남아 수업을 들어도 문제가 되지 않았다.

둘째, 모든 학생은 학부를 졸업할 때 논문을 써야 하는데, 학생 수에 비해 논문을 지도할 교수가 부족해서 논문 때문에 학생들이 학부 졸업을 연기하는 경우가 많았다. 그래서 해마다 등록하는 학생 수가 계속 늘어나는 것이었다.

나는 이런 해답을 제시했다.

첫째, 재수강을 해서 낮은 학점을 고치려고 하는 것은 두 가지 문제가 있다고 보았다. 하나는 입학생들의 학력 평가를 제대로 하지 못했다는 것이다. 제대로 수업에 따라올 수 없는 학생들을 뽑았다면 입시 시스템을 고쳐야 한다.

둘째, 제대로 된 학생들이 선발되었는데도 공부를 하지 못한다면 우리가 가르치는 내용이 너무 어렵거나 평가 시스템이 잘못되어 있다고 보아야 한다.

셋째, 학부 졸업 논문이 늦어져서 재학생이 늘어나는 것은 졸업 논문 지도를 잘하든지, 논문 통과 수준을 낮추든지, 아니면 폐지하는 것이 방법이라고 생각한다.

이렇게 해서 입학한 학생들이 제때에 학업을 마치고 졸업하도록 하는 것이, 현재 상태를 그대로 받아들여서 해마다 늘어나는 재학생 수에 따라 교수를 늘리고 강의실을 확충하는 것보다 훨씬 좋은 해법이 된다고 생각했다.

감사하게도 인도네시아 교수들은 내가 지적한 부분을 받아들였다. 이것이 패턴을 통해 해법을 찾는 것과 시스템적으로 해법을 찾는 것의 차이라고 할 수 있다.

기능하는 조직

(1) 거버넌스 구조

조직에서 가장 중요하게 다루어야 할 부분은 거버넌스(governance) 구조다. 거버넌스라는 단어의 의미는 원래 통치나 관리 방식을 말하는데, 기업에서는 기업의 소유와 경영 구조를 의미한다.

정부의 통치나 행정에서 시작된 이 단어는 이제 매우 일상적으로 사용되고 있다. 일반적으로 거버넌스의 뜻은 공동체를 이루는 구성원들이 의사 결정에 참여하여 중요한 사항을 집단으로 결정하는 체계라고 할 수 있다. 다시 말해 거버넌스라는 용어는 조직에서 누가 어떤 결정을 해야 하는가에 대한 합의라고 할 수 있다.

이것이 분명하지 않으면 결국 공식적이든 비공식적이든 권력을 가진 사람들에 의해서 조직이 좌지우지된다. 최악은 공식적인 조직이 있지만 조직 내에 암약하고 있는 비선실세들이 있어서 그런 사람들

리더십 빌드업, 프로젝트 티모티

에 의해서 조직이 좌지우지되는 것이다.

일반적으로 교회는 개척한 목사의 뜻에 의해 움직이는 경우가 많다. 그것은 제대로 거버넌스 구조를 세우지 못했다는 증거다. 그러다가 개척한 초대 목사가 은퇴하고 새로운 목사가 청빙되어 오면 그동안 아무런 소리를 내지 못하고 지내던 당회원들이나 교회 리더들이 큰소리를 내기 시작하면서 교회가 분열되기도 한다.

이런 현상은 비단 교회만의 문제가 아니다. 선교 단체들도 마찬가지고 비영리 단체들에서도 동일하게 일어나는 현상이다. 설립자가 있는 동안에는 문제가 되지 않지만, 설립자가 떠나는 순간, 거버넌스 구조가 제대로 되어 있지 않거나 허술한 조직에서는 여지없이 잡음이 들리게 마련이다. 나는 주변에서 이런 교회를 많이 보고, 선교 단체 안에서도 이런 일이 발생하는 것을 많이 보면서 거버넌스에 대한 개념을 조직 구성원들이 제대로 이해하는 것이 중요하다는 것을 뼈저리게 느꼈다.

(2) 리더의 권한과 책임

일반적인 조직의 거버넌스 구조를 살펴보면 이사회는 고유의 목적 사업을 위해서 상임 대표를 선출한다. 경우에 따라서는 이사 중에서 한 사람이 상임 대표가 될 수도 있고, 어떤 경우에는 외부에서 초빙할 수도 있다. 전문성을 고려하는 경우 내부에서 상임 대표가 되기보다는 외부에서 오는 경우가 더 많다.

따라서 대표는 조직의 실질적인 포지셔널 리더가 된다. 하지만 대표는 이사회에 보고할 책무가 있다. 이런 책무를 인식하는 것이 매우 중요하다. 조직에서 이사회가 하는 일은 대표를 포함한 조직의 일원들이 이사회가 결정한 방향을 향해서 잘 가고 있는지를 관리 감독하는 것이다.

리더로서 대표는 조직 전체를 통하여 조직이 확정한 사명을 이루어야 한다. 그 과업에 대해서는 이미 2부에서 많이 다루었다. 조직은 일반적으로 여러 개의 부서로 나누어져 있어서 이런 부서를 통솔하기 위해서 리더는 명확한 권한과 책임을 갖는다.

리더가 자신에게 주어진 역할을 다하는 데 많은 한계가 있다. 예를 들어, 중요한 결정을 할 때 혼자서 결정해야 하는 부담감을 줄이기 위해서 카운슬을 운영하는 것이 좋다. 카운슬은 각 부서가 골고루 참여하는 자문 기구의 역할을 하게 된다.

리더는 적절하게 팔로워들에게 책임과 권한을 이양해야 한다. 위임을 하는 경우에도 대표는 모든 일에 대해서 책임지게 된다. 따라서 위임했다고 뒷짐을 지고 있어도 안 되지만, 위임한 사안을 다시 왈가왈부하며 지나치게 간섭하는 것도 적절하지 않다. 팔로워에게 위임하되 최종 결재를 통해서 자신에게 책임이 있음을 확인해야 한다.

위임은 대표가 책임을 면하기 위해서 하는 것이 아님을 분명히 해야 한다. 가장 나쁜 조직의 리더는 위임하고 방관하는 것이다. 이렇게 한다면 시간이 지나면서 조직은 사분오열하게 되고 수습하기 위해서 더 많은 노력과 에너지가 필요하게 된다.

리더십 빌드업, 프로젝트 티모티

(3) 규정의 중요성

조직 내 규정은 다음과 같은 이유로 반드시 필요하다.

- **질서 유지**

  규정은 조직 내부의 질서와 안정성을 유지하는 데 중요한 역할을 한다. 규정이 없으면 각자의 의견이 충돌하고 일관성 없는 행동이 발생할 수 있으며, 이는 조직의 효율성을 저하시킬 수 있다. 따라서 규정을 통해 일관된 행동과 규칙을 제시함으로써 조직 내부의 질서를 유지할 수 있다.

- **업무 효율성**

  규정은 업무를 원활하게 진행할 수 있도록 도와준다. 명확하고 일관된 규정은 업무 프로세스를 표준화하고 효율화할 수 있다. 이는 업무의 중복을 방지하고 리소스를 효율적으로 활용할 수 있는 기회를 제공한다.

- **팀워크 강화**

  규정은 팀 내부의 협력과 팀워크를 강화하는 데 도움을 줄 수 있다. 명확한 규정은 업무 분담과 역할을 명확히 정의하고, 팀원 간의 협력과 소통을 원활하게 할 수 있다. 이는 팀의 성과를 향상시키고 문제 해결 능력을 강화하는 데 도움이 된다.

● **법적 준수**

일부 조직의 규정은 법적 요구 사항을 준수하기 위해 필요하다. 조직은 법과 규제를 준수해야 하며, 이를 위해 규정을 만들어야 한다. 법적으로 요구되는 규정들은 조직의 법적 책임과 평판을 보호하는 데 중요하다.

● **조직 문화 형성**

규정은 조직 문화를 형성하는 데 기여할 수 있다. 규정은 조직의 가치관과 원칙을 반영하며, 이를 통해 조직의 정체성을 강화하고 구성원의 행동을 유도할 수 있다.

이러한 이유들로 인해 조직 내 규정은 필수적이다. 규정이 명확하고 투명하게 제시되고 준수되면 조직은 효율적으로 운영되며 성공적으로 성장할 수 있다. 그러나 규정이 너무 강하거나 너무 약한 경우에는 문제가 발생할 수 있다.

조직 내의 규정이 강한 경우에는 다음과 같은 부작용이 발생할 수 있다.

● **창의성 저하**

너무 엄격한 규정은 구성원의 창의성을 억누를 수 있다. 새로운 아이디어를 제안하거나 실험하는 것을 꺼릴 수 있다.

리더십 빌드업, 프로젝트 티모티

- **강압적인 문화**

  강력한 규정은 종종 강압적인 문화를 유발할 수 있으며, 구성원들이 조직에 대한 신뢰를 잃게 할 수 있다.

- **구성원의 불만**

  너무 강한 규정은 구성원의 자유와 자기 표현을 제한할 수 있으며, 결과적으로 불만이 쌓일 수 있다.

  이와 반대로 조직 내의 규정이 약한 경우에도 다음과 같은 부작용에 직면할 수 있다.

- **혼란과 불확실성**

  너무 약한 규정은 조직 내부에 혼란과 불확실성을 초래할 수 있으며, 이는 조직 구성원들에게 불안감을 줄 수 있다.

- **비효율성**

  규정이 없거나 느슨한 경우에는 업무의 처리 방식이 일관성 없이 다양할 수 있으며, 이는 비효율성과 혼란을 초래할 수 있다.

- **법적 위험**

  적절한 규정이 없는 경우에는 법적인 문제에 노출될 위험이 있다. 법적 요구 사항을 준수하는 규정이 필요하다.

회의를 통한 의사 결정과 실행

(1) 회의의 기능

3부의 팀 리더십에서 회의의 중요성에 대해서 언급한 바 있다. 하지만 조직에서 회의는 그 어떤 것보다 중요하다. 일반적으로 조직 내에서 회의의 기능은 다음과 같다.

• 커뮤니케이션

조직이 복잡해지고 부서가 많으면 상하 간의 커뮤니케이션이나 부서 상호 간의 커뮤니케이션이 어려워진다. 따라서 회의는 이런 장애를 극복하는 가장 좋은 기회가 된다.

• 문제 해결

한 부서 안에서 해결하지 못하는 문제가 회의 때 함께 이야기되면서 해결되는 경우가 많다. 이렇게 특정 문제를 해결하기 위해서는 특별히 태스크 포스 팀을 만들어 회의하는 것이 좋다.

• 새로운 아이디어

회의를 통해 새로운 아이디어를 발견할 수 있다. 기존 사고 안에 갇혀 있다가 여러 사람이 모여 회의를 할 때 전에 생각해 보지 못한 새로운 아이디어를 얻게 된다. 이를 위해서는 브레인스토밍을 하는 것도 필요하다. 브레인스토밍이란, 여러 사람이 한 사람의 참신한 아이디어에 대해 비판하지 않고 새로운 아이디어를 첨가하면서 비현실적으로 보일 수도 있는 아이디어를 계속 빌드업함으로 일반적인 상황에서는 생각하기 어려운 참신한 아이디어를 얻는 방법이다.

- **방향 조정**

각 부서가 서로 다른 방향을 가지고 일한다면 아무리 열심히 일한다고 해도 그 결과는 전체 조직의 관점에서는 해가 될 수 있다. 따라서 회의는 각 부서가 하는 일에 대한 방향을 서로 확인하고 조정하는 자리가 될 수 있다.

(2) 효과적인 회의를 위한 질문

좋은 조직은 잘 정리된 의제와 간단 명료한 토론, 다양한 대안 준비 등으로 회의 시간을 줄이고 회의 효과를 높인다. 효과적인 회의가 아니라면 수백 번 회의를 해도 하지 않는 것보다 못한 경우가 있다. 나는 회의할 때마다 회의 참석자들에게 이렇게 말한다. "회의를 하는 것과 하지 않는 것이 동일하다면, 회의를 하지 않는 것이 낫다."

효과적이지 않은 회의는 시간과 에너지만 낭비될 뿐이다. 뿐만 아니라 참석자들에게는 회의에 대한 부정적인 인식만 심어 주게 되고, 이어지는 회의에 계속 악영향을 끼친다.

효과적인 회의를 위해서는 다음과 같은 질문을 꼭 해야만 한다.

· 이 회의는 꼭 필요한가?

- 함께 모여서 회의하는 것보다 부서 스스로 결정할 수는 없을까?
- 이런 회의 말고 더 좋은 수단은 없을까?

불필요한 회의를 하는 것은 부정적인 학습 효과도 가져다주어, 장기적으로 조직에 해가 된다. 따라서 회의 전에 리더는 회의가 꼭 필요한지, 회의를 하지 않고 다른 방법으로 문제를 해결할 수 있을지에 대해서 깊이 생각해야 한다.

(3) 회의 참석자를 결정하는 조건

회의에 누구를 참석시키고 누구를 빼야 하는가도 매우 중요한 문제다. 다음과 같은 조건으로 참석자를 결정하는 것이 중요하다.

- 결정권을 가진 사람을 참석시킨다. 결정권이 없는 사람들이 참석해서 어떤 일을 의결해 봐야 아무런 소용이 없다.
- 회의 주제에 대해 강한 문제 의식이 있는 사람을 참석시킨다.
- 전문가를 참석시킨다.
- 자기 의견을 확실히 밝힐 수 있는 사람을 참석시킨다. 자기 의견을 전혀 이야기하지 않는 사람들은 회의에 참석시킬 필요가 없다.

이처럼 잘 진행되는 회의만으로도 조직 내의 많은 문제를 해결할 수 있다.

리더십 빌드업, 프로젝트 티모티

ch. 14
조직 문화

국가마다 혹은 민족마다 고유한 문화가 있다. 조직에도 각각의 문화가 있다. 사전은 조직 문화를 "조직마다 제각기 독특하게 갖고 있는 보편화된 생활 양식, 다시 말해서 한 조직 내의 구성원 대다수가 공통적으로 가지고 있는 신념, 가치관, 행동 양식 등을 통틀어 말한다"라고 정의하고 있다.

조직 문화의 형성

조직 문화는 한 조직이 대외적 환경에 적응하고 내부적으로 통합화하는 과정에서 생기는 여러 문제점을 극복하는 과정에서 형성된다. 예를 들어, 2부에서도 말했지만 인도네시아 죠이 펠로우십의 경우, 처음부터 조직 문화를 가지고 있었던 것은 아니다. 하지만 시간이 지나면서 문화로 자리 잡기 시작했다.

인도네시아 문화는 시간 중심(time-oriented)이 아니라 행사 중심

(event-oriented)이다. 어떤 모임이든 정해진 시각에 시작하는 것이 중요하지 않고, 행사에 사람들이 다 모이는 것이 중요하다. 하지만 죠이 모임이 커지면서 시간을 지키지 않을 때 나타나는 불편을 회원들이 인식하기 시작했다. 그때부터 회원들 스스로 시간을 지키는 것을 강조했고, 언제부터인가 인도네시아 죠이 펠로우십에서는 정각에 시작하고 정각에 마치는 것을 당연한 것으로 여기게 되었다.

OMF의 조직 문화 가운데 '단순한 삶'(simple life)이라는 것이 오랫동안 자리 잡아 왔다. 선교사들은 모두 검소하게 산다. 선교사들은 어려운 동네에 세를 얻어 그들과 비슷한 수준으로 생활한다. 식사도 주로 현지인들이 먹는 음식으로 먹는다.

이처럼 조직 문화는 조직 구성원의 공통된 경험을 바탕으로 하여 이루어진 것으로 조직이라는 하나의 공동체를 결속시켜 주고 구성원의 정체성이 된다. 이런 조직 문화는 구성원으로 하여금 공동체 안에서 하나라는 일체 의식과 조직에 대한 충성심을 갖게 한다.

조직 문화는 외부 사람들에게 쉽게 인식된다. 어떤 단체를 생각하면 떠오르는 이미지가 있다. 현재 우리나라에서 활동하고 있는 학생 선교 단체만 해도 수십 개가 되는데, 단체마다 독특한 조직 문화가 있다. 이런 조직 문화에 관한 재미있는 이야기가 전해지고 있다.

네 개의 학생 선교 단체가 연합으로 겨울 수양회를 하는 동안 대설이 오면, 각 단체의 멤버들이 어떻게 할 것인가에 대한 이야기다.

캠퍼스에 그리스도의 푸른 계절이 오게 하자는 CCC 멤버들은 모두 삽을 들고 나와 일사분란하게 눈을 치울 것이다. 지성 사회의 복음화를 기치로 내건 IVF 멤버들은 스터디 그룹을 만들어 왜 눈이 이렇게 많이 오게 되었으며, 이 눈은 대략 언제쯤 멈출지에 대해서 연구할 것이다. 늘 영적 전쟁에 대해서 강조하는 예수전도단 멤버들은 대적 기도를 할 것이다. 그런데 예수님을 첫째로, 이웃을 둘째로, 나 자신을 세 번째로 두면 기쁨을 누리게 된다고 하는 죠이선교회 멤버들은 모두 나와 눈싸움을 하며 즐길 것이라는 이야기다. 단순히 웃자고 하는 이야기지만 각 단체의 특성을 떠올리게 하는 촌철살인의 표현이라 할 수 있다.

대표적인 두 가지 조직 문화

조직 문화 가운데 가장 대표적인 것은 수직적 조직 문화와 수평적 조직 문화이다. 수직적 조직 문화는 나쁘고 수평적 조직 문화는 좋다는 식으로 이분법적으로 평가할 수는 없다. 군대나 위계 질서가 중요한 조직이라면 원하든 원치 않든 수직적 조직 문화가 될 가능성이 많다. 만약 군대에서 위아래를 구분하지 않는다면 그 군대는 오합지졸이 될 것이며 전쟁에서 승리를 장담하지 못할 것이다.

수직적 조직 문화와 수평적 조직 문화가 가지는 장단점을 이해할 필요가 있다. 수직적 조직 문화는 일사분란하게 일을 처리해야 하는 조직, 단기간에 성과를 내야 하는 조직에 필요하다.

우리나라는 역사적으로 유교의 영향을 많이 받았다. 우리나라 교회 내에도 이런 유교적 전통이 많이 남아 있다. 장유유서라는 말은 이미 오래전부터 익히 들어왔다. 아마도 조선 시대에는 나이가 많은 사람들이 경험과 지식이 많았으니 그들의 이야기를 듣는 것이 필요했을 것이다. 하지만 이제는 오히려 젊은 사람들이 인터넷을 통해 더 많은 지식과 정보를 소유할 수 있다.

이처럼 조선 시대부터 내려온 신념이 자연스럽게 나이라는 가치를 만들어 내고, 나이 많은 사람에게는 존대하고 어린 사람에게는 하대하는 행동 양식을 만들어 낸 것이다. 처음 만난 사람들이 서로 존대하다가도 같은 학교 선후배라는 것이 알려지는 순간, 후배는 존대하고 선배는 자연스럽게 하대하는 것을 외국 사람들은 신기한 눈으로 바라본다.

오늘날 많은 회사 조직은 수직적 조직 문화의 폐단에서 탈피하려고 노력하고 있다. 예를 들어 과장님, 부장님 같은 직급으로 부르지 않고 이름을 부른다든지, '프로'라고 부른다든지 하는 것이다.

1970년대 초 내가 처음 죠이선교회에 왔을 때 죠이에서는 형제님, 자매님 외의 다른 호칭이 없었다. 지금 생각하면 참으로 수평적인 조직 문화였다. 심지어 말씀을 전하고 가르치는 선배들도 그저 형제님, 자매님이라고 불렀고, 식사 시간이라고 해서 그분들이 먼저 먹거나 특별한 반찬을 따로 먹는 경우도 없었다. 죠이선교회는 이런 조직 문화만으로도 많은 사람에게 매력적인 조직으로 비쳤다.

리더십 빌드업, 프로젝트 티모티

조직 문화의 사례

다음에 나오는 회사의 작업 환경에 대한 설명을 듣고 이 조직의 문화를 생각해 보자.

    조직에서 시니어들만 회의에서 주로 발언하고, 신입 직원들은 조용히 있었다. 이러한 분위기는 신입 직원들이 자신의 의견을 자유롭게 표현할 기회를 제한했다. 회사는 직원들에게 장기간 근무할 것을 기대했고, 모든 직원이 매일 아침 회의에 정시에 참석하기를 요구했다. 이런 가운데, 직원들은 업무량이 과도하다고 불평했지만, 회사 측은 직원들에게 자부심을 가지라고 강조했다. 신입 직원들은 일을 선택할 수 없었고, 종종 지루하거나 힘든 업무를 맡기도 했다. 이런 환경 속에서도 회사는 업무 완수에 큰 중점을 두었으며, 신입 직원들의 역량과 태도를 세심하게 관찰했다.

    이 조직은 호화로운 외부 모임을 절대 하지 않았으며, 직원들은 항상 전통적인 방식대로 일해야 했다. 직원들은 윗사람들에게는 친절하고 예의 바르게 행동했지만, 비공식적인 자리에서는 그들이 얼마나 무지하고 대책이 없는지에 대해 뒷담화를 나누었다.

    조직 내에서는 "영웅 이야기"가 유행했는데, 이는 개인이나 가족의 삶을 희생해서 조직을 위해 헌신한 사람들의 이야기였다. 이러한 이야기는 직원들에게 강한 인상을 남겼지만, 일이 별로 없어 보이는 직원은 존경받지 못했다. 팀의 인력 감소율이 높았지만, 경험이 풍부한 선배들은 이런 후배들이 이탈하는 것을 강인하지 못한 잡초를 제거하는 과정 정도로 여겨 크게 신경 쓰지 않았다.

이 조직은 또한 여가 시간이나 재미를 추구하는 직원을 그다지 좋게 보지 않았으며, '우리 방식'대로 일하는 데 자부심을 느꼈다. 신입 직원들은 외부에서 진행되는 세미나에 참여하여 자기 계발을 할 기회조차 드물었다.

이러한 환경은 특히 창의적이고 혁신적인 접근을 선호하는 직원들에게 부담이었으며, 높은 이직률을 낳았다. 조직은 안정적이고 일관된 결과를 제공하는 것을 중시했지만, 이는 창의성과 능력 개발의 기회를 제한하는 결과를 초래했다. 이러한 문화는 결국 조직 내에서 잠재적인 성장과 변화를 억제하는 요인이 되었다.

이 같은 조직의 가치는 나이, 경험, 실력이다. 아마 누군가는 이런 조직 문화를 갖고 있는 회사가 우리나라에만 있을 것이라 생각할지 모른다. 하지만 놀랍게도 이 사례는 싱가포르의 어느 회사에서 수년 간 일한 싱가포르 사람이 자기 회사 분위기를 적어 놓은 것이다. 싱가포르는 화교들이 중심이 되어 움직이는 나라이고, 따라서 우리나라와 유사한 유교적 배경에서 나오는 수직적 조직 문화가 강한 곳이다.

수평적 조직의 요소

우리는 수평적 조직이 좋고, 조직원들이 모두 평등하게 대우받는 것이라고 생각하는데, 수평적 조직에는 다음과 같은 요소들이 있음을

리더십 빌드업, 프로젝트 티모티

이해해야 한다.

- 조직 내에서 각 사람의 인격이 동등하게 존중되고, 취향, 신념 등의 다양성이 수용된다.
- 조직 내에서의 공식적 위계에 얽매이지 않고 자유롭게 의견을 개진할 수 있다.
- 조직 내에서 공식적 위계에 따라 의사 결정이 이루어지는 것이 아니라 의견의 합리성과 타당성 등을 기준으로 의사 결정이 이루어진다.

수평적인 조직에서는 인격적 평등과 기능적 불평등을 함께 고려해야 한다. 위 요소에서 첫 번째와 두 번째는 인격적 평등과 관련 있다. 이를 위해서 조직 내에서 직급, 혹은 호칭을 폐지하거나 통일할 수 있다. 예를 들어, 모든 사람을 '프로'라고 부르는 것이 한 방법이다. 혹은 기독교 공동체라면 모두를 형제, 혹은 자매라고 부르는 것이다.

경우에 따라서는 닉네임을 사용하기도 한다. 그룹 상담을 할 때 흔히 이런 방법을 사용한다. 상대방의 이름을 부르는 것이 불편하기 때문에 각자 닉네임으로 부르기로 하는 것이다. 예를 들어, 별님, 사슴, 시냇물, 옹달샘 등 자신의 호칭을 정해 주면 다른 사람들이 그렇게 부르는 것이다. 아니면 영어로 상대방의 이름을 부르게 할 수도 있다.

하지만 세 번째는 아무리 수평적인 조직이라 해도 기능적 불평등을 고려해야 한다는 것을 보여 준다. 사람마다 전문성, 경험, 정보 수준이 다르다. 따라서 의사 결정을 할 때 각 참여자의 전문성에 따라 의사 결정의 지분을 달리 부여해야 한다. 예를 들어, 수술을 할 때, 전문의와 수련의는 모두 의사지만 전문성과 경험에 있어서는 수준이 차이나기 때문에 아무리 수평적 조직 문화를 추구한다고 해도 불평등을 인정할 수밖에 없다. 이런 점을 무시한다면 환자를 치료할 때 큰 문제에 직면하게 될 수도 있다.

지능 지수보다 중요한 감성 지능

감성 지능(EI, Emotional Intelligence)은 자신이나 타인의 감정을 인지하는 개인의 능력을 나타내는 용어이다. 감성 지능은 자신과 타인의 감정을 잘 통제하고 여러 종류의 감정들을 잘 변별하여 이것을 토대로 자신의 사고와 행동을 결정할 근거를 도출해 내는 능력이라고 할 수 있다.

높은 감성 지능을 갖춘 사람은 정신 건강 상태가 좋은 편이고, 더 나은 업무 수행력과 강한 리더십 기술을 갖고 있다. 감성 지능 분야의 대가인 대니얼 골먼(Daniel Goleman)에 따르면 감성 지능은 리더가 우월한 성과를 내기 위해 필요하다고 여겨지는 능력의 67퍼센트를 차지한다. 그리고 기술적 전문 지식이나 지능 지수보다 두 배나 중요하다고 알려졌다.

(1) 꼬마 돼지 베이브
1995년에 나온 〈꼬마 돼지 베이브〉라는 영화는 어린이들뿐만 아니라 어른들에게도 큰 감명을 주었다. 주인공 아기 돼지 베이브는 우리에게 감성 지능을 가진 리더가 어떻게 조직을 이끄는지를 잘 보여 준다.

베이브는 농장에서 태어난 총명한 아기 돼지다. 베이브가 태어난 지 얼마 되지 않아 엄마는 도축장으로 끌려 가고 베이브는 동네 축제의 경품이 되어 아서 호겟이라는 농부의 집으로 입양된다. 그곳에서 생활하는 베이브는 목양견인 플라이와 친해지게 된다.

어느 날 농장에서 새롭게 친구가 된 오리 퍼디랜드와 함께 농장 밖으로 나가게 된 베이브는 아서 호겟의 양들이 도난당하는 것을 목격하고 플라이에게 알려 양들이 도난당하는 것을 막는다. 그 사실을 알게 된 아서 호겟은 베이브가 일반 돼지보다 똑똑하다고 여겨 베이브를 양치기 돼지로 훈련시킨다.

베이브는 농장에 처음 들어왔을 때 엄마를 찾으며 늘 우울해 했지만, 플라이가 그의 적응을 도와주었다. 이후 플라이의 새끼들이 다른 곳으로 입양되어 간 후에 우울해 하던 플라이는 새로 들어온 베이브에게 부모 역할을 해주게 된다. 하지만 플라이의 남편 렉스는 오랫동안 차지해 온 양몰이 자리까지 가져간 베이브를 별로 좋지 않게 여겼고, 베이브를 감싸 주는 플라이와 싸우기까지 한다. 하지만 렉스도 결국 마음을 달리 먹고 베이브에게 따끔한 소리도 아끼지 않는 부모가 되어 준다.

베이브는 사나운 소리를 지르며 달려드는 개들과 달리 짖는 것으로 양몰이를 할 수 없었다. 그래서 베이브는 양들에게 잘 따라 줄 것을 부탁하게 되는데, 양들은 개와 달리 베이브가 신사적이라며 베이브의 부탁을 잘 따른다. 그들은 베이브의 지시대로 두 줄로 줄을 지어 마치 행진하는 것처럼 우리 안으로 들어와 사람들을 놀라게 하며, 심지어 목양견들이 출전하는 대회에 나가 우승을 차지하기도 한다.

베이브는 자신만이 가진 부드러움을 통해 양들과 의사소통하고 그들의 감성을 자극해 단점을 강점으로 승화시킨 감성 리더이다.

(2) 프랭클린 루스벨트 대통령

프랭클린 루스벨트 대통령은 뛰어난 감성 지능의 소유자로 잘 알려져 있다. 그는 소아마비를 앓아 휠체어를 타고 다녀야 했지만, 세계적인 대공황 시대에 뉴딜 정책을 통해 미국 경제를 살렸으며 라디오를 통해 서민들에게 가까이 다가가려고 노력했다. 장애가 있는 루스벨트 대통령이 미국 역사상 전무후무하게 4선 대통령이 된 것은 그가 가지고 있는 놀라운 능력 때문이었다.

그의 감성 지능은 미국 '보너스 군대' 사건과 '경제 대공황'을 통해 확인할 수 있었다. 1924년, 미국은 제1차 세계 대전에 참전했던 퇴역 군인들에게 보너스를 지급하되, 1945년부터 지불하겠다는 내용의 법안을 통과시킨다. 그러나 대공황으로 생활고를 겪던 퇴역 군인들은 보너스를 바로 지급해 달라고 정부에 요구하지만 거절당한다.

이에 퇴역 군인들은 워싱턴으로 쳐들어와 건물들을 점거하고 야영지를 만드는데, 사람들은 이들을 '보너스 군대' 라고 불렀다. 당시 허버트 후버 대통령은 이들의 요구를 묵살하고 군대와 경찰을 동원해 강경 진압을 시도했고, 100여 명의 사상자가 발생하기도 했다. 그로

리더십 빌드업, 프로젝트 티모티

인해 곳곳으로 흩어진 보너스 군대는 전국에서 시위와 폭동을 일으켜 사회 불안의 요인이 되었다.

루스벨트가 대통령으로 당선된 이후, 보너스 군대가 2차로 워싱턴으로 쳐들어왔다. 그러나 루스벨트는 허버트 후버 대통령과는 달리 그들에게 식사를 제공하고 아내를 보내 그들의 말을 들어주게 했다. 이와 동시에 예산이 부족하여 당장 보너스를 지급해 주진 못했지만, 뉴딜 정책의 일환으로 공공 건설 일자리를 제공하는 것으로 회유했고, 보너스 군대는 과거 후버 대통령과는 다른 루스벨트 대통령의 태도에 그 제안을 수락한다.

루스벨트 대통령도 대표적인 감성 지능을 가진 리더였다.

(3) 감성 지능의 네 가지 요소

대니얼 골먼은 감성 지능의 네 가지 요소를 다음과 같이 소개하였다.

• 자기 인식

자기만이 가지고 있는 특별한 성격이나 장점을 아는 것을 말한다. 나 자신이 누구인지 안다면 자신에 대해서 지나치게 비판적이거나 거만하게 자신을 내세우지 않게 될 것이다.

• 자기 관리

조직에서 리더의 역량을 증진시켜 주는 학습된 능력을 말한다. 혼란스러운 감정을 통제하고 긍정적인 마음을 가질 수 있도록 절제하는 능력이다.

• 사회적 인식

다른 사람에 대한 배려나 상대방이 갖는 관심사에 함께 관심을 보이는 능력을 의미한다. 특히 상대방을 환대하는 상황에서 상대방에 대한 배려는 무척 중요하다.

• 대인 관계 관리

리더로서 사람들에게 영감을 주고 사람들의 마음을 끄는 비전을 제시하며, 동기를 부여한다. 또한 상대방을 설득하기 위해서 다양한 전술을 사용한다. 유대감을 조성하고 네트워크를 장려하며 유지하는 능력을 말한다.

(4) 감성 지능 향상을 위한 실용적인 팁

감성 지능은 리더로서 필요한 능력이다. 이를 높이기 위한 실용적인 팁 아홉가지를 소개하도록 하겠다.

첫째, 리더로서 자신의 감성이 조직에 어떠한 영향을 끼치는지 관찰한다. 리더로서 자신의 감성은 생각보다 많은 사람에게 영향을 끼칠 수 있다. 자신의 감성이 가까운 주위 사람들에게 어떻게 영향을 끼치는지를 잘 관찰하고, 그들의 반응이 당신에게 어떠한 영향을 끼치는지도 알아 본다.

둘째, 당신의 감성이 신체적으로 어떻게 나타나는지 느껴 본다. 조

리더십 빌드업, 프로젝트 티모티

용히 앉아서 심장 박동 소리에 귀 기울여 보고, 근육의 긴장을 느껴본다. 격한 감정을 불러일으키는 것이 무엇인지 생각해 본다.

셋째, 스트레스를 받았을 때의 상태를 알아보자. 스트레스를 받을 때 자신의 신체가 어떤 반응을 보이는지 잘 생각해 보자. 복통이나 두통이 있는가? 신체의 경고 신호를 인식하고 행동을 조정하는 법을 배운다.

넷째, '감성 vs. 이성' 목록을 만든다. 때때로 감성과 이성은 정반대의 방향으로 작용한다. 이러한 점을 인정하기 위한 한 가지 방법은 '감성 vs. 이성' 목록을 작성해 보는 것이다. 종이 오른쪽에는 이성이 당신에게 하는 말을, 왼쪽에는 감정이 당신에게 하는 말을 적는 것이다. 그러면 두 가지 목록이 서로 어떻게 작용하는지 이해할 수 있게 된다.

다섯째, 문제 해결을 위한 시간을 따로 마련한다. 다른 일을 하면서 급하게 결정하는 것보다 심사숙고를 한 후에 의사 결정을 내리는 것이 유익하다. 감정적 방해 없이 명료한 사고를 하기 위해서는, 매일 전화, 이메일과 같은 방해물로부터 벗어나 15분간 명상하는 시간을 갖는다.

여섯째, 변화의 긴박함을 받아들인다. 변화를 예견할 수 없지만, 대비할 수는 있다. 매주 시간을 내서 발생 가능한 변화의 목록을 작성한다. 각 항목마다 어떻게 대비할 수 있는지에 대해 생각한다.

일곱째, 회의에서 필기를 하지 않는다. 그 대신 회의에 참석한 사람들을 관찰한다. 사람들에게 큰 관심을 가지다 보면 필기할 때보다 더욱 많은 것을 배우게 될 것이다.

여덟째, 충분한 목적이 있을 때에만 화를 낸다. 때로는 의로운 분노를 표출하는 것이 좋다. 그러기 위해서는 명확한 이유가 있어야 한다. 그럴 때, 이러한 분노를 통해 우리가 무엇을 위해 일하는지 보여줌으로써 관계를 구축할 수 있게 된다.

아홉째, 리더가 의사 결정을 하기만 할 것이 아니라 조직원들에게 정확한 설명을 해주어야 한다. 향후 3개월간 어떠한 의사 결정을 내릴 것인가? 누가 영향을 받게 되는가? 언제 이야기할 것인가? 왜 그러한 의사 결정을 내려야 하는가? 이런 것들을 어떻게 설명할 것인가? 이런 것들을 계획하고 설명할 수 있어야 한다.

리더십 빌드업, 프로젝트 티모티

ch. 15
조직의 생명 주기

대부분의 조직은 영원히 계속될 것이라고 생각한다. 회계학에는 회계 공준이라는 것이 있는데, 그것은 기업이 시작되면 영원히 존재할 것이라는 가정하에서 회계 처리를 해야 한다는 것이다. 하지만 이 세상에 영원한 기업은 없으며, 영원한 조직도 없다.

전도서를 쓴 기자는 전도서 3장에서 이렇게 말한다.

> 범사에 기한이 있고 천하 만사가 다 때가 있나니 날 때가 있고 죽을 때가 있으며 심을 때가 있고 심은 것을 뽑을 때가 있으며(전 3:1, 2).

> 하나님께서 행하시는 모든 것은 영원히 있을 것이라 그 위에 더할 수도 없고 그것에서 덜할 수도 없나니 하나님이 이같이 행하심은 사람들이 그의 앞에서 경외하게 하려 하심인 줄을 내가 알았도다(전 3:14).

전도서의 기자가 말하려고 하는 것은 하나님만이 영원하시고 다른 것들은 유한하다는 것이다. 그 말은 조직도 생길 때가 있고 없어질 때가 있다는 뜻이다. 조직은 유기체이다. 유기체는 생명이 있고, 이 세상에 존재하는 생명을 가진 유기체는 결국 소멸하는 시점이 있다. 이처럼 조직도 그런 주기를 따르게 된다.

조직의 생명 주기

학자들에 따라 조직의 생명 주기를 서로 다르게 설명하고 있다. 하지만 내가 본 생명 주기 이론 가운데 가장 설득력이 있다고 생각하는 것은 이차크 아디제스(Ichak Adizes)가 설명하는 조직의 생명 주기다. 아디제스는 조직의 생명 주기를 다음의 도표로 설명했다.

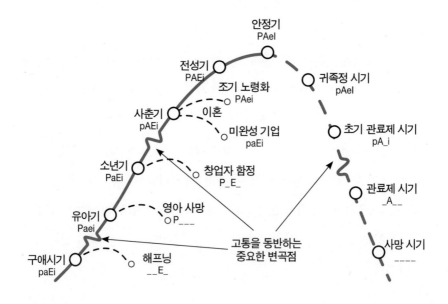

네 가지 리더십 유형

모든 조직은 태어나고 성장하고 노화하고 죽는 과정을 거친다. 이런 과정에 다양한 리더의 특성이 작용한다. 앞의 도표에 등장하는 네 가지 리더십 P, A, E, I 유형은 다음과 같다.

(1) 제작자(P, Producer)

제작자 유형의 리더는 뭔가를 만들어 내는 PD와 같은 역할을 한다. 이들은 대부분 기업가(E) 유형의 리더가 내는 아이디어를 실현시키는 능력을 가진 사람들이다. 이들의 특징은 다음과 같다.

- 항상 바쁘게 일을 마무리한다.
- 업무 중심적이며 엄격하다.
- 하나의 프로젝트를 우선 끝내고 다음 프로젝트를 준비한다.
- 말보다는 행동이 앞선다.
- 재충전의 시간을 가지지 않으며 추상적인 계획을 견디지 못한다.
- 일의 마무리를 잘한다.

(2) 행정가(A, Administrator)

행정가 유형의 리더는 조직을 탄탄하게 만들기 위해 꼭 필요한 사람들이다. 이들은 조직의 규율이나 규칙을 좋아하고 기획하는 것을 좋아한다.

- 규칙, 과정, 정책이 있는 상태에서 일하는 것이 편하다.

- 계획 수립을 즐긴다.

- 구성원이 제대로 일하고 있는지 늘 확인한다.

- 일을 제시간에 끝내는 것을 중시한다.

- 동시에 일을 매우 신중히 한다.

- 정확하고 논리적인 것을 선호한다.

- 비효율성, 혼란, 애매모호한 것을 극도로 싫어한다.

(3) 기업가(E, Entrepreneur)

진정한 의미의 창업가 유형이다. 이미 있는 것에 만족하지 않고 새로운 모험과 기회를 생각한다. 남들이 보지 못하는 기회들을 찾아낸다. 하지만 때때로 꿈을 꾸는 몽상가처럼 보일 수도 있다. 예를 들어 콜럼버스는 15세기에 처음으로 대서양을 가로질러 인도에 가겠다고 했다. 주변 사람들은 그가 성공할 것이라고 생각하지 못했다. 21세기에 스티브 잡스도 스마트폰이 어떻게 사람들의 삶을 바꿀지를 이미 내다보고 있었다.

- 모험가이며 자극과 흥분을 즐긴다.

- 언제나 창의적이며 미래 지향적이다.

- 항상 다음에 일어날 일을 주시하며 행동한다.

- 일을 시작하는 능력이 탁월하다.

- 추상적이고 큰 그림을 보는 사고방식을 즐긴다. 항상 "왜?", "왜 안

리더십 빌드업, 프로젝트 티모티

돼?"를 입에 달고 산다.

· 현재 진행되는 일에 발목이 잡혀 있다고 느끼며, 같은 일을 반복하
  는 것을 쉽게 지루해 한다.

(4) 통합가(I, Integrator)

사람들을 조직 내에 붙어 있도록 노력하는 사람이다. 늘 조직원들 사
이의 조화를 중요하게 생각한다. 하지만 성과라는 측면을 간과하는
경향이 있다.

· 사람에게 초점을 맞춘다.

· 모두 협력하여 잘해 내고 있는가, 혹은 소속감을 느끼고 있는가라는
  질문을 한다.

· 조직 내 관계와 상호 의존도를 중요하게 생각하며, 갈등이 일어날
  때 중재를 담당한다.

· 공동체의 평안에 관심을 갖는다.

· 회의에서 주로 "듣는" 역할을 한다.

· 화평과 팀워크, 그리고 협력에 가치를 둔다.

· 강력한 입장을 내세우기보다는 여론을 구축한다.

각 단계에 대한 설명

이 도표의 이해를 위해 주목해야 할 점은 다음과 같다.

- 글자가 대문자나 소문자로 되어 있는 경우, 조직 내 각 기능의 강도를 나타내는 것이다. 예를 들어, 대문자 "P"는 조직 내에 제작자의 기능이 강하고 소문자 "p"는 제작자의 기능이 약하다는 뜻이다. "-"는 아예 없다는 뜻이다.
- 곡선 왼쪽은 성장을 나타내며, 오른쪽은 성장의 노화나 성장 결핍을 의미한다.
- 곡선에서 꼬여 있거나 구불구불한 곳은 힘든 일이 발생했거나 중대한 전환기를 나타낸다.
- 조직의 최상의 시기는 "안정기"가 아니라 "전성기"(PRIME)다.
- 조직은 곡선을 따라 어느 방향으로든 나아갈 수 있다.
- 곡선 좌측 위로 가는 것은 성장이라고 할 수 있는데, 대개 느리고 어려운 길이다.
- 곡선 우측 아래로 가는 것은 쇠퇴라고 할 수 있는, 빠르고 쉬운 길이다.

(1) 구애기(paEi)

이 단계는 마치 남녀가 처음으로 만나 서로를 알아 가다가 어느 순간 구애를 하는 단계처럼 조직도 많은 구상 끝에 드디어 시작하기로 하는 단계를 말한다. 우리가 주목해야 할 것은 "paEi"의 조합이다. 새로운 아이디어를 주장하는 E의 설득을 당한 P, A, I는 작지만 자기의 역할을 담당하고 헌신해야만 조직이 시작된다. 이것은 마치 애인 사이인 두 사람이 서로의 헌신을 확인하고서야 결혼이 성사되는 것과 같다.

리더십 빌드업, 프로젝트 티모티

구애 단계에서 여전히 가장 큰 역할을 하는 사람은 기업가 정신이 투철한 E라고 할 수 있다. 이들은 떠오르는 아이디어를 거침없이 조직 내에 유포하면서 사람들을 자극한다. 조직은 이들의 생각을 받아들이기로 하고 새로운 창조적 분위기에 들뜨게 된다.

이때가 가장 어려운 시기다. 많은 사람은 E가 던지는 아이디어를 쉽게 받아들이지 못한다. 따라서 훌륭한 아이디어지만 버려지는 경우가 많다. 즉 "_,_,E,_"가 보여 주는 것처럼 어떤 경우는 P, A, I의 헌신을 얻어 내지 못할 수도 있다. 예를 들어, 스티브 잡스도 자신이 가지고 있는 아이디어 때문에 자기가 창업한 회사에서 쫓겨나기까지 했다. 이것이 바로 E만 남는 상황이다.

만약 아이디어가 받아들여지고 다른 사람들의 헌신이 있다면 조직은 다음 단계로 성장하지만, 그렇지 못한 경우는 그저 해프닝으로 끝나는 경우도 많다. 만약 콜럼버스가 제안한 것을 스페인 왕이 받아들이지 않았다면 콜럼버스의 아이디어는 일장춘몽으로 끝났을 것이고, 아메리카 대륙은 더 많은 시간이 지난 후에야 비로소 사람들에게 그 존재를 알리게 되었을 것이다.

(2) 유아기(Paei)

만약 새로운 아이디어가 받아들여져서 조직이 태동한다면 유아기로 접어든다. 이때 가장 중요한 역할을 하는 사람은 바로 제작자인 P다. 유아기에서 보여 주는 조합 "Paei"에 주목할 필요가 있다. 구애기에서 본 것처럼 새로운 조직이 태동하기 위해서는 E의 주도적인 역할이 필요하지만 "p, a, i" 같은 다른 세 유형의 리더십도 동시에 필요하다.

그런데 이제 두 번째 단계인 유아기에 오면 P의 역할이 매우 두드러진다. 뭔가가 단기간에 가시적으로 이루어지지 않는다면 조직원들은 쉽게 실망하고 말 것이다. 따라서 P는 마치 산모가 아기의 발육을 위해서 하는 것처럼 모든 것을 하게 되며 장기적인 그림을 그리려는 E의 역할조차도 잠시 뒤로 물러서게 된다.

성경에도 애굽에서 이스라엘 민족을 데리고 나온 E인 모세는 호렙산에서 가나안 땅을 바라보면서 죽었지만 그 뒤를 이어 정복 전쟁을 이어가는 P인 여호수아에 의해서 이스라엘 민족은 약속의 땅으로 들어가게 된다.

(3) 소년기(PaEi)

유아기를 통해 충분히 인정을 받은 조직은 여러 면에서 확장을 경험하게 된다. 이제 소년기에 이른 조직은 사역적으로나 성과 면에서 좋은 경험을 하게 되고 자신감을 갖게 된다. 기업이라면 외부의 주문도 받게 되고, 내부 조직원들의 만족도도 올라가게 된다. 하지만 P는 E에 비해서 단기적 성과에 만족하는 경향이 있다.

이런 면을 보충해 주는 것이 E의 역할이다. 초창기 구애기에서 주도적이던 E는 유아기에서는 P에게 밀리게 되지만 소년기에서는 다시 역할을 맡게 되는데, 만약 그러지 않는다면 그 조직은 유아기에 머물게 되고, 결국 P 역할을 하는 사람이나, 그의 주변 사람들에 의해서 점령되고 만다.

리더십 빌드업, 프로젝트 티모티

이때의 리더십 조합인 "PaEi"에서 우리가 주의해서 볼 것은 A와 I의 역할이 아주 크지는 않지만 존재한다는 것이다. 만약 A의 역할이 빠진다면 조직은 확장으로 인해 질서를 잃게 되고, I의 역할이 빠진다면, 조직 내에서 영향력 있는 사람들에 의해서 조직이 좌지우지되어서, 결국 "P,_,E,_"의 조합으로 되고 말 것이다. 조직의 갑작스러운 성장이 위기라는 진리를 꼭 기억해야 한다. 이렇게 된다면 조직은 다음에 경험하게 될 사춘기 단계로 가기 어렵고 창립자 함정에 빠지게 된다.

(4) 사춘기(pAEi)

유아기에서 소년기로 가는 것은 이미 검증을 받은 E가 다시 활성화되기만 하면 가능하기 때문에 큰 고통 없이도 이행이 가능하다. 하지만 소년기에 있는 조직이 사춘기로 이행하는 것은 새로운 유형의 활성화를 전제로 한다. 조직이 커지고 성취가 높아질수록 외형적으로만 이루어지는 양적 목표가 질서나 시스템과 같은 질적 목표로 바뀌어야 하는데, 그것이 바로 P의 역할이 축소되고 대신 A의 역할이 커져야 하는 이유다. A는 기업으로 이야기하자면 전문 경영인(CEO) 같은 사람을 말한다.

A유형은 모든 것을 질서대로 움직이게 하는 리더다. 이들에게는 성장을 포기하더라도 시스템이 구축되고 질서가 잡히는 것이 더 중요한 목표가 된다. P유형의 리더와 E유형의 리더가 조직 외부로 향한다면 A유형의 리더와 I유형의 리더는 조직 내부를 향한다.

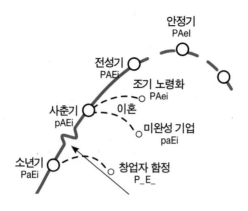

안정기
PAeI

전성기
PAEi

조기 노령화
PAei

안정기
PAeI

사춘기
pAEi

이혼

미완성 기업
paEi

소년기
PaEi

창업자 함정
P_E_

이처럼 조직이 A유형의 리더를 필요로 하는 시점에서 가장 어려움을 느끼는 사람들은 P와 E유형의 리더들이다. 만약 이때 P유형의 리더가 E유형의 리더를 대체하면 조합 "PAei"에서 보는 것처럼 조직은 조로하게 된다. 그리고 전성기를 경험하기 어렵다. 만약 E유형들이 계속 조직을 붙들고 있게 되면 조합 "paEi"가 되어 초창기 상태로 돌아가 버리고 만다.

따라서 A가 필요한 시점을 인식하고 P들이 자신들의 역할을 자제해야 한다. 나는 많은 선교 단체에서 P들이 리드하며 확장하는 시기에 A를 통해 규정이나 시스템을 제대로 만들지 못해서 결국 혼란에 빠지는 경우를 많이 보았다.

(5) 전성기(PAEi)

아마도 이 시기는 모든 조직이 가장 바라는 시기일 것이다. 조직이 외형적으로도 성장하지만, 내부적으로도 정비를 하는 시기이며, 다시

리더십 빌드업, 프로젝트 티모티

조직이 변화를 새로운 기회로 인식하는 시기라 할 수 있다. 동시에 조직의 효율도 극대화되는 시기다. 전성기란 "PAEi"의 조합이 보여 주는 것처럼 여전히 새로운 방향을 제시하는 E가 활동하고, 그것을 실현해 내는 P가 있고, 시스템을 갖출 수 있는 A가 존재한다.

앞에서 다룬 사춘기에는 P의 역할이 잠시 줄어들고, 그를 대신해서 A의 역할이 많아진다. 하지만 전성기가 되면 다시 P의 역할이 많아진다. 그러면서도 장기적으로 비전을 제시하고 새로운 목표와 방향을 제시하는 E의 역할도 여전히 활발하다. 전성기의 조직은 새로운 변화에 적극적으로 대응할 수 있으며, 단기적으로도 늘 성과에 만족하게 된다.

이 시기의 가장 큰 도전은 어떻게 조직이 계속 전성기를 구가할 것인가 하는 점이다. 전성기는 아주 쉽게 그 다음의 안정기로 가기 쉽고, 안정기가 되면 전성기로 돌아오는 것은 거의 불가능하다. 안정기에 접어든 조직은 서서히 쇠퇴(aging)의 길로 가게 된다.

(6) 안정기(PAei)

전성기를 지나면 조직은 새로운 변화를 더 이상 경험하지 못하는 안정기에 접어든다. 안정기라는 용어는 언뜻 긍정적으로 들릴 수 있지만 이제 더 이상의 성장이 없다는 뜻이기도 하다. 자전거의 페달 밟기를 멈추는 순간 자전거는 더 이상 나아가지 못한다. 그러면 조직은 서서히 혹은 급하게 쇠퇴하고 만다.

흥미로운 것은 안정기에는 I의 역할이 커진다는 점이다. I는 과업과는 상관없이 조직원들을 격려하고 장기적으로 안정된 상황을 위해서 노력한다. 조직으로 하여금 비본질적인 요소, 예를 들어, 은퇴 후의 삶이라든지, 복지 등에 더 많은 관심을 가지게 한다.

하지만 안정기의 조직은 더욱 경직되고, E가 없는 조직에서 P도 점차 소극적으로 활동하게 되면서 결국은 A가 모든 것을 결정하고 집행하는 귀족정 시기로 이행하게 된다. 조직 전체적으로 열정은 사그라지고, 모든 것은 규정에 의해서 진행된다. 새로운 E가 오지 않는 한 조직의 노화 현상을 막을 수 없다.

(7) 귀족정 시기(aristocracy)(pAeI)

이 시기는 조직의 기능보다 조직을 형태적으로 유지하려는 A와 I의 역할이 커진다. 과거의 성취에 안주하며, 언젠가 다시 전성기가 올 것이라고 믿는다. 과거의 성공이 미래에도 계속될 거라고 생각하며, 과거의 영웅담이 조직에서 자주 들려진다. 조직이 고유 기능을 하는 것보다 조직을 운영하는 규정과 절차가 중요하게 생각된다. 조직 안에서 열리는 회의는 고유의 목적을 위한 활동에 대해서 논의하기보다는 절차적 정당성에 대해서 계속 토의한다. 회의에 참석하는 사람들은 이런 회의(會議)에 대해서 회의(懷疑)를 느낀다.

조직은 여전히 건재한 것처럼 보인다. 하지만 새로운 아이디어를 가져오는 E의 역할이 약하고, 그 결과 P의 역할도 줄어든다. 위험한 사업에는 절대로 돈을 사용하려고 하지 않는다. 회의를 하면 재정 담당자가 조직 내에 자금이 많이 있으며, 이 자금을 어떻게 사용할지에

리더십 빌드업, 프로젝트 티모티

대해 물어도 누구도 나서서 그 돈을 어떻게 사용하겠다고 말하지 않는다. 조직원들은 실패를 두려워 한다.

(8) 초기 관료제 시기(pA_i)

예상했겠지만 E들은 귀족정 시기를 겪는 조직에 남아 있으려 하지 않는다. 결국 E들이 떠나고 나면 P들도 장기적으로 떠난다. 조직에는 오로지 A와 I만이 남는다. 만약 해당 조직이 기업이라면 새로운 상품의 제작도 없고 시대에 뒤처지는 구닥다리 제품을 만들어 파는 회사로 낙인 찍힐 것이다.

조직 내에서는 오직 절망감만 감지되고, 종국에는 내분이 일어나고 파벌 싸움 등으로 몸살을 앓게 된다. 조직의 사활보다는 개인의 생존에 관심을 갖게 되고 결국 I도 설 자리를 잃게 된다. 서서히 조직의 소멸이라는 불길한 그림자가 다가오는 것처럼 느껴진다.

(9) 관료제 시기(bureaucracy)(_A_)

기업은 더 이상 아무런 소망이 없다. 오로지 A만이 남아 생존 모드로 진행한다. 기업이라면 결국 파산하게 될 것이고, 혹시 정부로부터 보조를 받는 비영리 단체 등은 거의 의미 없는 연명 치료 수준으로 존속하게 될 것이다. 이런 조직을 유지하는 것은 헛수고일 뿐이다. 이제 조직은 아무것도 성취하지 못한다.

(10) 사망 시기(____)

끝까지 조직을 지키는 A마저 떠나고 나면 이제 조직은 사라지고 만다.

프라임 상태를 유지하려면

그렇다면 조직은 어떻게 프라임 상태, 즉 전성기를 유지할 것인가? 자신이 소속되어 있는 조직이 어떤 생명 주기에 있는지 분석할 필요가 있다. 만약 정확한 분석이 쉽지 않다면 조직 안에 유연성과 통제가 어떻게 이루어지는가를 두고 판단할 수 있다. 아래의 다이어그램이 도움이 될 것이다.

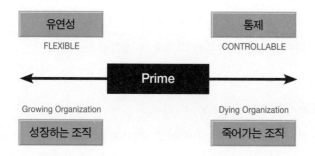

또 하나 도움이 되는 방법이 있는데, 다음의 표와 같이 바로 기업의 생명 주기 극단에 있는 조직 설명을 참고하는 것이다.

　　　　　　　　　리더십 빌드업, 프로젝트 티모티

성장 vs 노화	
전성기 이전	전성기 이후
조직에 모험을 좋아하는 사람들이 있다.	조직에 모험을 꺼리는 사람들이 있다.
기대〉성과	성과〉기대
자금이 부족하다.	자금이 풍부하다.
형식보다 기능을 강조한다.	기능보다 형식을 강조한다.
사람들은 자신의 개성을 내려놓고 조직에 기여하기 위해 힘쓴다.	조직에 기여하기보다는 자신의 개성을 고수한다.
명백히 금지해 놓은 것이 아니라면 모든 것이 허용 가능하다.	명백하게 허용된 것 이외에 모든 것이 금지되어 있다.
문제는 기회다.	기회는 문제다.
정책적 권력은 최전선에 있다.	정책적 권력은 통제 기능에 있다. 특히 재정을 가지고 통제한다
경영층이 조직을 조정한다.	조직이 경영층을 조정한다.
지도부의 변화는 조직 행동의 변화를 야기할 수 있다.	조직 행동의 변화를 위해 시스템의 변화는 필수적이다.
컨설턴트 환영 및 활용 (심지어 내부적 기능도 함)	고통(위험)을 야기하는 조언자만이 도움이 된다.

이처럼 계속 전성기를 구가하게 된 조직의 예로 IBM과 애플을 예로 들고 싶다.

(1) IBM

IBM은 1980년대 후반부터 1990년대 초반까지 큰 어려움을 겪었다. 그 당시 IBM은 주로 큰 컴퓨터에 의존했는데, 점점 많은 사람이 개인용 컴퓨터(PC)와 서버를 사용하기 시작하면서 IBM의 기존 사업이 흔들렸다. 결국 1993년에는 엄청난 손실을 보게 되었다.

그런데 1993년에 루이스 거스너(Louis Gerstner)라는 새로운 CEO가 들어오면서 IBM은 변하기 시작했다. 거스너는 하드웨어만 만들던 IBM을 소프트웨어와 IT 서비스도 함께 제공하는 회사로 바꾸었다. 쉽게 말하면, 컴퓨터를 만드는 것뿐만 아니라 그 컴퓨터를 잘 사용할 수 있도록 도와주는 서비스와 프로그램을 제공하기 시작한 것이다.

또한 거스너는 조직 문화를 바꾸고, 고객이 무엇을 원하는지 더 잘 이해하고 맞춰 가도록 했다. 이 덕분에 IBM은 다시 성장하게 되었고, 지금은 클라우드 컴퓨팅과 인공 지능 같은 최신 기술에서도 앞서가는 회사가 되었다.

(2) 애플

애플도 1990년대 초반부터 중반까지 큰 어려움을 겪었다. 그 당시 애플은 새로운 제품들이 잘 팔리지 않았고, 경영진도 자주 바뀌면서 혼란이 많았다. 그래서 제품도 복잡해지고, 경쟁사인 IBM의 PC와의 경쟁에서 밀리기 시작했다. 1997년에는 거의 파산할 뻔한 위기도 겪었다.

하지만 1997년에 스티브 잡스가 다시 애플로 돌아오면서 상황이

리더십 빌드업, 프로젝트 티모티

달라졌다. 잡스는 먼저 애플의 복잡한 제품 라인을 단순하게 정리했다. 그리고 iMac, iPod, iPhone 같은 멋지고 혁신적인 제품들을 출시하기 시작했다. 특히 iPhone은 큰 인기를 끌면서 애플을 다시 성공 궤도에 올려 놓았다.

잡스는 디자인과 사용자 경험을 중요하게 생각했다. 그래서 애플 제품들은 사용하기 편하고, 디자인도 세련되어서 많은 사람에게 사랑받게 되었다. 그 결과 애플은 스마트폰 시장을 선도하게 되었고, 이후 iPad와 Apple Watch 같은 제품들도 성공하면서 지금은 세계에서 가장 가치 있는 회사 중 하나가 되었다.

위의 두 사례 모두 E성향의 탁월한 비저너리 때문에 노화되었던 조직이 전성기를 구가하게 된 좋은 예라고 볼 수 있다.

ch. 16
변화와 전환기

그리스 철학자 헤라클레이토스는 이렇게 말했다. "사람은 같은 강물에 두 번 들어갈 수 없다. 강물은 언제나 변하기 때문이다." '세상에서 변하지 않는 것은 없다'라는 원칙만 빼고 이 세상에서 변하지 않는 것은 없다.

우리는 앞 장에서 조직의 생명 주기를 살펴보았다. 변하지 않는 조직은 없다. 조직이 변하지 않는다는 것은 죽었다는 의미다. 조직이 성장하지 않으면 조로하고 결국 죽게 된다. 전성기를 맞은 조직들도 안정기를 거쳐 쇠퇴하는 것이 자연스러운 과정이다. 따라서 조직은 변하게 되어 있고, 변해야만 한다.

변화에 대한 리더의 역할

리더는 변화하는 환경에 맞추어 수동적으로 조직을 운영할 수도 있지만 능동적으로 변화를 이끌어 내야 한다. 예를 들어, 조직이 안정기

리더십 빌드업, 프로젝트 티모티

라고 생각할 때 E유형의 리더들을 영입해서 조직을 다시 전성기의 상태로 만들도록 노력해야 한다. 이것은 이미 안정기를 누리는 조직의 구성원들에게는 큰 위협이 될 수 있다.

언제나 변화는 성공하기 어렵다. 종종 인용되는 통계에 따르면 조직 변화의 70퍼센트가 실패를 겪는다고 한다. 최상의 변화라 할지라도 상당한 지혜와 계획이 요구되며 큰 대가가 따르게 된다. 하지만 리더는 변화를 선제적으로 이끌어야 한다. 경영학의 대가인 피터 드러커(Peter Drucker)는 기업의 리더인 경영자의 역할에 대해 이야기하면서 경영자는 기업이 하고 있는 일을 체계적으로 폐기해야 한다고 말했다.

누가 내 치즈를 옮겼을까

「누가 내 치즈를 옮겼을까?」(Who Moved My Cheese?, 진명출판사)는 스펜서 존슨(Spencer Johnson)이 쓴 우화다. "당신의 일과 삶에서 일어나는 변화를 다루는 놀라운 방법"(An Amazing Way to Deal with Change in Your Work and in Your Life)이라는 부제가 말하는 것처럼 누구나 경험하는 변화에 관한 이야기다.

스니프와 스커리라는 두 마리 쥐와 인간 헴과 호가 창고 안에 있는 치즈를 찾는 과정을 그린 이야기다. 그들은 자신들에게 주어진 미로 속에서 살며 행복과 성공의 상징인 치즈를 찾아다닌다. 비록 짧은 우화이지만 우리에게 큰 울림을 주어 한때 베스트셀러로 호평을 받았다.

어느 날 스니프와 스커리는 "치즈 창고 C"에 도착해서 치즈가 없다는 것을 알게 된다. 하지만 그들은 놀라지 않는다. 스니프와 스커리는 더 많은 치즈를 찾기 위해 단단히 마음을 다잡는다. 그리고 비어 있는 "치즈 창고 C"를 뒤로하고 새로운 치즈를 찾기 위해 모험을 시작한다.

그날 오후, 헴과 호도 "치즈 창고 C"에 도착해서 치즈가 없다는 것을 확인한다. 화가 난 헴은 "누가 내 치즈를 옮겼지?"라고 묻는다. 헴과 호는 치즈는 언제나 창고 안에 있을 것이라고 생각하며 살아왔다. 호는 그나마 치즈가 없는 상황을 인정하고 새로운 치즈를 찾자고 제안하지만 헴은 실망감을 감추지 못하며 호의 제안을 거부한다.

한편, 새로운 치즈를 발견하기 위해 열심히 노력한 스니프와 스커리는 "치즈 창고 N"에서 새로운 치즈를 발견하게 된다. 이와는 대조적으로 "치즈 창고 C"로 돌아온 헴과 호는 치즈가 없어진 것에 대해서 한탄한다. 호는 새로운 치즈를 찾을 것을 헴에게 제안하지만, 헴은 한 번도 가 본 적 없는 미지의 상황을 두려워한다.

어느 날, 호는 치즈가 떨어졌다는 상황을 받아들이기로 하고 새로운 치즈를 발견하기 위해 다시 미로 속으로 들어간다. 호는 친구 헴이 생각할 수 있도록 "치즈 창고 C"의 벽에 "당신이 변하지 않으면 당신은 멸망할 수 있다"라고 적어 둔다. 호는 드디어 몇 개의 치즈 조각을 발견했고, 치즈를 먹고 에너지를 얻은 후 그 힘으로 미로 탐색을 계속할 수 있었다. 호는 치즈가 갑자기 사라진 것이 아니라 계속 먹어서 줄어들었다는 것을 깨닫는다.

리더십 빌드업, 프로젝트 티모티

호는 여전히 두렵지만 새로운 사고방식이 그의 삶을 다시 즐길 수 있게 해준다는 사실을 발견한다. 빈 치즈 창고를 하나 더 발견한 후, 호는 새 치즈 몇 조각을 가지고 헴이 있는 곳으로 돌아간다. 하지만 헴은 호가 가지고 온 새로운 치즈를 거부한다.

미로 속에서 치즈를 발견하는 지식을 습득한 호는 그다음 날 또 다시 미로 속으로 향한다. 호는 미로 곳곳에 새로 생긴 치즈 조각에 영감을 받아 미로 벽에 글을 남긴다. 호가 그런 글을 남기는 것은 그의 생각을 명확히 하고 그의 친구 헴이 언젠가 새로운 치즈를 찾아 나설 때 도움을 줄 수 있을 것이라는 생각 때문이다.

미로를 탐색하던 호는 어느 날 "치즈 창고 N"을 우연히 만나게 되는데, 그곳에서 자신이 찾던 치즈를 발견하게 된다. 그곳에서 자신보다 미리 와 있는 스니프와 스커리를 발견한다.

이 우화는 우리가 언제나 변화에 대해 준비하고 살아야 함을 일깨워 준다.

전환기를 맞이한 조직의 리더

조직의 변화에는 항상 전환기가 있다. 리더는 이런 전환기를 잘 관리해야 한다. 변화는 외부적이지만, 전환기는 내부적인 현상이다. 전환기라 함은 사람들이 기존의 상황에서 새로운 상황으로 옮겨 갈 때 겪는 감정적인 과정이다.

변화 + 인간= 전환기

존 피셔(John Fisher)에 따르면 모든 사람의 전환기적 여정에는 예측 가능한 단계가 있다. 아래 다이어그램은 변화하는 조직의 전환기에 보이는 조직원들의 감정 추이를 한눈에 볼 수 있도록 나타낸 것이다. 이런 경험을 많이 해 보았을 것이다. 조직의 상사가 바뀌는 것, 정책 이나 전략이 바뀌는 것 등이 모두 이런 전환기를 가져온다.

[과도기 중에 있는 개인 감정의 진행 과정]

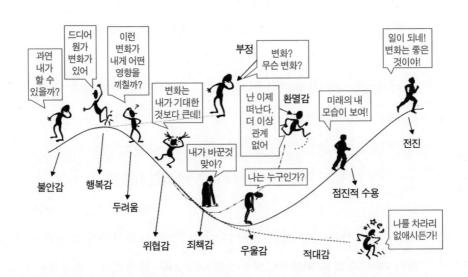

위 다이어그램에 나오는 내용을 조금 더 설명하면 다음과 같다.

리더십 빌드업, 프로젝트 티모터

(1) 불안감(Anxiety)

사건들이 자신의 이해나 통제 범위를 벗어난다는 인식을 말한다. 문제는 개인이 미래를 적절히 상상할 수 없다는 데 있다. 새로운 조직 내에서 다르게 행동할 수 있도록 충분한 정보가 없어서 새로운 작업 환경이나 상황에서 어떻게 행동해야 할지 확신이 서지 않는다. 당황이라는 느낌이 가장 지배적일 것이다.

(2) 행복감(Happiness)

자신의 관점이 다른 사람들에 의해 이해되고 공유된다는 인식을 말한다. 이것은 두 가지 영향을 끼친다. 기본적으로는 무언가가 변하고 예전처럼 계속되지 않을 것이라는 안도감이다. 과거를 긍정적으로 보든 부정적으로 보든, 개선의 가능성에 대한 기대감과 흥분이 있을 수 있다. 또 다른 면에서는 옛 시스템의 일부에 대해 자신이 가졌던 비판적 생각이 옳았다는 것을 알고 무언가가 이루어질 것이라는 기대감이 있을 수 있다.

(3) 두려움(Fear)

자신의 핵심 행동 체계에 부수적인 변화가 임박했다는 인식을 말한다. 사람들은 변화에 대응하여 다르게 행동해야 할 필요가 있음을 느끼지만 그것이 구체적으로 무엇인지 모른다.

(4) 위협감(Threat)

자신의 핵심 행동 체계에 광범위한 변화가 임박했다는 인식을 말한
다. 변화가 자신을 어떻게 변화시킬지에 대한 근본적인 영향을 실감
하게 된다. 이는 갑작스럽게 자신이 이전에 생각했던 사람이 아니라
는 것을 깨닫게 되는 충격이다.

(5) 죄책감(Guilt)

핵심적인 자아 인식에서 자아가 이탈한 것이다. 새로운 대안을 보기
시작하면 자아를 재발견하게 된다. 이 과정에서 과거 행동이 부적절
했다는 것과 그것이 사람들에게 끼친 영향을 깨닫게 되면서 죄책감
을 느끼게 된다.

(6) 우울감(Depression)

조직원의 과거 행동과 신념이 새로운 변화와 양립할 수 없다는 인식이
다. 우리의 과거 행동은 결국 우리가 그렇게 좋은 사람이 아니었다는
것을 증명하게 된다. 변화를 맞이하는 조직원 개인은 미래가 무엇을
줄지, 자신이 어떻게 그 미래 세계에 맞출 수 있을지 확신할 수 없다.

(7) 점진적 수용(Gradual Acceptance)

조직원이 환경의 변화를 이해하기 시작하고 변화 안에서 자신의 위
치를 이해하기 시작한다. 조직원들은 변화를 관리하기 시작하고 '무
엇'과 '왜'를 이해하며 어떻게 상호 작용하는지에 대해 일부 성공을 경

리더십 빌드업, 프로젝트 티모티

험하게 된다.

(8) 전진(Moving Forward)

이 단계에서 조직원은 더 많은 통제를 받아들이기 시작하고 긍정적인 방향으로 사건들을 만들어 나간다. 조직원은 다시 자신들이 누구인지 알게 되고 새로운 신념에 따라 행동하며 올바른 선택을 하고 있음을 느끼기 시작한다.

(9) 환멸감(Disillusionment)

조직의 가치, 신념, 목표가 자신의 것과 호환되지 않는다는 인식이다. 이 단계의 함정은 조직원이 동기 부족, 초점 상실 등으로 인해 점점 불평이 많아지며 점차적으로 노력을 철회한다는 점이다.

(10) 적대감(Hostility)

이미 실패가 증명된 일을 계속함으로 자신이 옳음을 확인하려는 노력이다. 문제는 개인이 성공적인 결과를 달성하지 못하는 프로세스를 반복한다는 것이다.

(11) 부정(Denial)

변화의 존재를 받아들이지 않고 변화가 개인에게 영향을 끼치지 않을 것이라고 부정하는 단계다. 사람들은 변화가 일어나지 않은 것처럼 행동하며, 기존의 관행과 과정을 계속 사용하고 자신의 신념 체계에 반하는 증거나 정보를 무시한다.

전환기 커브에 대한 요약

존 피셔의 칼럼 〈전환기 커브〉(2012)에 따르면, 전환기 커브를 통해 각 구성원이, 조직의 변화가 개인적인 이해 관계와 자기 인식에 어떤 영향을 끼치는지를 파악하는 것은 매우 중요하다. 아무리 작은 변화라도 개인에게 영향을 끼칠 수 있으며, 기존의 가치와 신념, 새로운 가치와 신념 사이의 갈등을 일으킬 수 있다.

사람들이 효과적으로 전환기를 통과할 수 있도록 돕기 위해서는 그들의 과거, 현재, 미래에 대한 인식을 이해해야 한다. 그들이 과거에 겪은 변화의 경험과 그 변화로부터 받은 영향은 무엇이었는지, 그 변화에 어떻게 대처했는지, 그리고 변화의 일부로 무엇을 잃고 무엇을 얻게 될지를 이해해야 한다.

따라서 전환기 리더의 목표는 교육, 정보, 지원 등을 조직원들에게 적절하게 제공함으로써 가능한 한 효과적이고 고통 없는 전환을 돕는 것이다. 이렇게 함으로 조직원들은 전환기 커브의 과정들을 무사히 통과하고 전환기의 끝에 도달할 수 있게 된다.

우리는 모든 단계를 거치지만, 일부 단계는 매우 빠르게 지나가고 알아차리지 못할 수도 있다는 사실을 알아야 한다. 대체로 우리는 선형적이거나 순차적인 방식으로 모든 단계를 거치게 되지만, 상황이 변함에 따라 방향도 바뀔 수 있다. 각 단계는 이전 단계를 기반으로

리더십 빌드업, 프로젝트 티모티

하며 경험에서 얻은 긍정적인, 혹은 부정적인 학습을 통합하게 된다.

따라서 우리는 상황의 중대성과 자아에 대한 영향이 점점 커진다고 느낄 수 있다. 우리는 불안감 같은 자아에 대한 작은 영향을 통해 우울감의 골짜기로 내려가고, 두려움이나 위협감과 같은 영향과 의미에 대한 더 큰 깨달음을 통해 가속화된다. 결국 우리의 핵심 자아가 영향을 받고 '자기 믿음 체계'가 상당히 훼손되었다는 깨달음에 이르게 되는데, 그때 나타나는 증상이 바로 죄책감이나 우울감이다.

모든 개인이 전환기에 겪는 변화와 마찬가지로, 전환기에 등장하는 단계들 사이에는 명확한 경계가 없다. 그저 시간이 지나면서 상황이 미묘하게 변했다는 점을 점차 깨닫게 된다. 좋았던 날들은 점점 줄지만, 삶의 영역에서 그것들을 새로운 표준으로 받아들이게 된다.

전환기의 속도는 많은 경우 개인의 자아 인식, 통제의 중심, 과거 경험 및 이 모든 것이 미래의 사건을 예상하는 방식에 따라 달라진다. 결과가 긍정적일수록, 과정과 최종 결과에 대한 통제권을 가졌다고 믿을수록, 여정이 덜 어렵고 덜 부정적이 될 것이다.

전환기로 보는 출애굽 과정

윌리엄 브릿지(William Bridge)는 전환기를 3단계로 설명하고 있다. 브릿지의 설명에 따르면, 전환기는 사람들이 기존에 하던 방식을 버릴 때 시작되며 사람들이 새로운 일의 방식을 배울 때 끝난다고 한다. 중간 단계에는 "중립 지역"이나 광야가 존재한다. 이 단계에서는 아무

일도 일어나지 않는 것처럼 보이지만, 전환기라는 매우 중요한 과정의 일부라는 사실을 인식해야 한다.

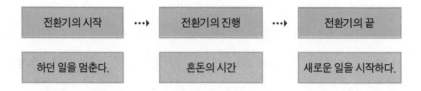

[전환기의 3단계]

전환기의 시작		전환기의 진행		전환기의 끝
하던 일을 멈춘다.		혼돈의 시간		새로운 일을 시작하다.

전환기의 3단계를 훑어 보면서, 전환기의 한 사례로 출애굽 과정에 대해 생각해 보자.

[전환기의 3단계]

전환기의 시작		전환기의 진행		전환기의 끝
애굽의 생활을 끝내다.		광야 생활		가나안의 생활을 시작하다.

(1) 애굽을 떠나다

(참고: 출 12:31-42, 13:14-22, 16:3)

이야기는 애굽 왕 바로가 밤에 모세와 아론을 불러 이스라엘 백성이 애굽을 떠나 여호와를 섬기도록 허락하는 장면으로 시작한다. 바로는 이스라엘 백성에게 그들의 소유인 가축을 데리고 가서 자신에게 축복하기를 요청한다. 애굽 사람들은 이스라엘 백성이 빠르게 떠나길 원했으며, 그들이 떠나지 않으면 자신들이 죽을 것이라고 느꼈다.

이에 따라 이스라엘 백성은 떠날 준비를 서두르며 발효되지 않은 반죽을 옷에 싸서 어깨에 메고 떠난다.

이스라엘 백성은 애굽 사람들에게 은, 금, 그리고 의복을 요구하는데, 여호와는 애굽 사람들이 이스라엘 백성에게 호의를 베풀도록 하여 그들의 요구가 받아들여지게 한다. 이로 인해 이스라엘 백성은 애굽인의 물품을 가져가며 풍부한 자원을 확보하게 된다.

이후, 이스라엘 백성은 라암셋을 떠나 숙곳으로 이동한다. 이동 중에는 유아를 제외하고 약 60만 명의 장정이 함께하며, 많은 양과 소 그리고 가축도 함께한다. 그들은 빠른 출발로 인해 발효되지 않은 반죽으로 무교병을 구워 먹는다.

하나님은 이스라엘 백성을 애굽에서 이끌어 내실 때, 블레셋 사람의 땅으로 가는 더 짧고 직접적인 길 대신 홍해 광야 길을 선택하신다. 이는 하나님이 이스라엘 백성이 전쟁을 겪을 경우 마음이 약해져 다시 애굽으로 돌아갈 수 있다는 우려에서 비롯된 결정이다. 이 길은 더 안전하며, 하나님의 보호 아래 백성을 더욱 견고하게 만들기 위한 길이다.

이스라엘 백성의 이동은 하나님의 눈에 띄는 기적적인 인도로 이루어진다. 낮에는 구름 기둥이, 밤에는 불기둥이 앞서가며 이스라엘 백성의 길을 안내하고 보호한다. 이 기둥들은 하나님이 백성과 항상 함께 계시며 그들의 여정을 직접 인도하고 계시다는 물리적인 증거다.

변화는 급격하게 찾아왔다. 이스라엘 민족의 출애굽 사건은 갑자기 찾아왔다. 출애굽 사건 전 아홉 가지 재앙을 경험하면서도 애굽의 통치자 바로의 마음은 변하지 않았다. 하지만 열 번째 재앙을 당하면서 그는 이스라엘 민족이 애굽을 떠나도록 허락한다.

이제 이스라엘 백성은 400년 넘게 정착하고 살았던 애굽을 떠나 전혀 알지 못하는 땅으로 가야만 했다. 백성은 유월절 밤을 보내고 순식간에 짐을 챙겨 애굽을 떠나야만 했다. 이처럼 애굽을 떠나는 것은 변화 과정의 시작, 즉 전환기의 시작에 불과하다. 변화가 시작되었지만 전환기의 끝이 오기까지는 오랜 시간이 걸렸다. 이처럼 급격한 변화의 시작은 대부분 전환기의 시작이기도 하다. 애굽에서 나온 이스라엘 백성이 40년의 광야 생활을 거치고, 가나안 정복 전쟁을 치른 후에야 출애굽 과정의 전환기는 막을 내릴 수 있었다.

전환기가 어려운 것은 이전 시기에 했던 일들 가운데 많은 것을 그만두어야 하기 때문이다. 예를 들어, 이스라엘 백성은 익숙한 음식을 더 이상 먹을 수 없었다. 안정된 가옥에 살 수 없었다. 그들은 발효하지 않은 빵, 무교병을 먹어야만 했다. 이스라엘 백성은 그야말로 안전지대를 떠나야만 했다. 하지만 그러지 않았다면 그들은 애굽에서 험한 노역을 견뎌야 하는 노예로 살아야 했다.

많은 이스라엘 백성은 전환기의 광야 여정에서 애굽으로 돌아가고 싶었다. 하지만 그들은 더 이상 돌아갈 수 없었다. 왜냐하면 이미 홍해를 건넜기 때문이다. 매우 많은 조직에서 조직원들은 변화를 그다지 달가워 하지 않는다. 그들 가운데 많은 사람은 옛날이 좋았다고 노래를 부를 것이다. 하지만 그렇게 해서 변화를 거부하는 것은 퇴보요, 멸망에 이를 수 있다는 사실을 반드시 기억해야 한다.

리더십 빌드업, 프로젝트 티모티

나에게 가장 큰 변화는 한국에서 교수 생활을 하다가 인도네시아에 선교사로 간 것이었다. 언어와 문화가 다르고, 아는 사람도 없는 곳에서 힘들 때면 언제라도 고국으로 돌아가고 싶었다. 하지만 내가 건너온 다리는 이미 끊어졌고, 하나님이 부르신 인도네시아에서 내게 맡기신 사역을 해야 한다는 압력이 나를 한없이 눌렀다.

후에 인도네시아 죠이 펠로우십이 성장하면서 주님이 함께하시는 공동체가 되고 신실한 형제자매들과 교제하게 되기까지 나는 마치 광야에서 헤매고 있는 이스라엘 백성처럼 불만과 불평 속에 있었다. 그것은 나에게 커다란 전환기였다. 그 전환기는 언어에 진보가 있고, 현지인들의 공동체에서 용납되는 것을 경험하면서 종지부를 찍었다.

하지만 인생 전체로 볼 때 전환기는 한 번으로 끝나지 않았다. 11년 동안의 인도네시아 사역을 마무리하고 한국으로 돌아왔을 때 나는 또다시 커다란 변화를 맞았다. 일단 대학생을 대상으로 하는 캠퍼스 사역자에서 행정을 포함해 선교사들의 멤버 케어를 하는 관리자의 신분으로, 다시 국제 본부의 리더로 내 역할이 바뀐 것이다. 그것은 내가 누리고 있던 안전지대를 다시 떠나는 일이었다.

(2) 광야에서의 이스라엘 백성

출애굽을 경험한 이스라엘 백성에게 전환기의 중간 단계는 광야의 경험이라고 할 수 있다. 이스라엘 백성은 자신들이 애굽에서 익숙했던 기존의 방식을 버렸지만 새롭게 시작하지 못하는 자신을 발견하게 되면서 힘난한 전환기의 국면으로 빠져들게 된다. 이 중간 단계는 불확실성과 혼란으로 가득한 시기이기 때문에 극복하기 위해서는 많은 에너지가 필요하다.

전환기에는 팀 전체나 부서 전체가 동시에 피셔의 다이어그램에 등장하는 전환기 증상을 겪게 된다. 그렇다고 해서 조직에 소속된 개개인이 같은 시기에 모두 같은 위치에서 동일한 감정을 경험하는 것은 아니다. 어떤 이는 전환기 과정 중 조직이 변하려는 방향과는 완전히 다른 방향으로 나아가기도 하며, 또 어떤 이는 변하려는 방향으로 빠르게 맞춰 가기도 하고, 또 어떤 이는 천천히 따라가기도 할 것이다.

전환기 시기에 조직에서 다음과 같은 문제들이 일어날 수 있다.

· 건강하지 못한 조직의 상태
· 의사소통 문제
· 조직의 비효율성
· 예전 문제가 다시 불거짐
· 조직 내 갈등의 증가
· 조직 내 자신감의 상실

이러한 문제들이 일어나는 이유는 무엇보다 변화해야 하는 당위성에 대해서 조직원들이 공감하지 못하기 때문이다. 따라서 리더는 조직의 목표에 대해서 보다 명확한 제시를 해야 한다. 모세는 광야에서 힘들어하는 이스라엘 백성에게 비전을 명확하게 제시했다. 그것은 그림처럼 그들에게 분명하게 보여졌다. 그것은 바로 "젖과 꿀이 흐르

리더십 빌드업, 프로젝트 티모티

는 약속의 땅"이라는 비전이었다.

변화로 인해 단기적으로는 생산성이나 효율성이 떨어질 수 있다. 이때 조직원들은 자신감을 잃을 수도 있다. 리더는 이때 조직원들에게 격려를 아끼지 않아야 한다. 그들이 하고 있는 일이 종국에는 옳은 선택이라는 것을 단호한 태도로 알려 주어야 한다. 조직 내에 일어나고 있는 갈등이나 냉소적인 태도에 대해서 적극적으로 대처해야 한다.

다이어그램 상에서 서로 다른 단계에 있는 사람들 사이에서 일어날 수 있는 상호 관계에 대해서 생각해 보아야 한다. 먼저 변화를 적극적으로 수용하는 사람들은 천천히 변화를 수용하는 사람들을 도와야 한다. 잘못하면 그들을 낙오자처럼 대할 수 있는데, 그렇게 하는 것은 조직 전체로 볼 때 큰 해악을 가져오는 행동이다. 리더는 이런 문제에 대해서도 예민하게 주시하고 대처해야 한다.

(3) 약속의 땅에 들어가기

40년의 광야 생활 후, 이스라엘 백성은 마침내 약속의 땅에 들어가게 된다. 여호수아 1장을 읽어 보면 하나님이 새로운 시작에 대비해 여호수아와 그 백성을 준비시키시는 것을 볼 수 있다.

하나님은 모세의 후계자인 여호수아에게 이스라엘 백성과 함께 요단강을 건너 약속의 땅으로 들어가라고 명령하신다. 하나님은 광야에서 레바논에 이르고, 큰 강인 유브라데 강에서 해 지는 쪽 대해까지 이르는 영토를 주신다. 하나님은 여호수아에게 모세와 함께하셨던 것처럼 그와 함께하겠다고 약속하시며, 여호수아에게 강하고 담대하라고 격려하신다. 또한 모세가 전한 율법을 지키며 우로나 좌로 치우치지 않을 것을 명령하고, 이를 지키면 어디에서든 형통할 것이라고 말씀하신다.

여호수아는 하나님의 명령을 받들어 백성을 조직한다. 그는 백성에게 사흘 안에 요단강을 건너 약속의 땅으로 들어갈 준비를 하도록 지시하며, 특히 르우벤 지파, 갓 지파, 므낫세 반 지파의 용사들에게 무장하고 앞장서 이스라엘의 다른 지파들을 돕도록 요청한다. 이 지파들은 요단 이쪽 땅에 그들의 가족과 가축을 남겨 둔 채, 전투에 참여하게 된다.

백성은 여호수아의 지휘 아래 행동할 것을 약속하며, 모세에게 순종했던 것처럼 여호수아에게도 순종하겠다고 다짐한다. 그들은 여호수아에게 모세와 함께하셨던 하나님이 그와 함께하시기를 바란다고 말하며, 여호수아의 명령을 따르지 않는 자는 죽임당할 것임을 선언한다. 이들은 여호수아에게 강하고 담대하게 행동할 것을 촉구한다.

무엇보다 조직이 하나가 되는 것이 중요하다. 여호수아는 이미 요단강 동쪽 땅을 차지한 르우벤 지파, 갓 지파, 그리고 므낫세 지파에게 다른 형제들과 함께 가나안 정복 전쟁에 참여하도록 격려했다.

애굽을 탈출하는 것에서 시작되는 이스라엘 백성의 전환기는 가나안 정복을 마치고 그곳에 새로운 정착을 하면서 마무리된다.

리더십 빌드업, 프로젝트 티모티

지속 가능한 과업

변화하는 상황에서 조직은 계속 고유의 목적을 향해 나아가야 한다. 이러한 상황에서 조직의 과업을 지속 가능하게 하는 것은 성공적으로 다음 리더에게 리더십을 이양하는 것이다. 출애굽으로 시작된 변화의 여정은 모세라는 리더에 의해서 완성된 것이 아니라 그의 후계자 여호수아에 의해서 완성되었다.

홀륭한 후계자 없이 어떤 리더도 성공적인 리더라고 할 수 없다. 영어에는 이런 격언이 있다. "후계자 없이 성공은 없다"("There's no success without a succession"). 이 말은 홀륭한 후계자를 리더로 세우지 않으면 성공한 리더라고 할 수 없다는 뜻이다. 'success'라는 단어는 성공이라는 의미도 있지만 연결이라는 뜻도 있다.

초대 교회의 경우도 사도 바울의 가장 큰 고민은 누구를 사역의 후계자로 세울 것인가 하는 점이었다. 아마 사도행전 13장에 등장하는 요한 마가가 바울과 동행했을 때 자신의 역할을 제대로 수행했다면 그가 후계자가 되지 않았을까 하는 상상을 해 본다. 그는 바나바의 조카였고, 그의 어머니는 예루살렘에서 아마도 큰 저택을 가지고 있어 사도행전 12장에 등장하는 베드로를 위한 기도회가 열릴 수 있도록 장소를 제공한 분이니 교회의 신임도 두터웠을 것이라 생각한다.

사역 초반에 등장하는 리더십이 그리 오래가지 못하는 경우가 많다. 아마도 많지 않은 후보 속에서 리더 발굴이 이루어지기 때문에 충분히 고려하지 못하고 리더를 결정하는 경우가 많아서 그런 것이 아닐

까 생각된다. 선지자 사무엘도 이 부분에서 실패한 경력을 가지고 있다. 그는 이스라엘이 왕을 구했을 때 키가 크고 외모가 준수한 사울을 왕으로 세웠고, 그가 사람을 잘못 뽑았다는 것 때문에 많이 후회했다.

나도 비슷한 경험을 했다. 인도네시아에서 사역할 때 전임 사역자가 절실히 필요했다. 그때 한 형제를 후계자로 생각하고 있었다. 하지만 아니라는 것이 밝혀졌다. 그것 때문에 그 형제도 상처를 받았고, 나도 힘든 시간을 보냈다. 그렇다고 해서 마냥 기다린다고 좋은 후계자가 나타나는 것은 아니다.

그런 면에서 사도 바울의 고민이 충분히 이해된다. 그는 디모데에게 많은 공을 들인 것처럼 보인다. 하지만 디모데가 초대 교회 안에서 얼마나 큰 영향을 끼쳤는지는 모르겠다. 디모데전후서가 없었다면 우리는 어쩌면 사도행전에 등장하는 한두 줄의 기록 말고는 디모데에 대해서 잘 몰랐을 것이다.

허드슨 테일러는 당대에 탁월한 리더십을 발휘한 리더다. 하지만 그가 진정으로 성공한 리더로 인정받는 것은 후계자 때문이다. 허드슨 테일러는 1865년 중국 내지 선교회를 창설했다. 그리고 그가 살아 있을 때 이미 중국에서 가장 영향력 있는 선교 단체가 되었다. 1900년 그는 심장에 문제가 생겨 스위스에서 요양을 하고 있었다.

그는 자신의 후계자로 당시 나이 39세의 D. E. 호스트를 지명했다. 이것은 당시 중국 내지 선교회 안에서만이 아니라 세계적으로도 파격적인 결정이었다. 하지만 시간이 지나면서 허드슨 테일러의 후계자 계승이 얼마나 성공적이었는지 세상은 알게 되었다.

리더십 빌드업, 프로젝트 티모티

LEADERSHIP
BUILD-UP
PROJECT
TIMOTHY

나가며

오랜 시간 미루어 두었던 숙제를 마친 기분입니다. 원고를 다 썼다는 홀가분한 마음 한켠에는 방대한 '프로젝트 티모티'의 내용을 다 다루지 못했다는 서운함도 있습니다. 언젠가 기회가 되면 이 책에서 다루지 못한 나머지 부분도 다룰 수 있게 되기를 소망합니다.

어느 곳에나 리더가 필요합니다. 오래전 제가 인도네시아에서 사역할 때 자카르타에서 만난 C집사님의 이야기가 생각납니다. 그분은 사랑의교회 개척 멤버 중에 한 분이었습니다. 자신이 늘 옥한흠 목사님과 친하다는 것을 자랑스럽게 말씀하셨습니다. 사랑의교회에서 옥 목사님의 말씀과 목회하시는 모습에 익숙했던 집사님은 아마도 자카르타의 한인 교회 목사님이 그리 만족스럽지 못했던 것 같습니다. 그래서 어느 날 한국에 계신 옥 목사님에게 전화를 했다고 합니다.

"목사님, 혹시 부목사님들 중에서 말씀 잘 전하시고 제자 훈련을 잘하시는 분이 있으면 한 분만 이곳으로 보내 주세요. 제가 그분을 잘 도와 이곳에서 새롭게 멋진 한인 교회를 개척하고 싶습니다."

그러자 옥 목사님이 이렇게 대답하셨다고 합니다.

"C집사, 그런 목사를 어디서 발견하거든 내게 추천 좀 해 줘. 나도 그런 목사가 필요해."

옥 목사님이 하셨다는 말씀을 이렇게 해석하고 싶습니다. '그런 리더는 나도 필요해!'라고요.

그렇습니다. 어디나 훌륭한 리더가 필요합니다. 이 책이 아무쪼록 한국 교회에 필요한 디모데 같은 리더들을 세우는 데 일조한다면 땀 흘려 원고를 쓰고 다듬었던 모든 수고가 보상을 받을 것 같습니다. 감사합니다.

1865년 허드슨 테일러가 창설한 중국내지선교회(China Inland Mission, CIM)는 1951년 중국 공산화로 인해 중국에서 철수하면서 동아시아로 선교지를 확장하고 1964년 명칭을 OMF International로 바꿨다. OMF는 초교파 국제선교단체로 불교, 이슬람, 애니미즘, 샤머니즘 등이 가득한 동아시아에서 각 지역 교회, 복음적인 기독 단체와 연합하여 모든 문화와 종족을 대상으로 예수 그리스도가 구세주이심을 선포하고 있다. 세계 30개국에서 파송된 1,400여 명의 OMF 선교사들이 동아시아 18개국의 신속한 복음화를 위해 사역 중이다.

VISION

우리는 하나님의 은혜로 동아시아의 각 종족 안에 자기 종족을 전도하며 타종족을 선교하는 토착화된 성경적 교회 개척 운동이 일어나는 것을 소망한다.

MISSION

우리는 그리스도의 온전한 복음을 동아시아인들과 함께 나눔으로 하나님을 영화롭게 한다.

OMF 사역 중점

- 우리는 미전도 종족을 찾아간다.

- 우리는 소외된 사람들에게 관심을 갖는다.

- 우리는 복음을 전하는 일에 주력한다.

- 우리는 현지 지역교회와 더불어 일한다.

- 우리는 국제적인 팀을 이루어 사역한다.

OMF International-Korea

한국본부 (06554) 서울시 서초구 방배중앙로 29길 21 호언빌딩 2층

전 화 02-455-0261, 0271   **팩 스** 02-455-0278

홈페이지 www.omf.or.kr   **이메일** omfkr@omf.net

리더십 빌드업, 프로젝트 티모티

초판 발행	2024년 8월 15일
지은이	손창남
발행인	손창남
발행처	(주)죠이북스(등록 2022. 12. 27. 제202-2000070호)
주소	02576 서울시 동대문구 왕산로19바길 33, 1층
전화	(02) 925-0451 (대표 전화)
	(02) 929-3655 (영업팀)
팩스	(02) 923-3016
인쇄소	시난기획
판권소유	©(주)죠이북스
ISBN	979-11-93507-27-8 03230